Esther Vilar
Die Erziehung der Engel

ESTHER VILAR

DIE ERZIEHUNG

DER ENGEL

Wie lebenswert wäre das Ewige Leben?

ECON Verlag

Düsseldorf · Wien · New York · Moskau

Die Deutsche Bibliothek – CIP-Einheitsaufnahme

Vilar, Esther:
Die Erziehung der Engel: Wie lebenswert wäre das ewige
Leben?/Esther Vilar. – Düsseldorf; Wien; New York;
Moskau: ECON Verl., 1992
ISBN 3-430-19367-2

Gesetzt aus der Bembo/Berthold
Satz: Dörlemann-Satz, Lemförde
Papier: Papierfabrik Schleipen GmbH, Bad Dürkheim
Druck und Bindearbeiten: Ebner Ulm
Printed in Germany
ISBN 3-430-19367-2

Herr,
es macht mir nichts aus,
an Dich
zu glauben.
Doch schenke mir nicht
Deine
Unsterblichkeit.

Roberta Gomez Dawson

*Für Max
und seine Franziska von Assisi*

Inhalt

Das Ewige Leben:

Allgemeines

»An alle Begierden sollst du die Frage stellen: Was wird mir geschehen, wenn erfüllt wird, was ich begehre, und was, wenn es nicht erfüllt wird?« So mahnte der Grieche Epikur dreihundert Jahre vor Christi Geburt. Und obwohl sich so gut wie niemand an solche Empfehlungen zu halten scheint – es wird nicht weniger als damals nach Ehre, Macht und Geld gestrebt –, sind die Pragmatiker noch heute mit ihm einig.

Es ist schwer auszumachen, wie viele von uns sich ein Ewiges Leben wünschen und auch glauben, daß dieser Wunsch erfüllbar sei. In westlichen Industrieländern gibt es dafür Zahlen, die nach Land, Religionszugehörigkeit und Methode der Befragung voneinander abweichen, meist sogar enorm. Doch wer sich die Mühe machte, die Ergebnisse der Umfragen gegeneinander aufzurechnen, und auch die gerade in diesen Ländern erhebliche Quote derer hinzuaddierte, die lediglich meinen, es werde dann schon »irgendwie« weitergehen, käme wohl auf eine Rate um die neunzig Prozent.

Die große Mehrheit der Menschen kann weder lesen noch schreiben und lebt in Gegenden, wo religiöse Gründe diesbezügliche Meinungsumfragen nicht gestatten. Hier dürfte die Zahl derer, die überzeugt sind, daß es später in einer besseren Welt oder in einem anderen Körper weitergehe, noch bedeutend höher sein – wahrscheinlich sind es fast hundert Prozent.

Man kann also davon ausgehen, daß der Anteil derer, die an ein – wie auch immer geartetes – Ewiges Leben glauben, grob und weltweit gerechnet, so um die fünfundneunzig Prozent beträgt. Doch selbst wenn es nur halb so viele wären, wäre diese Zahl angesichts des gigantischen Unsinns, den es hier ohne den geringsten Beweis zu akzeptieren gilt (zum Beispiel, daß uns ein gerechtes, gütiges Wesen in der einen Welt leiden lasse, um uns in der anderen dafür zu belohnen, oder daß unsere Seele nach einem schrottreif gefahrenen Modell immer wieder in ein nagelneues umsteige), *überwältigend* zu nennen.

Wieviel Zeit der einzelne auf die »Verwirklichung« dieses Traumes verwendet, ist ebenfalls kaum meßbar. Zu berücksichtigen wären ja nicht nur Teilnahme an öffentlichen Gottesdiensten, Gebete im stillen Kämmerlein sowie die Zeit, die wir in Erfüllung sonstiger religiöser Auflagen verbringen (allein der aus dem Gebot *Seid fruchtbar und mehret euch* sich ergebende Kindersegen kann für einen Katholiken ein halbes Leben Schwerstarbeit bedeuten). Auch die immer brutaler werdenden Glaubenskriege müssen unter diesem Gesichtspunkt betrachtet werden: Wer sich seiner Sache auch hier noch zur Verfügung stellt, hört unter Umständen schon mit achtzehn auf zu leben.

Man darf also lediglich behaupten, daß sich die große Mehrheit der Weltbevölkerung ein Weiterleben nach dem Tode wünscht und sehr viel Zeit aufwendet, um diesen Zustand mit möglichst umfassenden Komfortgarantien anzutreten. Und daß somit eine Überprüfung nach dem Kriterium Epikurs auf jeden Fall gerechtfertigt ist:

Angenommen, ein Weiterleben in einem wie auch immer beschaffenen Paradiese wäre möglich – wäre es sinnvoll, in die Verwirklichung dieses Ziels unsere so knapp bemessene Zeit auf Erde zu investieren?

Denn angenommen, es gäbe tatsächlich ein Ewiges Leben – wie lebenswert könnte dieses für uns sein?

Der Wirtschaftsfachmann Ulf Posé hat für derlei Kosten-Nutzen-Kalkulationen ein einleuchtendes Konzept entwickelt. Um die zur Verfügung stehende Zeit realistisch umzusetzen, schreibt er,* solle man sich bei jedem Vorhaben folgende vier Fragen stellen:

Warum überhaupt?
Warum ich?
Warum jetzt?
Warum so?

Auch wenn er damit wohl mehr die Bewertung irdischer Projekte im Auge hatte, könnte man zumindest versuchen, seine Strategie auf Überirdisches anzuwenden. Beginnen wir deshalb mit der ersten Frage.

Warum überhaupt?

Im Februar 1990 erschien in der chinesischen Zeitung *Zangguo Funüboa* die folgende Meldung: Lian Cunlei, ein 67jähriger Bauer und Junggeselle aus dem nordchinesischen Dorf Xingyi, hatte Angst, auch im Jenseits allein zu bleiben. Als ihm daher der Heiratsvermittler die Vermählung mit einer Toten vorschlug – vierundzwanzig Jahre alt, bildhübsch und erst kürzlich verstorben –, willigte er mit Freuden ein. Und gegen ein Brautgeld von sechshundert Yuang, seine gesamten Ersparnisse, waren schließlich auch die Eltern der Toten mit der Heirat einverstanden: Mit traditioneller Musik und zu Trommelschlägen wurde der Sarg der Braut aus dem Familiengrab gehoben und in

---

* Ulf Posé: KAMPF GEGEN ZEITKILLER, Deutscher Vertriebs- u. Verkaufsanzeiger, Juli 1990

das des Bräutigams versenkt. Damit war der Akt der Vereinigung symbolisch vollzogen – wenn der Jungverheiratete nach seinem Tod ins Jenseits kommt, wird dort eine hübsche junge Frau auf ihn warten.

Armer Spinner, lächeln wir gerührt, doch wenn es ihm beim Sterben hilft? Bei uns wird so manchem Alten das letzte Geld wahrhaftig für weniger aus der Tasche gezogen!

Unzurechnungsfähigkeit aus Todesangst also. Doch falls diese Diagnose zutrifft, hat sie natürlich auch für uns zu gelten. Was unterscheidet diesen »armen Spinner« denn von uns? Daß er gegen seine Angst als Einzelkämpfer vorgeht, während wir im Kollektiv agieren. Daß er den Preis für sein Paradies auf einmal hinlegt, während wir die Ratenzahlung bevorzugen.

Auch er würde lächeln, wenn er in seiner Wandzeitung beschrieben fände, was der Rest der Menschheit für eine »ewigwährende Glückseligkeit« so alles auf sich nimmt: Da gibt es Leute, die barfuß zu entlegenen Orten pilgern, sich auspeitschen und auf Steinen schlafen, würde es heißen. Die ihre Gesichter mit Stoff verhängen und fünfmal am Tag in die Knie gehen. Die ihre Witwen bei lebendigem Leib verbrennen und ihre Kühe als Heilige verehren. Die einem Unsichtbaren riesige Häuser bauen, wo ihnen Verkleidete gegen Honorar versichern, daß zumindest *der* sie sieht. Und dies alles, um sich ein Leben nach dem Tode zu verdienen!

Die Antwort auf die Frage nach dem *Warum überhaupt* hätte also zu lauten, daß wir alle Chinesen sind: Aus Angst vor dem Tod, aus Hoffnung auf ein Überdauern haben wir diese Welt der Lebenden in ein gigantisches Narrenhaus verwandelt. Und im Unterschied zu jenem alten Bauern blättern wir für die von den Vermittlern versprochenen Paradiese nicht nur Bares hin, sondern zahlen mit allem,

14

was wir besitzen: mit unserer Individualität, unserer Freiheit, unserer Freude am Leben. Auch mit dem Leben selbst, falls unsere Unsterblichkeitsmakler dies von uns fordern sollten: Für ein Ewiges Leben in Komfort sind wir bereit, zu töten und zu sterben. GOTT MIT UNS steht auf den Fahnen, mit denen wir aufeinander losgehen.

Aber wir wissen doch von Anfang an, daß wir wieder verschwinden. Warum wird unser Verstand mit dieser Tatsache also nicht besser fertig? Warum werden wir wahnsinnig?

Warum ich?

Wenn es auf diesem wundersamen Fest, das man Leben nennt, für alle Geladenen genug zu essen und zu trinken und vielleicht noch ein paar Sitzgelegenheiten gäbe, würde man nicht dauernd nach dem Namen des Gastgebers fragen. Man würde zugreifen und sich freuen: Wenn er will, kann er sich ja zeigen, nicht wahr?

Wenn man nicht wüßte, daß sie einen früher oder später vor die Tür setzen, würde man sich nicht so penetrant erkundigen, warum man überhaupt eingeladen wurde. »Lieber Gott«, schreibt ein amerikanisches Schulkind namens Jane in einem Brief an den unsichtbaren Hausherrn,* »anstatt die Leute sterben zu lassen und dann neue zu machen – warum behältst du nicht einfach die, die du schon hast?« Interessante Frage: Warum dürfen wir nicht bleiben und weiterfeiern? Die Pforte steht ja offen: Wer sich langweilt, kann jederzeit weg.

Doch genau hier liegt die Ursache für den vorprogrammierten Zusammenbruch unseres Nervensystems: daß

---

* Eric Marshall; Stuart Hample: CHILDREN'S LETTERS TO GOD. New York 1975

15

Lebens- und Sterbenskunst von uns Menschen zwei diametral entgegengesetzte Fähigkeiten fordert. Denn wegen der permanenten Versorgungskrise auf dieser Party und wegen der Unausweichlichkeit des Hinauswurfs müßte jeder von uns Geladenen folgende in ein und derselben Person nicht zu vereinbarenden Tugenden mitgebracht haben:

Um auf dem Fest zu bleiben, muß man sich – angesichts des dauernden Versorgungsnotstands – für einen der wichtigsten Gäste halten: Reizende Leute das alles, doch was wäre diese Veranstaltung ohne mich? Darum jetzt mal weg da, dieses Stück vom Kuchen gehört mir! Die Blicke der Zukurzgekommenen ignorierend, hockt man sich mit der ergatterten Verpflegung auf den ergatterten Platz und schlägt sich den Bauch voll: Sollen die doch selber sehen, wie sie zu was kommen, unsereinem hat ja auch keiner was geschenkt! Ausnahmen sind hier bestenfalls die selbstgemachten Gäste – wer »das eigene Fleisch und Blut« verköstigt, verköstigt ja sich selbst. Das Geheimnis der Fortpflanzung übrigens: Man fand das Original so faszinierend, daß man das Herstellen von Kopien für selbstverständlich hielt; aus Minderwertigkeitskomplexen hat gewiß noch keiner auf Vater- oder Mutterschaft verzichtet.

Für die Stunde des Hinauswurfs brauchte man als Gast aber die genau entgegengesetzte Fähigkeit: Plötzlich wird einem abverlangt, sich hier für den Unwichtigsten zu halten. Für jemanden, der auf dieser Veranstaltung eigentlich nur noch im Wege ist: Wir danken, daß Sie gekommen sind, doch Sie sehen ja selbst: so viele interessante junge Leute! Wir brauchen nun mal Ihren Platz. Dafür haben Sie doch Verständnis!

16

Ist es ein Wunder, wenn unsere Psyche unter diesen so unvereinbaren Forderungen zusammenbricht? Daß wir in den Wahnsinn flüchten, und zwar so gut wie alle? »Gegen alles andere können wir uns Sicherheit verschaffen«, sagt Epikur, »dem Tod gegenüber aber wohnen wir Menschen alle in einer Stadt ohne Mauern.« Und diesen fehlenden Schutz versuchen wir eben mit unserer Phantasie zu errichten.

Natürlich werden wir uns zunächst noch ein bißchen wehren: Aber was reden Sie denn da? Doch nicht ich! *Ich* soll verschwinden? Genau wie diese Hungerleider? Und wohin, wenn man fragen darf? *Ins Nichts?* Und für wie lange? *Für immer?* Sie sind nicht bei Trost: Ich bin der Motor dieses Festes! Sie müssen den Verstand verloren haben!

Leider sind es früher oder später wir, die ihn verlieren. Denn sind die Gedanken einmal so hart ausgesprochen, kommen regelmäßig die Überlebensfachleute mit ihrem Wahnsinnsangebot:
Nur die Ruhe, lieber Freund. Natürlich mußt auch du irgendwann einmal von hier fort. Aber deswegen verschwindest du doch nicht! Auch die vor dir sind nicht wirklich verschwunden: Die sind längst auf einem anderen, viel schöneren Fest!
Doch in diesem Zusammenhang ein Tip: Der Gastgeber ist derselbe, hier wie dort. Das hier ist sozusagen seine Prüfung – er will feststellen, ob du würdig bist, zu seinem eigentlichen Fest geladen zu werden. Jawohl, auch wenn du ihn nirgendwo sehen kannst: Er sieht *dich*. Er schaut dir genau auf die Finger!
Paß also auf. Benimm dich anständig. Lüg nicht. Klau nicht. Mach keinen Lärm. Und auch wenn du an seinem

Buffet um jeden Bissen kämpfen mußt: Sag danke! Und ja nicht von den verbotenen Speisen nehmen: kein Schweinskotelett, keine Blutwurst, keinen Schnaps. Und tanz nicht so wild, das kann er nicht leiden. Sex? Na gut, wenn's denn sein muß: Aber nur mit *einem* der Gäste, und zwar vom *anderen* Geschlecht. Und denk nicht, daß das hier zum Vergnügungsprogramm gehört: Du wirst ihn mit neuen Gästen erfreuen, verstanden?

Einen Moment noch, Bruder, wir sind noch nicht mit dir fertig: Knie ab und zu nieder! Mach ihm ein nettes Kompliment. Auch wenn dir das noch so meschugge erscheint: Ihm gefällt's nun mal so, es zahlt sich also aus.

Woher wir das wissen? Woher wir das wissen, fragt dieser Wurm! Hier, sein Gästebuch, lies! Aber natürlich sind das seine Worte, was fällt dir eigentlich ein? Er hat das höchstpersönlich seinem Sohne diktiert!

Schluß jetzt! Noch eine solche Frage, und du wirst ganz andere Festivitäten kennenlernen! Es ist da drüben nämlich noch eine zweite Party im Gange. Eine Grillparty sozusagen. In der Hölle wirst du braten, Bürschchen, die gehört ihm nämlich auch!

Nun mag man einwenden: Auf etwas dermaßen Primitives fällt doch höchstens ein Dummkopf herein! Doch dies ist nur die atheistische Variante der Einbildung, man sei der wertvollste Festbesucher: Ungläubigkeit ist nicht in allen Fällen ein Beleg für besseres Denkvermögen – gerade der Beschränkte wäre zum Atheisten prädestiniert. Da er weniger Phantasie besitzt, nerven ihn die Erpressungen der selbsternannten Vertreter des Hausherrn ja weit weniger als den Gescheiten: Der Dumme kann sich keine der Alternativen wirklich ausmalen, und deshalb graut es ihn weder vor dem eigenen Verschwinden noch vor des Gastgebers Folterkammer in gleichem Maß wie den mit Phantasie.

Er, der Sensible, Gescheite, ist somit weit anfälliger für die Angebote der professionellen Tröster. Er kann sich sein Verlöschen ja *vorstellen*, muß in der Tat ständig daran denken: Je älter er wird, desto mehr versaut ihm die Gewißheit des Hinauswurfs die Freude am ganzen Fest. Je unwirklicher der angebotene Ausweg ist – einen wirklichen könnte es nicht geben –, desto heftiger schwenkt gerade er, der bisher so Rationale, darauf ein. Er hat es satt, über den Sinn dieser Einladung nachzugrübeln, jeder Grund zum Weiterfeiern ist ihm recht. Die Nomenklatur wird geändert, die Kapitulation vor dem Denken *Erkenntnis* genannt.

Dem Zeugen solcher Bekehrungsorgien bleibt das Staunen: Aber sehen Sie denn nicht, wie gesponnen das ist? Jawohl, auch ich mag dieses Fest: Die Blumenarrangements sind hübsch, die Beleuchtung zumindest stundenweise ausreichend, und sogar an das viele Viehzeug kann man sich gewöhnen. Aber für Ihren berühmten Hausherrn gibt es nicht den geringsten Beweis. Soll ich mich bei einem Geist bedanken?
Der frisch Erleuchtete kann nur nachsichtig lächeln: Mein Freund, es gibt eben Dinge zwischen Himmel und Erde, die sich der menschlichen Ratio entziehen. Das habe ich in aller Bescheidenheit akzeptieren gelernt. Und ich hoffe von Herzen, daß diese Gnade eines Tages auch Ihnen widerfährt!

Und das wird sie. Es gibt zwar weniger virulente Krankheitsverläufe als den skizzierten, doch gegen die Krankheit selbst ist offenbar auch der vorbildlichste Denker nicht gefeit. »Der Unsterblichkeitsgedanke ist lebendig in jedem tiefer denkenden Menschen«, formulierte der deutsche Arzt und Philosoph Carl Ludwig Schleich. »Es hat niemals ein Genie gegeben, welches nicht an die Unsterblichkeit geglaubt hätte. Man befindet sich mit dem Glauben an die Ewigkeit des Ichs wahrlich in allerbester Gesellschaft.«

Auch wenn der zu seiner Zeit hochgeschätzte Mediziner damit letzten Endes eine Krankheit verherrlicht, mit seiner Diagnose über die Verbreitung hat er recht: Sokrates, Plato, Pascal, Descartes – es gibt kaum einen dieser »Unsterblichen«, der nicht in der einen oder anderen Variante an ein Weiterleben nach dem Tode glaubte. Auch ein so mutiger Enttabuisierer wie Kant hat schließlich nachgegeben: Von unseren Leibern werde wohl nichts übrigbleiben, doch als Postulat der praktischen Vernunft müsse man davon ausgehen, daß wenigstens unsere Seelen unsterblich seien.

Aber eigentlich ist sein Glaube an eine Fortsetzung verständlicher als der von uns anderen. Wie sollte gerade ein Kreativer sich damit abfinden, daß von ihm nichts übrigbleibt? Muß die Voraussetzung für die Erschaffung eines gigantischen philosophischen Universums nicht eine ebenso gigantische Egozentrik sein? Und gilt dieses Gesetz nicht automatisch auch für die übrigen Denker?

Gefährlich wird es erst durch den Rückschluß, den »gewöhnlich Sterbliche« daraus ziehen: Wenn all diese Großen an ein Ewiges Leben glauben, bin ich doch größenwahnsinnig, wenn ich zweifle! Doch die Größenwahnsinnigen werden wohl die Großen sein: Stellt nicht die Annahme, daß ich (der ich mich doch in allen meinen Schwächen kenne) zu wertvoll zum Vergehen bin, die höchste Form von Selbstüberschätzung dar? Ist nicht die Absicht, sich dem Universum (und sei es nur als Seele) für alle Zeiten aufzudrängen, der Gipfel der Unbescheidenheit?

Die einzige Ausrede für dieses intellektuelle Gewurstel von Prominenz und Fußvolk ist unsere panische Angst vor dem Schritt vom Etwas ins Nichts. Sie bestimmt den Grad unseres Verlangens nach Unsterblichkeit, sie trägt Schuld an den Überlebensvisionen, die wir für uns hegen. Auch wenn die Spekulationen heute viel beiläufiger klingen – zu finden sind sie bei den meisten. Es sei eigentlich nur noch auf den Tod neugierig, meint der 90jährige Ernst Bloch: das Sterben als die Erfahrung, die er noch nicht gemacht habe. Und er könne sich nicht vorstellen, daß danach einfach nichts sei.

Selbst Oscar Wilde, einer der couragiertesten Denker aller Zeiten, der ansonsten mit einem einzigen Satz jede Lebenslüge zum Einsturz brachte, ließ noch einen Priester in jenes Pariser Hotelzimmer kommen, in dem er dann so elend zugrunde ging. Natürlich hatte er sich nirgends ausdrücklich als Atheisten bezeichnet. Dies wohl schon aus taktischen Gründen: Skepsis ist ein Kompliment, das man einem Betenden nicht machen sollte, hätte er auf eine entsprechende Frage vielleicht zur Antwort gegeben – denn es könnte ihn ja darin beflügeln, sein reizendes Selbstgespräch für Konversation zu halten.

Aber da er, zumindest in seiner kreativen Zeit, nur ein Ungläubiger sein *konnte*, versuchen seine Bewunderer noch heute, dieses Versagen in letzter Minute mit Fieberträumen und ähnlichem zu erklären. Doch hatte er in jener letzten Minute, mit einem letzten Blick auf seine schäbige Umgebung, nicht auch noch kühl konstatiert, daß er »über seine Verhältnisse« sterbe?

Na schön, dann rette mich, wer kann! So etwa hätte der Abschiedsseufzer geklungen, den man sich von diesem Sterbenden erhoffte. Doch da er um so vieles phantasievoller war als seine späteren Jünger, hatte er natürlich auch mehr Angst.

Warum jetzt?

Wenngleich unsere Angst vor dem Ende die häufigste Ursache psychischer Erkrankungen ist, gibt es kaum Patienten, die aus diesem Grund Hilfe suchen, und kaum Fachleute, die sie offerieren. Wir begeben uns in Behandlung eines Therapeuten, weil uns der *Anfang* unseres Lebens zu schaffen macht – eine Mutter, die uns zuviel oder zuwenig liebte, eine übermächtige Vaterfigur, der Neid auf die kleine Schwester. Dem einen geht es danach besser, dem anderen nicht. Jedenfalls sucht der Arzt den Grund für ein psychisches Leiden weniger in der Zukunft als in der Vergangenheit des Patienten.

Das liegt unter anderem daran, daß die Krankheit, die von der Todesangst ausgelöst wird, dermaßen verbreitet ist, daß wir sie nicht mehr als solche erkennen. Und daß viele der in Frage kommenden Therapeuten auch selber von ihr betroffen sind. Doch wie banal müssen beispielsweise die Ängste eines Bettnässers im Vergleich zu denen einer Person sein, die sich vor ihrem Verschwinden fürchtet. Wie lächerlich werden die Qualen mütterlichen Liebesentzugs, stellt man sie jenen gegenüber, die der Glaube an die Existenz des Teufels beschert. Noch heute sind in einem doch gewiß als fortschrittlich zu bezeichnenden Staat wie den USA beinahe zwei Drittel der Bevölkerung davon überzeugt, daß es ihn gibt, den Satan. Wenn es mit rechten Dingen zuginge, würde das Studium der Theologie längst an medizinischen Fakultäten absolviert. Handelt es sich doch bei Religiosität letzten Endes um eine ansteckende Form von Paranoia, die bei Nichterkennen zwangsläufig zu völkermordenden Epidemien führt.

Auf diese Weise verschieben sich aber die Proportionen. Es ist unmöglich, zwei Drittel der US-Bürger für unzurechnungsfähig zu erklären. Oder jeden, der da meint, er werde beobachtet – und zwar von einem Unsichtbaren –, in Gruppentherapie zu nehmen. Krank ist die kleine Minderheit derer, die dem Sog zur Flucht in die Krankheit widersteht und probiert, die Wahnideen der Mehrheit mittels Aufklärung zu kurieren. Noch vor gar nicht langer Zeit hat man Atheisten eingesperrt, gefoltert, ihre Schriften und oft auch sie selbst auf Scheiterhaufen verbrannt. Und gerade in jüngster Zeit kann man sich vorstellen, daß das alles wiederkommt: »Tut mir leid, mein Bester, aber hier gibt es kein Gespenst!« – wie lange wird man das noch sagen dürfen, ohne daß einen die mit den kranken Nerven in ihre Heilanstalten stecken?

Die Schuld an dem Dilemma trifft aber nicht nur diese Mehrheit der Angstkranken, sondern auch die vielen untereinander konkurrierenden *Überlebensversicherungskonzerne*, die von deren Kranksein profitieren: Kirchen, Sekten, neureligiöse Kulte. Anstatt daß man uns vor dem Unvermeidlichen zu ein wenig Zivilcourage animiert, werden unsere Ängste von deren buchstäblich an jeder Ecke lauernden Vertretern nach bestem Wissen angeheizt. Schon beim ersten Anzeichen von Beunruhigung sind diese Herren mit ihrem Katalog zur Stelle. Den meisten von uns bringen sie schon im Kindesalter bei, sich vor dem Tod zu fürchten: Ehe wir überhaupt an einen Himmel denken, stehen sie mit ihrer Hölle an der Tür. *Lebensversicherer* verbreiten ihre geschäftsfördernde Panik mittels Werbekampagnen, *Überlebensversicherer* bedienen sich des Religionsunterrichts.

Wenn Sie bei uns unterschreiben, kann Ihnen nichts passieren, beruhigen sie sodann. Hier die Unterlagen, überlegen Sie sich's. Aber nicht zu lange – je länger Sie zögern, desto weniger kann unsere Gesellschaft für umfassenden Schutz garantieren. Wir denken da vor allem an die Modalitäten des Grenzübertritts: Sie müssen nämlich wissen, daß es Wartelisten gibt – wenn Sie zuwenig Punkte haben, stehen Sie unter Umständen ein paar tausend Jahre vor verschlossenen Toren. Ist natürlich immer noch besser als gar kein Schutz: Ein Unversicherter geht direkt ins Feuer, das ist ja wohl klar! Wollen Sie ein solches Risiko auf sich nehmen? Sie könnten hier hinausgehen und unter ein Auto kommen: Was dann?

Aber bitte, bitte! Wenn Sie erst noch andere Angebote einholen möchten? Unsere Gesellschaft hat da nichts zu befürchten. Vergleichen Sie die geforderten Opfer mit der gebotenen Leistung: Sie werden feststellen, daß Sie nirgends so preiswert zu einem Ewigen Leben kommen wie bei uns. Ganz zu schweigen von der Überlebensqualität, die Sie bei uns erwartet. Gerade da sollte man ja nicht knausern: Es ist schließlich für immer!

Und doch sind die Angebote dieser Missionare des Ewigen genaugenommen kein Betrug. Auch wenn ihre Policen mit Eintritt des Versicherungsfalls automatisch ihren Wert verlieren – ihre Bedeutung liegt im *Vorher*. Irreführen ist lediglich die Nomenklatur: Im Gegensatz zur Bezeichnung hilft nämlich die *Lebensversicherung* nach dem Tod den anderen, während die *Überlebensversicherung* vor dem Tod uns selber hilft: Sie befreit uns von der Angst.

Und warum kritisiert man es dann? Die meisten von uns sind heutzutage bei den etablierten Religionskonzernen unter Vertrag, die übrigen haben bei aufstrebenden Sekten und neuen Kulten unterschrieben. Die wirklich Unversicherten, sagten wir, beliefen sich auf etwa fünf Prozent. Und selbst wenn man diese Ungläubigen nun von neuem zu Freiwild erklären sollte: Wäre die Angst von fünf Prozent der Menschheit durch die Angstfreiheit der restlichen fünfundneunzig Prozent nicht vielleicht aufgewogen? Ein Wahn, der so viele Leute beruhigt, könnte doch auch etwas Positives sein!

Der Einwand wäre berechtigt, wenn es sich tatsächlich um *einen* Wahn handelte und es dafür nur *einen* Anbieter (eine *Weltreligion* in einer *Weltkirche*) gäbe. Doch das Angebot an Modellen für ein Leben danach ist so vielfältig wie die Konzerne, die versuchen, damit an Macht und Geld zu kommen. Und was für die anderen Dienstleistungsbranchen gilt, gilt natürlich für diese erst recht: Keiner der Beteiligten hat je genug, jeder will seinen Anteil erweitern und den Markt beherrschen. Das liegt auch ganz im Sinne derer, die bei ihnen versichert sind: Ihre Wahrheit ist ja erst dann wirklich wahr, wenn auch die übrigen Menschen daran glauben. Nichts tut ein Überlebensversicherter daher lieber, als für seine Gesellschaft neue Mitglieder zu werben. Man ist schließlich ein guter Mensch: Jeder Unversicherte ist unverzüglich aufzuklären, und jeder Andersversicherte muß wissen, daß er *falsch* versichert ist.

Nun sind die wirklich Unversicherten zu wenige und oft auch zu stur, als daß das Verkünden der Frohen Botschaft sich groß lohnte. Die fetten Zuwachsraten sind auf diesem heißumkämpften Markt bei den Andersversicherten zu holen. Drei Strategien kommen hierfür in Betracht: Man kann sie abwerben (Bekehrung), man kann sie zur Unterschrift nötigen (Zwangsbekehrung), man kann sie dezimieren (Genozid). Im letzten Fall wird der Marktanteil auf indirektem Wege größer. Und obwohl diese dritte Variante oft ausdrücklich den Statuten widerspricht, gab es in der Vergangenheit kaum einen Großkonzern, der nicht wenigstens versuchte, sich auch dieser Methode zu bedienen. Nicht nur der Islam metzelt seine Konkurrenten (*Gieß siedendes Wasser über die Häupter der Ungläubigen, bis*

25

sich ihre Haut und Eingeweide auflösen, befiehlt der Koran), auch die Kriminalgeschichte des Christentums* ist bekannt. Eine Weltreligion? Aber gern! Nur sollte es eben unsere sein!

Die wirklich verheerenden Folgen der Religiosität liegen also weniger in der periodischen Verfolgung und Ausrottung der kleinen Minderheit der Ungläubigen als in den Blutbädern, die die Anhänger der diversen Heilsvarianten untereinander anrichten. Und da ihnen dabei immer schlagkräftigere Waffen zur Verfügung stehen, wird unsere Todesangst noch größer und die Notwendigkeit einer Überlebenspolice einleuchtender denn je. Die gehorteten Munitionen könnten uns jetzt alle auf einmal ausradieren, und es ist lediglich eine Frage der Zeit, bis sich ein frommer General von seinem Gebetsteppich erhebt und seinem frommen Adjutanten das Zeichen gibt.

Glaube versetzt nicht nur Berge, sondern macht auch die Verheißungen der Bibel wahr: Die angekündigte Schlacht von Armageddon, bei der wir schließlich alle dran glauben müssen, ist nicht länger der Einschüchterungsversuch eines Autorenkollektivs, sondern an Sicherheit grenzende Wahrscheinlichkeit. Wer noch keine Police hat, sollte sich also eine besorgen – und zwar *jetzt*! Die Überlebensindustrie feiert ihre wohl letzten, aber auch größten Triumphe: Da uns dank der aggressiven Politik ihrer Marktstrategen nun ein vorzeitiger Tod so gut wie sicher ist, wird es auch immer wichtiger, daß es wenigstens im Jenseits noch ein bißchen weitergeht.

Den nächsten Holocaust, den für alle, erwarten wir dann alle kniend.

---

* Karlheinz Deschner: KRIMINALGESCHICHTE DES CHRISTENTUMS, 3 Bde., Reinbek bei Hamburg 1986–1990.

Warum so?

Das Ausmaß unserer Angst auf dieser Welt bestimmt die Intensität unseres Verlangens nach Weiterleben in einer nächsten. Die Art der Vergnügungen, die wir hier genießen, die Art der Entbehrungen, die wir hier erleiden, bestimmen die Vorstellung von der Art Glück, die wir im Jenseits anzutreffen hoffen.

Und in dieser Hinsicht sind unsere religiösen Führer seit jeher großzügig gewesen. Ihnen geht es um ihre Macht auf Erden. Wenn es ein Opfer gibt, dank dem sie diese noch erweitern können, werden sie nicht zaudern, es von uns zu fordern. Für sie ist wichtig, daß wir uns die *Höllen* vorstellen, die uns im Falle von Gehorsamsverweigerung erwarten. Bei der Gestaltung unserer *Paradiese* lassen sie uns mehr oder weniger freie Hand. Denn während sie uns in diesem Leben so gut wie alles verbieten, was uns Freude macht, gibt es für das nächste noch immer keine Zehn Gebote. Lediglich die Konturen sind hier vorgegeben: Das Ausmalen der himmlischen Details bleibt weitgehend denen überlassen, die an den Himmel glauben.

Schwer zu sagen, ob es an der mangelnden Vorstellungskraft oder der übergroßen Gutmütigkeit der Propheten lag, doch selbst für das Ausschmücken ihrer diversen Infernos ist ihnen ja außer Rösten nicht viel eingefallen. So heißt es beispielsweise im Koran: »Die Unseren Zeichen Glauben versagen, die werden Wir bald ins Feuer stoßen. Sooft ihre Haut verbrannt ist, geben Wir ihnen eine andere Haut, damit sie die Strafe auskosten!«

Und die Christen, die doch in Inquisitionszeiten soviel kriminelle Phantasie bezeugten, halten sich bei der Beschreibung ihres Rotisseriebetriebs noch mehr zurück. Bei den Einzelheiten des Himmels, der die Gehorsamen unter uns erwartet, sind sie schon von fast fahrlässiger Noncholance. Ob Engel Flügel haben oder nicht, war beispielsweise noch nie ein Streitpunkt.

Über die Eigenschaften des Paradieses wird also letzten Endes auf demokratischer Basis entschieden, und zwar von denen, die dort ihr Viertes Lebensalter zu gestalten hoffen. Und deren Wünsche nach einem gelungenen Jenseits hängen dann logischerweise wieder davon ab, wie sie sich ein gelungenes Diesseits erträumen. Obwohl die drei großen monotheistischen Religionen – Judentum, Christentum und Islam – den gleichen, nämlich semitischen, Ursprung haben, wird der Himmel eines Juden nicht der eines Christen, der eines Christen nicht der eines Moslems sein. Beim ersten sind zum Beispiel die Ewigkeitsvorstellungen vergleichsweise vage, beim zweiten wird der stärkere Akzent auf die Belohnung, beim dritten auf den Gerichtsgedanken gelegt.*

Und selbst innerhalb ein und desselben Bekenntnisses sind diese Träume wieder aufgespalten. Wer die Geschichte der Paradiese vergleicht, die etwa die Christen in der Vergangenheit für sich erdachten, findet zwei so entgegengesetzte Wunschphantasien,** daß er meinen könnte, es handle sich um Jenseitsträume von Anhängern verschiedener Konfessionen:

Da gibt es einmal den Himmel derer, die schon auf Erden vorwiegend mit Gott beschäftigt waren, auch *theozentrisches Paradies* genannt. Dies ist gewissermaßen der Himmel der Fachleute – Theologen, Priester, Mönche, Nonnen –, die natürlich an ein Ewiges Leben ganz andere Bedingungen stellen als der Laie. Hier wird der Gläubige mit sei-

* Bernheim, Pierre-Antoine/Stavrid, Guy: PARADIS, PARADIS, Paris 1991
** McDannell, Colleen/Lang, Bernhard: HEAVEN, A HISTORY, New Haven 1988.

nem Schöpfer bis in alle Ewigkeit allein gelassen, denn genauso hatte er sich während seines Erdendaseins ein Paradies für Führungskräfte vorgestellt.

Die Modalitäten dieses Stelldicheins sind dann freilich abermals in unzählige Glücksvarianten aufgeschlüsselt. Der frühe Augustinus etwa träumte von einem einsamen Flug seiner Seele zum Reiche Gottes. Die mittelalterlichen Scholastiker wollten sich mit dem Objekt ihrer Anbetung in einer transzendenten, lichterfüllten Örtlichkeit außerhalb des Universums treffen. Die protestantischen Reformer wiederum sahen sich als nackte Seelen vor dem Allmächtigen weilen. Und auch so manche Fachfrau bestand beim himmlischen Tête-à-tête auf strikter Zweisamkeit: Gott allein genügt, erklärte Teresa von Avila kategorisch. Nur Mechtild von Magdeburg erwartete von ihrem Ewigen Leben etwas mehr – ihr schwebte »eine liebende Vereinigung des Schöpfers mit der reinsten seiner Jungfrauen« vor. Und hier durfte auch Jesus Christus zugegen sein.

Selbst wenn sie ihre Wünsche vorsichtiger formulierten, träumten die großen Theologen unseres Jahrhunderts doch ähnlich gottbezogen. Karl Rahner sah zum Beispiel das Jenseits als eine »unendlich stille Leere, angefüllt mit dem Mysterium dessen, was wir Gott nennen, angefüllt mit reinem Licht und seiner Liebe, die alles hinwegnimmt aber auch alles zurückgibt«. Für seinen Kollegen Paul Tillich ist das Paradies zwar nur noch »ein Symbol« und nicht die Beschreibung einer Örtlichkeit, doch auch er schließt die Möglichkeit eines Fortlebens nicht aus: Ewiges Leben heißt, daß die Freuden des Jetzt eine Dimension erhalten, die ihnen einen außerhalb der Zeit liegenden Sinn verleihen – für ihn ist dies »unzweideutige, nicht unterbrochene Existenz in Liebe«. Rudolf Bultmann hingegen mag im Paradies schon wieder kein Symbol mehr sehen – für ihn ist es »ein Mythos«. Der Ort, wo Menschen »göttliche Eigenschaften erhalten, vor allem Unsterblichkeit und Allwissenheit«. Nur im mythologischen Sinne natürlich.

Und dann gibt es, zweitens, den Himmel derer, die ihre Mitmenschen stets anregender fanden als den, der sie gemacht hat – von der Wissenschaft daher auch als *anthropozentrisches Paradies* bezeichnet. Es entspricht dem Wunsche, daß nach dem Tod alles mehr oder weniger beim alten bleibe: Man möchte ein Ewiges Leben unter seinesgleichen. Gott ist zwar präsent, aber er mischt sich nicht mehr ein und verdirbt einem um Gottes willen kein Vergnügen.
Dies ist das Paradies der breiten Masse, das Jenseits des Amateurs. Die Vorstellung, die den Fachgläubigen so beflügelt – die Aussicht, mit seinem Ewigen für alle Zeit allein zu sein –, ist diesem gewöhnlich Sterblichen ein Horror. Er weiß doch, was er an Ewiger Konversation zu bieten hätte: Wie Gott symbolisch oder mythisch zu verstehen wäre, hat er ja schon auf Erden nicht begriffen! Doch metaphorisch gesehen, das weiß er genau, müßte dieser in seiner Gesellschaft an Langeweile sterben – ein Himmel voller Leute läge also in beiderseitigem Interesse.

Doch wie sähe ein solches Paradies der schweigenden Mehrheit (der christlichen noch immer) dann in der Praxis aus? Woran würden wir merken, daß wir an der erbetenen Örtlichkeit angelangt sind?
Gerade da legen sich unsere sonst so allwissenden Seelsorger neuerdings nicht mehr gern fest. Im Ewigen Leben stünden wir dann alle im Angesichte unseres Schöpfers, teilen sie uns mit. Unseres Schöpfers? Und woran erkennen wir den, wie sieht er aus: groß, klein, schwarz, weiß,

männlich, weiblich? Und wir selbst, in welcher Gestalt werden wir vor ihn treten? Doch um Himmels willen nicht als Seele? Wir wollen unser Paradies genießen, wollen essen, trinken, tanzen, lieben – wir brauchen einen Leib! Und wenn es in der Bibel heißt, daß wir wieder »wie die Kinder« werden, ist das dann wörtlich zu verstehen? Und falls ja: Wie lange dauert es, bis einer da drüben die Volljährigkeit erlangt?

Wir sähen das doch viel zu eng, lächelt nun der in Sachen Unsterblichkeit Studierte: Das Ewige Leben sei ohne Anfang und Ende zu verstehen, unser heutiger Begriff von Zeit und Raum sei dort selbstverständlich aufgehoben.

Aber darauf lassen wir uns nicht ein: Auf ein Leben außerhalb der Zeit können und wollen wir uns nicht freuen – in einer Welt, in der alles gleichzeitig verläuft, geschieht für unsereinen zunächst einmal gar nichts. In einem Raum ohne oben und unten würden wir uns niemals heimisch fühlen – da bleiben wir doch lieber auf unserem Dorffriedhof.

Aber wir dürften das doch nicht so buchstäblich nehmen, weicht der in Belangen des Ewigen Lebens Diplomierte jetzt aus: Das Leben nach dem Tode sei unvorstellbar schön, das dem rechtschaffenen Christen reservierte Glück sei unbeschreiblich!

Unvorstellbar schön? Das kann auch dem rechtschaffendsten Christen nicht die Angst vor dem Sterben nehmen: Nur etwas *vorstellbar* Schönes würde ihn trösten. Auch will er da drüben nicht *unbeschreiblich* glücklich werden. Als Lohn für die vielen Opfer im heutigen Verein begehrt er für den morgigen ein Glück, das man ihm *beschreiben* kann! Man braucht dabei nicht gleich so weit zu gehen wie jener Renaissancemönch namens Celso, der den Mitgliedern seines Ordens das zu Erwartende mit beinahe mathematischer Präzision erklärte: »Nach grober Schätzung wird der Körper des niedersten Heiligen fünfzigmal süßer schmecken als Honig, Zucker oder alles, was wir hier auf Erden kennen. Der nächsthöhere Heilige schmeckt hundertmal süßer, der Dritte wiederum wird tausendundeinmal süßer sein ...« Doch im großen und ganzen ist es schon das sinnenfreudige Paradies der Renaissance, von dem wir für unser Ewiges Dasein träumen. Oder wenigstens so etwas wie der Himmel des phantasievollen Swedenborg, dank ständigen Reisen von hüben nach drüben der bestinformierte Sektenführer aller Zeiten: Nur ein kleines Gewässer trennt uns nach dem Bericht dieses Augenzeugen vom Reich des Ewigen, und dennoch ist es dort so himmlisch, wie man es sich nur wünschen kann. Und dieses Himmlische beschreibt er seinen Anhängern haargenau – hier ist keiner genötigt, an die Katze im Sack zu glauben!

Doch solch phantasiebegabte Ausstatter des Jenseits sind heute aus der Öffentlichkeit verschwunden. Die Fachleute haben uns im Stich gelassen, ausgerechnet in diesem für uns so wichtigen Bereich. Denn ihm und nicht der Sorge um den zu kurz gekommenen Nächsten gilt das Unternehmen Frömmigkeit: Ungläubige beweisen immer wieder, daß man die geschundene Kreatur auch ohne Verherrlichung ihres Herstellers lieben kann. Ein Paradies? Lediglich über die Definition sind Anführer und Mitläufer sich noch einig: *Paradies bedeutet die Erfüllung all dessen, was wir uns wünschen* (Unerwünschtes wäre ja schon nicht mehr paradiesisch).

Und was wünschen wir uns? Vielleicht mehr oder weniger das, was wir uns schon auf Erden wüschten: Ein Dasein in einer absolut gerechten, absolut friedlichen Gesellschaft. Einen Ewigen Sozialstaat mit intakter Ökologie und ohne

Lieferfristen für Konsumgüter. Alles wie daheim, nur eben viel, viel schöner.

Nun ist gerade der Himmel auf Erden für einen Toten, der von einem eigenen Körper träumt, kein realistisches Ziel, weil hier ja auch noch die vielen Lebenden wären. Es gibt zwar Sekten, die ihren Anhängern sogar dieses noch in Aussicht stellen: Während der ersten tausend Jahre nach ihrem Tod – erst nach dieser zweiten Prüfung beginnt hier die eigentliche Ewigkeit – dürfen beispielsweise Adventisten, Zeugen Jehovas und Mormonen noch zu Hause bleiben.

Doch dazu benötigen sie zunächst einmal die alles vernichtende Schlacht von Armageddon. Die erklärte Absicht ist ja die Erneuerung der Erde und die Auferstehung *aller* Menschen, und zwar in ihrer traditionellen Körperlichkeit. Für die Mehrzahl der Überlebenshungrigen kann diese Vision somit wenig verlockend sein: Zum einen denkt man an die zu erwartende Überbevölkerung, zum andern möchte man nicht, daß wegen des eigenen Überlebens erst noch die andern dran glauben müssen. Da weicht man lieber ein bißchen aus: Im Himmel ist schließlich Platz genug, das sieht man doch schon von hier unten. Aus diesem an sich ganz logischen Gedankengang ergibt sich schon die erste konkrete Forderung an den Organisator unseres Weiterlebens: Es hat sich in nicht allzu großer Entfernung von der Erde abzuspielen. Denn einerseits will man ja schon mit seinen im Himmel ungeduldig wartenden Lieben zusammensein, andrerseits möchte man aber auch die trauernden Hinterbliebenen nicht aus dem Auge verlieren: Der Durchschnittsgläubige sieht seine himmlische Zukunft als Pendler.

Woraus sich bereits das zweite Begehren des künftigen Kadavers ergibt: Er möchte nach seinem Dahinscheiden ein Engel werden. Wenn sein Ewiges Leben schon in himmlischen Bahnen zu verlaufen hat, möchte er sich dort wenigstens bequem und umweltfreundlich fortbewegen. Falls also unter einem Engel eine tote Person mit Flügeln zu verstehen ist, wäre ein Himmel voller Engel – diese vom modernen Fachmann so mitleidig belächelte Vision – die logische Konsequenz. Auf ihr wird der überlebensgläubige Laie sein paradiesisches Kartenhaus errichten.

Aus solcherlei diesseitigen, im reinsten Wortsinn *erdverbundenen* Wunschphantasien ergeben sich also die Bedingungen, die wir an ein geglücktes Jenseits stellen. Und auch wenn sich die Akzente hier von einem Frommen zum andern immer wieder verschieben – der Vegetarier träumt wohl eher von einem himmlischen Galapagos, der Verfressene visioniert am Spieße rotierende Kälber, den Säufer kann nur die Vorstellung ewiger Weinberge trösten –, in den wichtigen Punkten sind sich die meisten von uns einig:

○ Wir möchten im Jenseits Menschen vorfinden – solche, die wir schon kennen, und solche, die wir schon immer kennenlernen wollten: Verwandte, Freunde und Prominente also.
○ Wir möchten dort einen Körper besitzen, und zwar am liebsten wieder den gewohnten – nur jünger, schöner und vor allem gesünder.
○ Wir möchten uns an unsere Zeit auf Erden erinnern können – das Persönlichkeitsbewußtsein hat im Ewigen Leben intakt zu bleiben.
○ Wir möchten die Freuden der Liebe genießen – in einem Paradies hat es somit zwei Geschlechter zu geben. Wir möchten gut und ausreichend speisen.

- Wir möchten arbeiten dürfen, aber nicht müssen.
- Wir möchten einkaufen können, ohne an Geld zu denken, und es müßte alles geben.
- Wir möchten ein großzügiges Angebot an Unterhaltung – sämtliche irdischen Fernsehprogramme müssen zum Beispiel auch im Jenseits zu empfangen sein.

Und natürlich hätten wir auch gerne einen festlichen Empfang. Wir bestehen nicht auf der gesamten Heiligen Familie, doch wenigstens Gott sollte uns bei der Ankunft in die Arme schließen. Wäre das denn wirklich zuviel verlangt? Von einem *Paradies*?

Das Ewige Leben:

Einzelheiten

»Um eine Sache zu beurteilen, bedürfen wir mehr des Gesamtüberblicks als der Kenntnis der Einzelheiten«, schreibt Epikur in seinem Brief an Herodot. Vielleicht hätte er bei der Sache *Paradies* trotzdem eine Ausnahme gemacht, ermöglicht hier doch gerade die Kenntnis der Einzelheiten eine Beurteilung des Gesamten.

Kenntnis der Einzelheiten? Wie wäre diese zu beschaffen, wenn nicht einmal das Gesamte existiert? Wie ließen sich für einen Staat, den es nur in der Vorstellung gibt, Stromverbrauch und Verkehrsaufkommen kalkulieren?

Nun, vielleicht käme eine Methode in Betracht, die man im Zusammenhang mit religiösen Fragen noch nicht gewohnt ist – die sogenannte *empirische Falsifikation*: Ausgehend von einer falschen oder zumindest unwahrscheinlichen Hypothese, wird im Verlauf des Überprüfens der wahrscheinliche Sachverhalt ans Licht gebracht. Aufs Ewige Leben angewendet, müßte sich dieser Prozeß freilich auf ein mehr oder weniger phantasievolles Ausmalen beschränken: Zu überprüfen gibt es am Ewigen Leben nichts.

Bis zu diesem Tage erzählen die Führer aller Konfessionen einer zumindest aus menschlicher Sicht gottverlassenen Welt, daß es ihn gibt, den gerechten, gütigen Schöpfer. Und daß er uns nach all unseren oft barbarischen Leiden auf diesem von ihm konzipierten und ausgearbeiteten Planeten Erde in einen Himmel holt, wo weder Ungerechtigkeit, Krankheit noch Tod existieren. Unser hiesiges Unglück sei lediglich eine Eigenart seines göttlichen Ausleseverfahrens, sagen sie – er wolle damit feststellen, welche seiner Kreaturen trotz all dieser »Prüfungen« an ihn und seine Ewige Güte glaube und somit auch seines Ewigen Glückes würdig sei.

In diese überquere Logik gilt es einzusteigen, ist doch die bedingungslose Kapitulation vor diesen Unwahrscheinlichkeiten der Schlüssel, der uns später das Tor zur Beurteilung von Himmel und Hölle öffnet. Und offenbar ist dieser Verzicht nicht einmal so schwierig: *Theodizee* heißt die unter anderem von Leibniz und Kant verfochtene philosophische Methode, den Allmächtigen gegen den Vorwurf der Machtlosigkeit oder gar Grausamkeit in Schutz zu nehmen.

Lassen wir uns also ruhig darauf ein: Es geht ja nicht um den Wahrheitsgehalt der Sonntagspredigt, sondern um die Unfähigkeit unserer Psyche, mit den Schrecken der übrigen Wochentage auf intelligentere Weise fertig zu werden. Nicht weil ihre Gedankengänge so logisch wären, glauben wir unseren Päpsten, sondern weil uns unter der Wucht des Leidensdrucks die Fähigkeit zu logischem Denken abhanden kommt: Sie winken mit einem Strohhalm, wir sehen einen Balken, an dem man sich festklammern kann.

Und naturgemäß muß vor einer solchen Kulisse auch jede an die Vernunft apellierende Aufklärung scheitern. In der Vergangenheit wurde wahrhaftig oft genug versucht, den Wunschphantasien der Frommen mit Argumenten zu begegnen: Merkt ihr denn nicht, daß sie euch mit leeren Versprechungen ködern? Seid ihr tatsächlich so blind, daß ihr ihre Motive nicht erkennt? Fragt sie doch nach Beweisen! Laßt euch einen zeigen, der drüben war! Aber nicht à la Swedenborg, nicht wie die Scheintoten von Frau Doktor Kübler-Ross: Verlangt einen *wirklichen* Zeugen! Wie man weiß, ist ein solches Vorgehen bis heute sowohl sinnlos als auch lebensgefährlich gewesen. Da die mit den

Visionen stets in der Überzahl sind, werden ihre Aufklärer entweder gewaltsam zum Schweigen gebracht oder wirtschaftlich ausgehungert und gesellschaftlich isoliert. Und wenn sie dann, erschöpft von Kampf und Alleinsein, oder nun auch selber von Todesangst übermannt »zu Kreuze kriechen«, wie es so trefflich heißt, wird dies als weiterer Jenseitsbeweis verbucht: Daß man mit seinem Glauben auf der Seite der Mehrheit ist, gilt als Beleg für die Richtigkeit des Geglaubten.

Diese dumpfe Selbstgewißheit in dem am wenigsten abgesicherten aller Bereiche ist geradezu das Markenzeichen des gläubigen Menschen. Obwohl das Verb *glauben* eine Umschreibung für *nicht wissen* ist, tut man stets so, als wisse man alles. Und wenn einer kommt, der sich ausdrücklich als *Nicht-Wissender* bezeichnet (ein *Agnostiker*), dreht man auch diesem das Wort im Munde herum und nennt ihn einen *Suchenden*. Und was sucht er? Nun, eben das, was man selber bereits gefunden hat – den *wahren* Glauben. Daß es einen solchen schon per definitionem nicht geben könnte, weil man etwas *Wahres* nicht *glauben* muß (man *weiß* es), ficht dessen Verkünder nicht an: Ein gläubiger Mensch kann einem ungläubigen nicht nur das Woher und Wohin erklären, sondern weiß auch, was diesen glücklich macht.

Und so ist der sogenannte Heide seinerseits zu einer Manipulation der Logik genötigt. Um sich die Beglückungsversuche des künftigen Engels vom Hals zu halten, gibt er sich so selbstsicher wie dieser und bezeichnet sich fortan als einen, der *weiß*, daß es Gott *nicht* gibt – einen *Atheisten*. Doch dies ist ja nun auch wieder zuviel des Bösen: Nur ein Gott könnte die Nicht-Existenz Gottes (eines anderen aber dann) proklamieren – dem »Atheisten« fehlt der hierzu notwendige Überblick über das Universum.

Gäbe er dies aber zu, hätte er sofort wieder den Bekehrungswütigen an der Kehle: Dann gebe es, das wäre dessen Argument, den Allmächtigen also sogar für ihn, den Atheisten, mit einer Wahrscheinlichkeit von fünfzig Prozent? Und das wäre eine weitere Verdrehung des Denkens: Wenn dem Skeptiker die Übersicht zum Verneinen Gottes fehlt, fehlt dem Frommen auch die zum Bejahen. Der Ungläubige weiß nicht nur, daß er selber nichts weiß – er weiß auch, daß der Gläubige nichts wissen kann. Denn es gibt ja tatsächlich mehr Anhaltspunkte für die Existenz des Ungeheuers von Loch Ness als für die eines an uns persönlich interessierten, für uns das Beste wollenden Schöpfers. Und bei einer so totalen Abwesenheit von Daten wäre auch keine Wahrscheinlichkeitsrechnung möglich.

Aus Gefälligkeit wird der eine oder andere vielleicht seine nicht zu leugnende Abhängigkeit von *Zufall* und *Naturgesetzen* als Gott bezeichnen. Doch diese sind klar definierte, sich selbst genügende Begriffe. Sie *Gott* zu nennen ist eine Anbiederung an die Macht derer, die sich als die kommenden himmlischen Heerscharen begreifen. Schopenhauer bezeichnet diese Gleichsetzung von Gott und Natur (*Pantheismus*) als »die höflichste Art, Gott aus dem Verkehr zu ziehen« – für ihn ist sie eine Form von Atheismus.

In der Regel kann daher die Frage den Ungläubigen auch bald nicht mehr interessieren. Weniger über den Angebeteten als über die Anbeter zerbricht er sich heute den Kopf. Denn für ihn ist das Mysterium der Schöpfung nicht Gott, sondern die Milliarden Menschen, die da inmitten dubiosester Umstände so unverdrossen für ihn Reklame machen und jedes Erdbeben als Warnung, jeden Beinbruch als Strafe, jede Blume als Geschenk von ihm deuten. Den Ungläubigen fasziniert die Selbstgewißheit, mit der ihm diese Ewigkeitsspekulanten ihre Paradiese anpreisen; die Genauigkeit, mit der sie den Weg dahin kennen; die Zuvorkommenheit, mit der sie ihm ihre Höllen beschreiben; die Sicherheit, mit der sie zwischen Gut und Böse unterscheiden; die Unbekümmertheit, mit der sie mit ihren Glocken lärmen; die Ungeniertheit, mit der sie ihr Herdenleben als Glück bezeichnen – und ihn, den Ungläubigen, als verlorenes Schaf. »Seid stets bereit, jedem Rede und Antwort zu stehen, der nach der Hoffnung fragt, die euch erfüllt« (1. Petr. 3,15). Und siehe da, sie sind es. Sogar ungefragt.

Wer über die Einzelheiten des Ewigen Lebens nachdenken will, muß aber zumindest so tun, als sei er mit alledem einverstanden. Denn wenn die Geschichte vom Leben nach dem Tode ein Märchen ist, läßt sich damit nur umgehen, indem man die Logik der Märchenerzähler übernimmt. Manche Eltern wenden diese Methode bei ihren von Alpträumen gepeinigten Kleinkindern an: Anstatt ihnen lange zu erklären, daß es den großen schwarzen Vogel neben ihrem Bettchen gar nicht gibt, öffnen sie das Fenster: »Siehst du? Schon ist er weg!«
Mit dieser unter modernen Erziehern so verpönten Kinderzimmerstrategie wollen wir es hier einmal probieren: *Wenn uns die Frommen ihren Unsichtbaren zeigen, können in Zukunft auch wir ihn sehen.*
Denn alles übrige hat auf diesem Gebiete versagt: Die Überlebensgläubigen werden nicht nur immer mehr, sie werden auch aggressiver. Wenn wir ihnen nun aber glaubhaft versichern, daß wir ihre Visionen teilen, und so tun, als würden wir ihre Hoffnung auf ein Leben nach dem Tode für realistisch halten, läßt sich vielleicht auch ihr »großer schwarzer Vogel« verscheuchen. Wenn wir, Epikurs Vorschlag folgend, den Wahnsinn auf die Spitze treiben und

mit ihnen gemeinsam überlegen, was die Erfüllung dieser Hoffnung wirklich brächte, wäre vielleicht auch die Zeitbombe Fundamentalismus nicht mehr so bedrohlich. Denn für den Fall, daß sie die detaillierte Vorstellung ihres Ewigen Lebens desillusionierte, wäre dieses ja nicht länger etwas, wofür es sich zu töten und zu sterben lohnte!

Die an die Stelle von Aufklärung tretende Arbeitshypothese wird also lauten, daß es Gott gibt und daß nach unserem Tode genau das geschieht, was unsere Hinterbliebenen so selbstsicher in ihren Traueranzeigen verkünden: *Er holt uns* (nach langer oder kurzer Krankheit, aus übergroßer Barmherzigkeit oder unerforschlicher Weisheit) *zu sich.* Wohin? Nun, in jene perfekte Welt, die er uns in seinen Schriften verspricht, und in der wir nun geduldig auf sie warten.

Und auf dieser Basis – dem bedingungslosen Glauben an die Existenz eines allmächtigen Herrschers und dessen persönlichem Interesse an jedem einzelnen von uns Menschen – sind wir nun auch zu weiteren Fragen legitimiert: Wie hätte man sich ein *perfektes* Jenseits vorzustellen? Womit hätten wir in einem *Paradies* zu rechnen?

Die Ankunft

Wir sind also tot und drüben angekommen … Bleiben wir ruhig weiterhin bei einem monotheistischen (jüdisch-christlich-islamischen) Jenseits. Denn eigentlich ist es ja egal, an welche Überlebensvision wir uns hier halten: Eine ist so abstrus wie die andere, der Glaube daran immer zugleich eine Beleidigung unseres Verstands. So etwas wie eine vernünftig ausgedachte Unsterblichkeit kann es schon darum nicht geben, weil die Idee unseres Weiterlebens nicht vernünftig ist. Daß so viele Menschen trotzdem darauf vertrauen, steht, wie gesagt, auf einem anderen Blatt: Ihre Angst vor dem Vergehen ist einfach stärker als ihre Lust am Denken. Letzten Endes handelt es sich bei Religiosität stets um *eine krasse Form von Unbescheidenheit*: Man hält die eigene Person für zu wichtig, als daß sie verschwinden könnte.

Nun sind wir jedoch tatsächlich drüben ... Bei den Einzelheiten des Grenzübertritts wollen wir gar nicht erst verweilen. Es gibt da so viele Möglichkeiten, wie wir uns vorstellen können – so viele, wie es Romane, Theaterstücke und Spielfilme über dieses Thema gibt: der soeben gefallene Soldat, der wieder aufsteht und sich erstaunt über seinen eigenen Leichnam beugt; der frisch Bestattete, der in der ersten Friedhofsnacht sichtlich erholt der Familiengruft entsteigt; der schweigende Passagier, den ein schwarzgekleideter Fährmann über den berüchtigten Grenzfluß rudert ... Wie immer es in unserem Fall gewesen sein mag, es ist überstanden: Wir sind da.

Da? Wo denn? Im Paradies? So mir nichts, dir nichts? Nun, vielleicht sollten wir uns in dieser Beziehung nicht gleich zuviel zumuten. Es käme ja auch in dieser Situation wieder darauf an, was wir uns wünschten. Carl Spitteler sagt zwar, daß, vor die Wahl gestellt, direkt ins Paradies zu gehen oder zunächst einmal einen Vortrag darüber zu hören, nur das Volk der Schweizer den Vortrag wählen würde, während die Angehörigen der übrigen Nationen ganz einfach hineingingen. Aber vielleicht wären in diesem Fall auch die Verstorbenen aus den weniger vorsichtigen Völkern zu ein bißchen Theorie bereit? Vielleicht möchte niemand, daß sein Ewiges Leben dermaßen sang- und klanglos seinen Anfang nimmt?

Vielleicht sollten wir uns zunächst einmal in einer Art

Auffanglager sehen: einem Auffanglager im Weltraum. Erst von dort ginge es dann weiter ins eigentliche Jenseits. Vielleicht würden uns ein paar freundliche Engel einen kleinen Imbiß servieren. Wir hätten ja einiges hinter uns und müßten uns zunächst einmal von den Strapazen des Sterbens erholen. Ein Vorgang, an den wir uns natürlich bis ins kleinste Detail erinnern können: Ein intaktes Gedächtnis war ja eine der Bedingungen, die wir an unser Ewiges Leben stellten.

Und vielleicht bemerken wir nun, daß unser Ort mit der Außenwelt – dem Himmel – durch eine Art Tunnel verbunden ist. Eines jener ausziehbaren Gebilde, durch die wir auf den Airports unserer Erde zu den wartenden Boeings schritten.

Durch diesen Tunnel kommt – schwebt? – er jetzt herein. Wer?

Gott natürlich: der Allmächtige, Allwissende, Schöpfer des Himmels und der Erde.

Er kommt, wie auch immer, herein und steht – thront? – vor uns.

Und nun sehen wir ihn von Angesicht zu Angesicht – genau wie versprochen.

Endlich!

Gott: Aussehen

Und zwar hätte man das mit dem »Angesicht« durchaus wörtlich zu nehmen. Es heißt zwar »Du sollst dir kein Bildnis machen«, doch wenn das Paradies der Ort ist, wo unsere Wünsche in Erfüllung gehen (dies war unsere *Definition*), so muß Gott dort persönlich anwesend sein (dies war unser *Wunsch*).

46

Und diese göttliche Präsenz hätte sich in einem konkreten Körper abzuspielen. Wir wollen ja diesen Unsichtbaren, der da über Jahrzehnte hinweg jeden unserer Schritte überwachte, jeden unserer Gedanken registrierte, nun endlich auch einmal selber sehen!

Und natürlich müßte die Gestalt, in der Gott in seinem Jenseits schließlich zu uns träte, vor allem *vertrauenerweckend* sein. Der Ewige dürfte sich also keinesfalls als Ewiges Licht oder Ewiger Raum vor uns zeigen oder etwa die Form einer Wolke oder eines auf Erden ungewohnten Lebewesens angenommen haben: Dies wäre für einen frisch Verblichenen zu erschreckend.

Auch eine Tiergestalt käme für die Präsentation nicht in Frage – Tieren gegenüber fühlen wir Menschen uns zumindest im Geiste überlegen, und hier erwarten wir einen, der *uns* überlegen ist. Wie sonst könnten wir uns in diesem neuen Leben beschützt und geborgen fühlen?

Eigentlich dürfte dies alles aber kein unlösbares Problem sein. Wenn stimmt, was in den Heiligen Schriften steht (und davon gehen wir ja nun aus), muß der Schöpfer das Äußere eines menschlichen Wesens besitzen: Hat er uns nicht »nach seinem Ebenbilde« erschaffen? Und nur darum sah er auch gleich, »daß es gut war«: Etwas Vollenderes als die eigene Gestalt konnte nicht einmal er sich für uns denken. Kein Zweifel: Gott sieht aus wie ein Mensch. Und ebendieser Gott, der menschenähnliche, kommt nun durch den Tunnel in unser Weltraumauffanglager.

Er erblickt uns Neuankömmlinge, breitet seine Arme aus – und wir, wir eilen überglücklich zu ihm hin!

Jawohl, ihr in moderner Theologie Studierten: So und nicht anders wird es sein. Mit vagen Versprechungen und diffusen Beschreibungen ist es auf diesem Gebiet auch am Ende des zwanzigsten Jahrhunderts nicht getan: Eure »Wissenschaft von Gott« läßt sich entstauben, Gott selber nicht. Denn wir, die *gewöhnlich* Sterblichen, bestehen noch immer auf einer Vision, die uns beim Sterben hilft. Und dazu gehört eine *vorstellbare* Begegnung mit einem *vorstellbaren* Schöpfer an einem *vorstellbaren* Ort. Und da wir die Wirklichkeit sind und euer Allmächtiger eine Spekulation, haben wir ihn erschaffen, wie *wir* ihn brauchen. Im Gegensatz zu seinem Kollegen Hegel ist nämlich der Philosoph Feuerbach auch heute noch aktuell: Jede Religion ist *anthropozentrisch,* weil seit jeher *der Mensch* bestimmt, was göttlich ist. *Im Anfang war das Wort* – ihr sagt es richtig. Nur ist es eben *unser* Wort gewesen: jenes einsilbige Gebet, mit dem wir uns, *wahnsinnig vor Todesangst,* jenen Unsichtbaren schufen, der uns unsterblich machen kann – GOTT.

Gott: Geschlecht

Aus dem gleichen Grund bleiben auch die Details der göttlichen Erscheinung dem Gesetz unseres Konsumverhaltens unterstellt. Und logischerweise wird man sich dabei zum Problem des Sterbens wie zu dem des Einschlafens verhalten: Jede Vorstellung, die beruhigt, erleichtert den Vorgang selbst – ist also zugleich richtig und moralisch. Unsere Todesangst bestimmt nicht nur, daß der Ewige der schweigenden Mehrheit das Aussehen eines Menschen hat, auch die Einzelheiten seines Auftretens obliegen unserem Vorstellungsvermögen.

Obwohl sich der Durchschnittssterbliche jetzt manchmal schon geniert, dies zuzugeben, hält sich auf seiner himmlischen Hitparade »der alte Mann mit dem Bart« wohl noch immer an erster Stelle. Von ihm hatten ja schon die Eltern vorgebetet, mit ihm steht er von Kindesbeinen an auf vertrautem Fuße. Als er damals seinen ersten Vertragsentwurf stammelte: »Lieber Herrgott, mach mich fromm, damit ich in den Himmel komm'«, war es dieser, den er über seinem Bettchen sah.

Natürlich spielen bei der göttlichen Geschlechtsbestimmung auch die verschiedenen Konfessionen eine Rolle: »Sei gepriesen, Herr unser Gott, König der Welt, daß du mich nicht zur Frau gemacht hast«, muß zum Beispiel der jüdische Mann laut Gebetbuch danken. Wem könnte hier später noch der Gedanke an eine Erste Dame kommen? Dem Christen ist der Gedanke an einen Herrn so selbstverständlich, daß er nur zögernd an eine weibliche Alternative denkt. Und im Islam würde sich wohl nicht einmal eine vergeltungswütige Verschleierte eine Ewige erfinden!

Trotzdem kann sich mancher Sterbliche in der hohen Position neuerdings schon eine Frau vorstellen. Doch nicht zu jung dürfte sie sein. Zuvorkommend, aber nicht übertrieben freundlich (sie ist ja der Boß), mit einer vollen, angenehmen Stimme (etwa wie jene, die sich Mrs. Thatcher von der zweiten Amtsperiode an antrainierte) und auf keinen Fall zu sehr herausgeputzt. Man stelle sich also unter einem weiblichen Gott so etwas wie eine erfahrene Krankenhausärztin vor, die Chefstewardeß einer unfallfreien Fluggesellschaft, die Vorstandsvorsitzende einer Schweizer Bank.

Die ganz elegante Lösung wäre in dieser Stellung ein Bisexueller. Doch leider tut der künftige Engel sich gerade mit dieser Vision ein wenig schwer, hatten seine irdischen Seelsorger ihm doch beigebracht, sich unter diesem Begriff einen Sünder vorzustellen.

Für den progressiven Frommen ist selbstverständlich auch diese Gottesgestalt erhältlich. In einem Paradies kann es ja nur eine Regel geben: Erlaubt ist, was gefällt. Selbst wenn sich der eine oder andere von uns Sterblichen unter seinem Ewigen also etwas ganz, ganz Ausgefallenes vorstellen sollte: Der Gott, der schließlich durch den Tunnel auf ihn zukommt, ist genau der, den er anzutreffen hoffte.

Gott: Charakter

Schön, das sind unsere Mutmaßungen über die Äußerlichkeiten des/der Allmächtigen. Wie hätten wir uns nun sein/ihr Wesen vorzustellen, seinen/ihren Charakter? Leser und Leserinnen sehen, wie sehr ihnen auch auf diesem Gebiet eine nichtsexistische Lesart im Wege stünde. Es wird daher vorgeschlagen, zunächst noch bei der vertrauten Formulierung zu bleiben und, eingedenk der Vorstellungen der Mehrheit, von Gott wie von einem Mann zu schreiben. Im letzten Teil dieses Buches wird dieses unemanzipierte Verhalten dann wieder wettgemacht.

Beginnen wir also noch einmal: Welche wären die moralischen Qualitäten, die wir von einem Herrgott erwarten dürften? Wie sähe es mit dem Charakter unseres Ewigen aus?
Zunächst einmal müssen wir jeden philosophischen Standpunkt beiseite schieben. Für einen konsequent denkenden Menschen dürfte der Gott eines monotheistischen Systems ja nicht nur kein Geschlecht, sondern auch keinen Charakter besitzen: Wenn Gott *Alles* ist, trifft auch *jede* Charakterisierung auf ihn zu: gut, böse, gescheit, dumm, ausgeglichen, cholerisch, verzeihend, rachsüchtig, bescheiden, arrogant usw. Ein Priester, der von der Kanzel herab verkündet, der Herr sei gerecht, begeht mehrfache Blasphemie: Er hat seinen Gott verkleinert, ihm nicht nur die

Fähigkeit des Weiblichseins, sondern auch die zur Ungerechtigkeit abgesprochen.

Im philosophischen Sinne kommt also jede Anbetung, die aus einem bestimmten Grunde erfolgt, einer Gotteslästerung gleich, weil sie durch ihr Lob den Allmächtigen auf von Menschen zur Tugend erklärte Eigenschaften reduziert. Die jüdischen Ideologen haben dieses Problem erkannt und deshalb auch vorgeschlagen, ihrem Gott nicht einmal einen Namen zu geben. Wie weit sie bei ihrer Gefolgschaft damit gekommen sind, hat man am Beispiel des vorigen Kapitels gesehen.

Und auch die übrigen Frommen kommen so nicht weiter. Wenn Gott *Alles* ist, wenn sein Charakter *jede* Qualität und *jeden* Widerspruch in sich vereint, ist er zugleich auch *Nichts*. Ein Gott ohne ganz bestimmte Eigenschaften wäre für einen Gläubigen verstandesmäßig nicht zu fassen – er wäre sozusagen überhaupt nicht vorhanden und könnte daher auch nicht die Angst vor dem Sterben nehmen. Und das ist ja der Zweck der religiösen Übung.

So basteln wir denn aus dem *Alles* unseres Schöpfers einen Helden nach unserem kleinkarierten menschlichen Verstand. Wie wir uns am Äußeren Gottes vergingen, vergewaltigen wir dann später auch seinen Charakter, indem wir uns den programmieren, der uns selbst am besten paßt. Zielstrebig wird das Idol mit Werten ausgestattet – und zwar mit den allerbesten. Denn wenn *wir* Gott lieben wollen, muß er ja *uns* liebenswert erscheinen. Für jenes Maximum an Selbstaufgabe, zu dem der Fromme bereit ist, hat er zunächst einmal ein gerütteltes Maß an Selbstsucht nötig.

Und das Ergebnis?
Wie ist unser Ewiger nach dieser Manipulation zu seinen und unseren Gunsten:

allmächtig oder machtlos,
allwissend oder uninformiert,
ausgeglichen oder cholerisch,
verzeihend oder rachsüchtig,
uneitel oder eitel,
gerecht oder ungerecht?

Kein Zweifel: Er hat von all diesen Eigenschaften die erstere, die positive. Denn natürlich wünscht man sich einen allmächtigen, allwissenden Gott – ein ohnmächtiger, uninformierter wäre ja ein Wesen wie man selber. Natürlich bevorzugt man einen ausgeglichenen, verzeihenden Herrscher: Cholerikern ist man auf Erden zur Genüge begegnet, in der Ewigkeit möchte man seine Ewige Ruhe. Und ein rachsüchtiger, eitler Allmächtiger wäre ein Diktator und somit niemand, der für ein Paradies in Frage käme.

Der zürnende Gott des Alten Testaments wäre in einem Jenseits ohnehin nicht nötig: Dort wären wir ja alle Engel – warum sollte uns einer zürnen müssen? Auch der Macho der Ersten Stunde käme uns nicht in den Garten Eden: Zuerst verbietet er einer nackten jungen Frau das Apfelessen, und nachher prüft er mit Hilfe eines Reptils, ob sie ihm wirklich hörig ist. Auch wenn wir uns die allerstrengste Gläubigkeit zum Vorsatz machten: Zum Ruhme Gottes und im Interesse von Christenheit und Judentum werden wir dieses Detail des Sündenfalls für einen Übersetzungsfehler halten. *Unser* Gott hätte nicht zu solchen Tricks gegriffen, schon gar nicht gegenüber einem weiblichen Wesen.

Kurz und gut: Auch in Temperament und Charakter passen wir Gott *unseren* Wünschen an. Und wir wünschen uns nun einmal den, zu dem wir als Kinder zu beten pflegten: den *lieben*. Wir fordern nun einmal jenen, den

man uns als Erwachsenen zum Ausgleich für die Ungerechtigkeiten unserer Welt versprach: den *gerechten*.

Doch da es sich hier um ein Paradies handelt, werden wir
natürlich auch in dieser Beziehung nicht enttäuscht: Unser Ewiger ist von *absoluter* Güte, seine Gerechtigkeit ist
perfekt.

Und der Teufel?

Aus der Erfüllung dieser beiden Hauptbedingungen an
den Charakter Gottes – Güte und Gerechtigkeit – würden
sich aber zunächst einmal ein paar Überraschungen ergeben. Enttäuschende für die Tugendhaften, freudige für die
Sünder.

Wir sind nämlich *alle* in den Himmel gekommen, dürfen
alle bleiben. Die berüchtigte Hölle gibt es nicht, jawohl,
und auch dieser scheußliche Satan war eine Erfindung
unserer Überlebensversicherungskonzerne. Erst angesichts unseres Gottes wird uns klar, in welchem Ausmaß
wir hier hereingelegt worden sind: Der Teufel! Wie konnten wir nur so naiv sein, unseren Päpsten zu vertrauen?

»Der Teufel...«, lächelt nun auch unser selbsterschaffener
Schöpfer gütig. »Alle kommen Sie hier mit der gleichen
fixen Idee herauf. Warum haben Sie nicht ein bißchen
nachgedacht? Wozu habe ich Ihnen einen Verstand gegeben? Also das würde ich nun wirklich als Gotteslästerung
bezeichnen: Da habe ich mir etwas so Fabelhaftes wie das
menschliche Gehirn einfallen lassen, und Sie benützen es
nicht einmal?«

»Hören Sie: Wenn ich der Schöpfer bin, wenn ich die Erde
gemacht habe und alles, was es darauf zu sehen gibt, dann
habe ich doch auch Sie, die Menschen, produziert. Und

zwar mit allen Ihren Fehlern und Schwächen. Jeder von Ihnen muß also notgedrungen unschuldig sein, hab' ich recht? Denn wenn es Gott gibt – und das wäre ja wohl hiermit klargestellt – kann es doch für den Menschen keine freie Entscheidung geben. Wenn ich für Ihren Charakter verantwortlich bin, begehe ich doch automatisch auch Ihre Sünden.«

»Diese Arbeitsteilung zwischen Gott und Teufel, die Sie sich da zurechtgelegt haben: Sie wollten mich entlasten, ich weiß ... Aber eigentlich wär's mir lieber gewesen, Sie hätten statt dessen ein wenig mitgedacht: Wenn ich alle Geschöpfe gemacht habe, so ginge doch auch der sogenannte Satan auf mein Konto. Dann hätte doch ich persönlich Sie – in welcher Gestalt auch immer – in Versuchung geführt. Wäre zumindest der Schreibtischtäter.«

»Ein Allmächtiger, der ausgerechnet dem Bösen gegenüber hilflos ist, wie stellen Sie sich das denn vor? Wo wäre hier die Allmacht? Nur für den Fall, daß es mich *nicht* gäbe, könnten Sie, der Teufel oder wer auch immer, an irgend etwas schuld sein. Doch ich stehe doch hier vor Ihnen, nicht wahr? Es ist also logischerweise alles meine Schuld: Mea culpa, jawohl – mea maxima culpa!«

»Der Tag des Gerichts!« spricht Gott nach einer kurzen Pause weiter, »so etwas haben Sie mir zugetraut, tatsächlich? Mir, Ihrem *lieben* Gott? Dachten Sie wirklich, ich würde hier nach Ihrer Ankunft schmutzige Wäsche waschen: ›Warum haben Sie im Dezember 86 Ihren prachtvollen Ehemann mit diesem albernen Schauspieler betrogen?‹ ›Wie konnten Sie bei der Einweihung jenes Supermarktes eine Stange Gaulloise mitgehen lassen?‹ – Da haben Sie mich aber gehörig unterschätzt!«

»Und erst diese Horrorgeschichte mit der Hölle! In Ihren frommen Liedern loben Sie meine Barmherzigkeit, und dann halten Sie mich für fähig, solche Greuel zu begehen?

Ein Gott, der sich an die Rampe stellt und selektiert – der da fürs Fegefeuer, der da fürs Paradies? Wie konnten Sie auch nur eine Sekunde lang glauben, daß ich so etwas gestatten könnte: meine unschuldigen Geschöpfe in einem Ewigen Feuer rösten! Das Jenseits als KZ!«

»Ja, vielleicht sollte ich eine Hölle für die errichten, die solche Verleumdungen in Umlauf setzen – ich habe es oft überlegt. Aber auch Bischöfe und Ajatollahs sind doch schließlich meine Geschöpfe, auch die Machtgier der Gottesmänner ist Gottes Werk. Wie dürfte ich sie also zur Rechenschaft ziehen? Sie werden sagen, sie hätten nur Ihr Bestes im Auge gehabt – das Ganze sei eine Maßnahme zur Verbrechensprophylaxe gewesen.«

»Nein, auch für die Verbrecher gibt es hier keinen Grill. Sehen Sie sich doch einmal die Statistiken an: In den Industrieländern des Planeten, von dem Sie kommen, sind zum Beispiel achtzig Prozent aller Delinquenten ehemalige Heim- und Fürsorgezöglinge. Und wer hat ihnen denn ein Schicksal im Waisenhaus zugemutet? Wer hat ihnen vor der Zeit Vater und Mutter geraubt? Das war doch ich!«

»Ich weiß, daß es Ihnen im Augenblick noch schwerfällt, mir zu folgen: Doch nein, auch für die Drogenbarone ist kein Schauprozeß vorgesehen. Denn wenn ich zum einen die Ursache Ihres Unglücks bin und zum andern Substanzen erfinde, die Sie dieses für ein paar Stunden vergessen lassen, dann bin es doch ich, der Sie süchtig macht, nicht wahr? Wenn ich etwas so Kriminelles wie den Opiummohn gedeihen lasse und dazu noch jene gewissenlosen Gangster, die sich daran bereichern, dann bin doch *ich* der Dealer! Sie können nicht alles Schlechte sich selbst in die Schuhe schieben und alles Gute mir: Das ist nicht fair!«

Wir Neuankömmlinge nicken uns begeistert zu: Ein toller Gott, eine klare Rede!

Aber warum nur?

Warum?!

Wenn dieser Allmächtige dermaßen gütig und gerecht ist – warum hat er dann all dieses Elend über seine Welt verbreitet? Wenn es nicht geschah, um unseren Glauben an ihn zu prüfen – welchen Sinn hatte es dann?

Wir ziehen uns zur Beratung zurück, rufen kurz entschlossen eine *Vereinigung Neuer Engel* (VNE) ins Ewige Leben, beantragen als solche unverzüglich eine Fragestunde.

Und da dies ein Paradies ist, wird dem Anliegen selbstverständlich stattgegeben.

Das Jüngste Gericht

Und dann folgt die nächste Überraschung. Gott hat unser Begehren nicht nur vorausgesehen, er hält auch die perfekte Bezeichnung dafür bereit:

»Sie fordern ein Jüngstes Gericht? Dann nehmen Sie bitte gleich einmal alle Platz. Ich weiß, die Geduld neuer Engel ist begrenzt, und je schneller wir die Sache hinter uns bringen, desto früher sind Sie ja nachher in Ihrem Paradies!«

Und während nun ein paar Eingesessene goldverzierte Schemel um den Allmächtigen gruppieren, beginnen wir zu begreifen: Aber natürlich! Diese Gerichtsverhandlung, mit der uns die Experten zeit unseres Lebens drohten, die war von Anfang an für ihn gedacht, für den Macher! Denn wenn Gott der Verantwortliche ist, wenn nichts ohne seinen Willen geschieht, dann ist es logischerweise er, der uns nach der Ankunft Rechenschaft zu geben hat! Dann obliegt das Urteil doch uns, den Geschöpfen!

Wir schlagen uns an die wiedergeborene Stirn: Warum sind wir nicht wenigstens darauf von allein gekommen?

Daß wir uns selbst auf der Anklagebank sahen, war doch der reine Größenwahn! Wie konnte eine so gescheite Instanz wie dieser Schöpfer nur so viel menschliche Einfalt kreieren? Nun gut, wir können ihn ja gleich fragen!

Und schon sitzen wir alle zu Füßen unseres Herrn, stellen ihm, zuerst stockend, dann zunehmend mutiger, unsere nur allzu legitimen Fragen.
Zuerst kommt natürlich das Private an die Reihe:

Warum haben Sie mich in diesen blöden Swimmingpool fallen lassen, noch dazu an meinem fünften Geburtstag? Was sollen jetzt die anderen Kinder von mir denken? Die halten mich doch für doof!
Warum haben Sie mich bei jener Mathematikprüfung nicht abschreiben lassen? Ein Punkt mehr, und ich hätte das Diplom geschafft! Mein ganzes Leben wäre anders gelaufen!
Warum habe ich diesen schwedischen Piloten nicht gekriegt? Er war doch der einzige Mann, den ich liebte! Einen Zollbeamten haben Sie mir geschickt!
Warum haben Sie meiner Nachbarin fünf Kinder gegeben und mir nicht einmal eines? Nie hat man die in einer Kirche gesehen – fragen Sie doch den Pfarrer!
Warum mußten Sie ausgerechnet mich bestechen lassen? Sie wußten doch, daß mich diese Affäre die Karriere kostet! Minister hätte ich werden können, Präsident!

Irgendwann ist auf dem persönlichen Sektor die größte Neugier befriedigt, und wir machen uns an das Allgemeine. Alles was wir schon immer über die Schöpfung wissen wollten und nicht zu fragen wagten (schon weil wir das stereotype »Gottes Wege sind wunderbar« unserer Seelsorger nicht mehr hören konnten), jetzt kommt es an

die Reihe. Und auch wenn sich nun die Fragen der Neuankömmlinge nach Herkunftsland und sozialer Schicht
beträchtlich unterscheiden (ein früherer Eskimo wird nicht
das gleiche wissen wollen wie ein Toter aus der Südsee,
ein ehemaliger Slumbewohner nicht das gleiche wie einer,
der erst vor ein paar Stunden sein Zeitliches in einer
teuren Privatklinik segnete), wird es doch auch Fragen
geben, die alle interessieren.
Dazu könnten zum Beispiel folgende gehören:

Sie haben uns erschaffen, wer machte Sie?
Woher wissen Sie, daß Sie allwissend sind?
Da es Sie doch gibt – warum zeigen Sie sich da unten
nicht zuweilen?
Wofür haben Sie den Menschen gemacht? Den Zweck
der Übung, wie würden Sie den bezeichnen?
Sie meinten, Sie seien nicht besonders inspiriert gewesen, als Sie uns seinerzeit erfanden. Warum ließen Sie
uns dann in Serie gehen?
Warum haben Sie uns nicht ein wenig stabiler konstruiert? Bei einer Lebensdauer von dreihundert Jahren
hätten Sie sich vielleicht Ihr ganzes Ewiges Leben spa-
ren können!
Geht dieses nicht sowieso ein wenig gegen die Menschenrechte? Angenommen, da wäre einer nach dem
Sterben lieber tot, für den ist das doch Folter?!
War das mit Ihrem Sohn nicht Nepotismus? Warum
durften *wir* nicht vor den Augen unserer Hinterbliebenen gen Himmel fahren?
Wenn es bei Ihnen so schön ist, wie man sagt – warum
ließen Sie dann den Selbstmord verbieten?
Ist das Beten nicht eher unmoralisch? Denn es gibt doch
wohl immer einen, der Ihre Hilfe noch dringender
benötigt. Und falls Sie sich durch Bitten nicht erwei-

chen lassen, muß man es dann nicht als unsinnig bezeichnen?

Wenn Sie alles machen, ist dann nicht Ihr Atheist eine versuchte Irreführung der öffentlichen Meinung?

Das mit dem Heiligen Geist, stammt das von Ihnen?

Als Sie Ihren Löwen erfanden, wollten Sie uns da erschrecken? Und warum haben Sie die Produktion Ihrer Riesenschildkröte eingestellt?

Eine Frage zu Ihrer Energiepolitik: Warum ist Ihre Nacht nicht besser ausgeleuchtet? Zu Ihrer Atompolitik: Mußte diese Bombe sein – konnten Sie sich nicht mit der Erfindung des Atoms zufriedengeben?

Zu Ihrer Rassenpolitik: Wollten Sie mit Ihren Schwarzen Ihre Rassisten vergnügen?

Sind Hungersnöte Ihre göttliche Art, gegen die Unersättlichkeit des Menschen zu protestieren?

Sind Ihre Wirbelstürme himmlische Maßnahmen zur Förderung des Baugewerbes?

Dienen Ihre chronischen Leiden der Erhaltung von Arbeitsplätzen im Gesundheitswesen?

Sollen wir in Seuchen Ihren persönlichen Beitrag zur Geburtenkontrolle sehen?

Welches Zeichen wollten Sie uns mit Ihrem Ozonloch geben?

Warum haben Sie ausgerechnet Ihren hübschesten Männern dieses brutale Virus nachgeschickt? Angesichts der Überbevölkerung auf Ihrer Erde müßten Sie doch für jeden Homosexuellen dankbar sein!

Existiert ein Paradies für Tiere? Und falls ja, was geschieht dort mit den Krankheitsbazillen?

Woher kommen die vielen Widersprüche in Ihren Schriften? Haben Sie denn als Autor nicht das letzte Wort?

Und so weiter ...

Und wie hat Gott, der Gütige, Gerechte, auf diese improvisierte Gerichtsverhandlung reagiert:

> War er erstaunt, gekränkt, verärgert, amüsiert, betroffen, verunsichert, schuldbewußt, verletzt?
> Sagte er mit geheimnisvollem Lächeln, seine Wege seien nun einmal wunderbar, er staune manchmal selbst?
> Plädierte er auf verminderte Zurechnungsfähigkeit während der entscheidenden sechs Tage – normalerweise hätte er es wirklich nicht so gut gefunden?
> Wollte er seinen Anwalt sprechen?

Die Verfasserin gesteht, daß ihre Phantasie mit dem Ausmalen der göttlichen Reaktion überfordert ist: Was der Allmächtige zu den einzelnen Punkten zu Protokoll gab, mögen sich jene ausdenken, die überzeugt sind, daß es ihn gibt und daß er da drüben auf Sie wartet.

Himmel auf Erden, Erde im Himmel

Auch die Sache mit dem Jüngsten Gericht wäre also fürs erste erledigt. Falls wir noch weitere Fragen an den Allwissenden haben sollten – wir sind im Himmel, er läuft uns ja nicht weg. Doch wenigstens einen Rundflug möchten wir machen über das Land, wo Milch und Honig fließen!
Einen Rundflug ? Wir haben ja noch nicht einmal unsere Flügel! Wir befühlen uns gegenseitig die Schulterblätter: Nein, auch gewachsen ist uns nichts . . .
Noch ehe wir aber unser Mißbehagen äußern können, werden sie uns überreicht: ein herrlich weites, federleichtes Flügelpaar für jeden – auch noch in seiner Lieblingsfarbe! Und *abnehmbar.* Auch auf Erden ließ man ja sein Fortbewegungsmittel vor der Tür.

Einem Wink Gottes folgend, betreten wir vertrauend den geheimnisvollen Tunnel und wagen an dessen Ende den Absprung in sein All. Und nun ist es nicht mehr zu bestreiten: Wir sind *wirklich* im Himmel und flattern wie *echte* Engel (wenn auch noch etwas unbeholfen und mit dem albernen Gekicher, an dem man im Jenseits eine Gruppe neu Verstorbener erkennt) in Richtung *Paradies.* Jenes Land Ewiger Ferien, das uns die Reiseabteilung des Konzerns so warm empfohlen hat, gleich würden wir es erblicken!

Und nun beginnt bereits das erste Dilemma, und zwar ist es eines der physikalischen Art. Denn es gibt unter uns künftigen Toten wohl immer wieder ein paar Asketen, die bereit sind, den Himmel so zu nehmen, wie er sich von hier unten präsentiert: Sie wären vollauf damit zufrieden, bis in alle Ewigkeit auf einer Wolke zu sitzen und den Herrn zu preisen, sagen sie, notfalls sogar zur Begleitung einer Harfe.

Doch solche Beispiele realistischer Selbstbescheidung sind wohl schon in der guten alten Zeit die Ausnahme gewesen – unter den Toten der Konsumgesellschaft dürften sie bald ganz ausgestorben sein. Die meisten von uns stellen sich ihr Ewiges Leben schon ein wenig komfortabler vor: *Alles wie daheim, nur eben schöner* – von dieser Losung weichen wir nicht ab. Nachdem der Himmel auf Erden so danebenging, möchten wir im Jenseits die Erde im Himmel erleben. Auch auf die Fliegerei freut man sich natürlich, doch dazwischen hätte man gerne immer wieder festen Boden unter den Füßen.

Und was bedeutet dies?

Es bedeutet, daß von der Masse der Sterblichen ein Paradies mit Bergen, Wäldern und Wiesen erwartet wird. Eine Ewige Welt mit Seen zum Baden, Flüssen zum Angeln, Meeren zum Segeln. Und obwohl man notfalls auch mit der idealen Durchschnittstemperatur von siebzehn Grad zufrieden wäre, hätte man letztlich doch lieber wieder seine gewohnten Jahreszeiten. Und gerne auch noch ein paar extreme Klimazonen – Schneelandschaften und Wüsten, Ewiges Eis und Ewige Hitze. Denn selbst wenn man in einem Ewigen Leben nicht wirklich verunglücken kann – die Möglichkeit zum Abenteuer sollte es schon geben.

Die einzige Neuerung, auf die sich diese schweigende Mehrheit einläßt, ist die autofreie Stadt. Und auch das nur, weil dann jeder Flügel hat.

Nun werden hier aber sogar *fromme* Physiker protestieren. (Eine gar nicht so seltene Spezies übrigens: Hätte zum Beispiel Albert Einstein *nicht* an Gott geglaubt, wäre *er* der Erfinder der todbringenden Formel gewesen.) Falls es im Weltall, so nah bei unserem Planeten auch noch, eine solche Materialisierung gäbe, meinen sie (»ein objektives Reich strukturellen Seins«), dann wüßte dies die Wissenschaft nicht nur, sondern hätte es auch erforscht. Dieser Traum dürfte also beim besten Willen nicht erfüllbar sein. Nicht einmal für einen Allmächtigen!

Ein Vorschlag zur Güte: Klammern wir diesen Punkt doch einfach aus. Für die Beurteilung der Überlebensqualität in dem gelobten Lande ist die Wahrscheinlichkeit seiner physikalischen Existenz im Augenblick nicht ausschlaggebend. Konzentrieren wir uns auf die Frage, wie *lebenswert* das Leben in diesem Reich aus Antimaterie (oder sonstwas) wäre. Wer weiß schon, ob wir es danach überhaupt noch brauchen? Vielleicht kommen wir zum Schluß, daß wir am liebsten auf die gesamte Ewigkeit verzichten? Dann hätten wir uns doch über ihre physikalische Wahrscheinlichkeit umsonst herumgestritten!

Nichts ist unmöglich für den, der glaubt, lehrt die Bibel. Halten wir uns daran! Gehen wir davon aus, daß es diese Erde im Himmel schon deshalb gibt, weil so viele Menschen so fest an sie glauben. Und daß wir uns nun direkt im Anflug darauf befinden ...

Abgesehen von der herrlich intakten Landschaft, was dürften wir himmlischen Heerscharen dort erwarten? Welche Überraschungen ergäben sich aus Gottes Ewiger Gerechtigkeit?

Jeder Engel ist schön

Die erste Überraschung wären zunächst einmal wir selbst, seine neuen Engel. Unser neues Äußeres, um genau zu sein – unsere wiedergeborenen Leiber. O nein, keine Sorge, auch hier ist dem Schöpfer unser Wunsch Befehl gewesen – an unserer Anatomie wurde nichts verändert. Unsere Köpfe haben Augen, Ohren, Nasen, Münder, und an unseren Rümpfen ist die übliche Anzahl Extremitäten angebracht. Und da wir uns für unser Ewiges Leben unterschiedliche Geschlechter wünschten, stehen wir uns nun auch im Himmel als Männer und Frauen gegenüber.

Damit hier die Transvestiten unter uns kommenden Toten nicht erschrecken: Natürlich hätten sie selbst im Jenseits automatisch das auf Erden immer nur vorgetäuschte Geschlecht – niemals würde Gott einem *Engel* zumuten, daß er sich sein (Ewiges) Leben lang verstellt. Doch für die meisten von uns bliebe wohl auch in der neuen Welt alles beim alten. Die Zugehörigkeit zu einem bestimmten Geschlecht könnte ja nicht länger Nachteile mit sich bringen. In einem gerechten, friedlichen Milieu müßte kein Mann mit diskriminierendem Militärdienst rechnen, keine Frau um gleichen Lohn für gleiche Arbeit kämpfen. Kriege gäbe es keine, und auch ohne zu arbeiten, hätte jede Engelin, was immer sie sich wünschte: beheizbare Lockenwickler, kußechte Lippenstifte, künstliche Wimpern – alles wäre in einem Paradies zu haben, und alles gäbe es umsonst.

Und wenn wir ehrlich sind, waren die meisten von uns ja auch im irdischen Leben mit ihrem Geschlecht ganz zufrieden. Wer klagte, daß er lieber ein Mann wäre, forderte im Grunde nur eine Verbesserung seiner *weiblichen* Rolle. Und bei den Männern war die Gehirnwäsche so gründlich, daß sie nicht einmal auf die Idee kamen, die Gattin zu beneiden: Man nannte sie »die Herren der Schöpfung« und schickte sie zum Geldverdienen, an die Front oder wo immer man sie sonst zu gebrauchen glaubte. *Mulier taceat in ecclesia* – das heißt doch, daß wir Frauen nicht einmal in unserer Kirche was zu melden haben? Los, Hochwürden, übersetzen Sie's ihm!

Nein, die Überraschung kommt von anderer Seite und ist die logische Folge unserer während des Jüngsten Gerichtes vorgetragenen Beschwerden über die Welt, die wir verließen, und von Gottes Wiedergutmachungspolitik. Denn die Ungleichheiten, die uns auf Erden wirklich zu schaffen machten, waren die an Jugend, Hautfarbe und Schönheit: Überall auf der Welt sah man die Alten sehnsüchtig auf die Jungen blicken, die Weißen herablassend auf die Schwarzen, Roten, Gelben, und alle zusammen starrten wir fasziniert den wenigen wirklich schönen Menschen hinterdrein.

Auf all diesen Sektoren wäre im Himmel jedwede Benachteiligung beseitigt:

In einer himmlischen Welt sind alle Wesen gleich alt:

Vielleicht käme diese Veränderung nicht mit einem Schlag – dies ist ja ein Paradies, man würde uns nicht erschrecken wollen. Doch wer alt gestorben ist, wird in den folgenden Tagen, Wochen, Monaten stetig jünger. Wer als Kind kam, reift in kürzester Zeit zum Erwachsenen. An einer bestimmten, als optimal erachteten Altersgrenze finden diese im Eiltempo verjüngten und gealterten Engel zueinander und bleiben für alle Ewigkeit, wie sie sind.

An welcher Grenze? Nun, wenn wir hier auf Erden vom idealen Alter sprachen, sagten wir dann nicht meist, wir möchten noch einmal zwanzig sein – mit all unserer heutigen Erfahrung? Dem Alter, in dem uns die Eltern endlich nichts mehr zu befehlen hatten und unserem Geist und Körper trotzdem noch die Frische des Anfängers zur Verfügung stand?

Diesem Wunsche ist im Jenseits stattgegeben: Als Engel sind wir alle so um die Zwanzig und so gescheit wie zum Zeitpunkt unserer Letzten Ölung. Mindestens.

In einer himmlischen Welt haben alle Wesen die gleiche Hautfarbe:

Auf diesem Gebiet müßte also unser Schöpfer seine Kreativität ein wenig bremsen. Wie man auf Erden sieht, scheint das Herumexperimentieren mit der Farbe unserer Epidermis ja so etwas wie ein Steckenpferd von ihm zu sein – und keiner weiß wohl so gut wie er, wie teuer wir dafür zu allen Zeiten zu zahlen hatten.

Für einen Himmel kämen solche Spielchen mit dem Feuer des Rassismus nicht in Frage. Lediglich beim Kolorieren von Männern und Frauen könnte der Ewige sich gewisse Extravaganzen leisten, ohne sein eigenes

Prinzip von Gerechtigkeit und Gleichheit zu verhöhnen. So könnte er zum Beispiel guten Gewissens seinen weiblichen Engel etwas heller, den männlichen etwas dunkler tönen – der erotischen Anziehungskraft zwischen den Ewigen Geschlechtern wäre der kleine Unterschied wohl eher zuträglich, und auch vom Optischen her wäre für eine gewisse Abwechslung gesorgt. Von heerscharenweise eingefärbten Engeln wäre ihm aber abzuraten.

In einer himmlischen Welt sind alle Wesen gleich schön:

Auf Erden empören wir uns zu Recht über die Privilegien von Mächtigen und Reichen. Sind aber in Wirklichkeit nicht die Hübschen und Anmutigen die Bevorzugtesten von allen? Ist Schönheit nicht das reaktionärste Privileg, das ein Mensch besitzen kann? Ein schöner Armer kann unter günstigen Umständen (die er meist eben dieser Schönheit verdankt) reich werden. Ein häßlicher Reicher wird trotz all seines Geldes niemals schön. Wie viele gutsituierte Frauen würden ein Vermögen opfern, wenn sie dadurch wenigstens für ein paar Jahre zu gutaussehenden Frauen würden? Doch nicht einmal die kosmetische Chirurgie hat bis heute dieses Wunder geschafft.

Im Unterschied zu Macht und Geld kann man Schönheit weder kaufen noch stehlen. Sie ist das einzige irdische Gut, das sich der Umverteilung widersetzt: Gegen Reiche und Mächtige kann man es mit Klassenkampf und Revolution versuchen – zur Enteignung der Schönen taugen solche Methoden nicht. Was liegt also näher, als gerade dieses Privileg im Himmel abzuschaffen und Engel auch in dieser Beziehung gleichzumachen? *Gleich schön* natürlich – ein häßlicher Engel wäre ja grotesk!

Gleich schön? Bedeutet das in letzter Konsequenz nicht *identisch* – ein Engel »haargenau« wie der andere, zumindest im Äußeren? Wo wäre hier der Fortschritt? Die himmlischen Wesen würden sozusagen auf *einen* Mann und *eine* Frau zusammenschmelzen, der neue Garten Eden wäre so langweilig wie der alte. Noch langweiliger, weil Gott das Theater mit der Schlange bestimmt nicht wiederholt.

Gemach: Es gäbe noch eine zweite, wohl nicht ganz so gerechte, dafür aber unterhaltsamere Möglichkeit, das Problem zu lösen. Wiederum käme es ja auf unsere Wünsche an: Wenn wir es wirklich wollten, könnte jeder Engel *anders* und dennoch von vollendeter Schönheit sein.

Unmöglich? Nicht für einen Künstler von der Größenordnung dieses Schöpfers! Wie man an den Varianten menschlicher *Häßlichkeit* sieht, die er sich für seine Erde einfallen läßt, kennt seine Phantasie ja gerade in bezug auf unser Äußeres keine Grenzen. Ist nicht die überwiegende Anzahl seiner irdischen Kreaturen unscheinbar, lächerlich und plump – und zwar jede auf eine ganz eigene, unnachahmliche und unverwechselbare Art?

Doch auch daß er weiß, was Schönheit ist, zeigt er uns von Zeit zu Zeit: So nach jedem zehntausendsten seiner mehr oder weniger unattraktiven Erdenbürger beweist er uns ja immer wieder, was er eigentlich auch noch könnte, und stellt ein Geschöpf hin, das so perfekt ist, daß uns anderen vor Neid und Bewunderung der Atem stockt.

Wie selten diese Ausnahmen sind und wie hoch wir Schönheit schätzen, erkennt man daran, daß wir für ihren Anblick mit barer Münze zahlen. Der Reiche verschafft sich durch Heirat das Privileg, einen Schönen um sich zu wissen (und mit dessen Hilfe Nachkommen zu zeugen, die »sich sehen lassen« können). Weniger Bemittelte gehen ins Kino, um ein besonders gelungenes Exemplar wenigstens für ein paar Stunden bestaunen zu dürfen, und selbst die Ärmsten der Armen hängen sich noch Hochglanzfotos in die Bretterbude. Da wir Schönheit nicht kaufen können, kaufen wir uns die Schönen – sie und nicht die Reichen sind die Idole unserer zeitlichen Welt.

In der Ewigen haben wir solch entwürdigende Peep-Shows nicht mehr nötig. Denn natürlich hat sich der Herr für seine endgültige Kreatur mehr angestrengt als für die Wesen auf der Probebühne: Anstelle immer neuer Varianten von Unanschaulichem hat er sich ausschließlich solche von Anmut und Grazie ausgedacht. Und bei all seiner Verschiedenheit von allen übrigen Lebewesen ist jeder Engel dermaßen vollendet, daß es nichts gibt, was sich an ihm verbessern ließe. Die Ähnlichkeit mit dem früheren Menschen bleibt aber trotzdem erhalten: Bei ihrer späteren Ankunft werden ihn Freunde und Verwandte spielerisch als den identifizieren, den sie zu Grabe trugen. Und auch er selbst ist sich nicht fremd: Beim Blick in den Ewigen Spiegel fragt er sich lediglich, warum er sich neuerdings so faszinierend findet. Diese Ewige Ruhe macht eben doch etwas aus! Wer im irdischen Fernsehen von Zeit zu Zeit eine Wahl zu Miß oder Mister Universum verfolgt, kann sich also ungefähr vorstellen, wie es im Jenseits in dieser Beziehung zu- und hergeht. Wundert man sich nicht immer wieder, wie die Juroren angesichts dieser Anhäufung menschlicher Vollkommenheit überhaupt noch zu einem Urteil finden? Im Paradies wäre die Lage noch hoffnungsloser: Nicht einmal der Sachverständige könnte hier entscheiden, welches der vorgeführten Wesen das schönste ist. Er wäre von jedem von uns entzückt, und zwar von jedem auf andere Weise: Kein Engel wäre wie der andere, und dennoch wäre jeder *überirdisch* schön.

Und hier noch ein Nachtrag für jene, die sich fragen, weshalb man die gerechte Verteilung des allerhöchsten Gutes *Gesundheit* nicht erwähnt: In einem Ewigen Leben ist der Gesunde eine Selbstverständlichkeit. Wo man nicht sterben kann, wird logischerweise auch die todbringende Krankheit überflüssig.
Doch auch Gebrechen, die nicht zum Tode führen (jenes unbegreifliche *l'art pour l'art* des Schöpfers), könnte es in einer gerechten Welt nicht geben. Wenn jede Krankheit Leiden und jedes Leiden Hölle ist, so ist zum Beispiel ein Himmel mit Geistesgestörten undenkbar.

Jeder Engel ist gut

Und wie steht es – nach allen diesen Oberflächlichkeiten – mit den sogenannt tieferen Werten des Engels? Dürfen wir hoffen, daß sein äußerer Liebreiz einem inneren entspricht und sein überirdischer Charakter edler ist als der des irdischen Wesens, das wir kannten?
Aber selbstverständlich! Denn woher kam denn beim Menschen das sogenannte Böse? Es kam von Neid, Haß, Habgier, Krankheit (psychischer Gestörtheit), Todesangst (Religiosität) und Dummheit. Und was bliebe von alledem in einem paradiesischen Jenseits übrig?
Neid und *Haß* hatten ihre Ursache in der ungerechten Verteilung von materiellen Gütern und physischen Vorzügen. Beide Motive wären im Ewigen Leben nicht mehr vorhanden.

Unsere *Habgier* hatte ihren Beginn in der permanenten irdischen Versorgungskrise. Man lebte in ständiger Angst vor Verhungern und Erfrieren und gierte daher nach Vorräten, die auch noch für Kinder und Kindeskinder reichten. Im Himmel wäre keiner gezwungen, seinem Nachbarn etwas abzujagen – es gäbe von allem genug für alle.

Wo es keine *Krankheit* gibt, gibt es auch keine Geistesgestörten: Ein Wesen, das ein anderes aus Wahnsinn oder Sadismus quält, ist in einem Paradies undenkbar.

Unsere *Todesangst* war das Motiv für unseren Überlebenshunger, dieser der Grund für unseren Beitritt zu einer ganz bestimmten Kirche. Wenn nun deren Wahrheit durch eine zweite in Frage gestellt wurde, war auch unser Weiterleben in Frage gestellt, und dagegen wehrten wir uns durch Verfolgung, Unterdrückung und Vernichtung Andersgläubiger. Doch stets blieb die Bindung an diese Kirche rein geschäftlich: Gehorsam auf Erden gegen Weiterleben im Himmel, lautete der Vertrag. Und genau da sind wir nun aus den diversen konfessionellen Richtungen angekommen: Wir steigen aus und lassen die Vehikel stehen.

Die persönliche Anwesenheit Gottes gibt dem Wettstreit der Konfessionen noch den Rest: Man *weiß* jetzt, daß es ihn gibt, und muß nicht länger auf diese oder jene alleinseligmachende Art an ihn *glauben*. Das erledigt auch jede religiöse Diskussion. Keiner könnte sich in einem Paradies darüber streiten, ob Jesus Christus nun wirklich Gottes Sohn oder nur ein besonders verehrungswerter Bluffer war: Man würde den Herrn einfach fragen, ob er die Vaterschaft anerkennt.

Dummheit war auf Erden die zuverlässigste Quelle zwischenmenschlicher Grausamkeiten. Dennoch hatten wir an der irdischen Intelligenzverteilung kaum etwas auszusetzen: Abgesehen von gelegentlichen Anfällen von

Selbstzweifeln, gibt es wohl keinen Menschen, der sich wirklich für beschränkt hält.

Unser Herrgott wußte es jedoch besser: Ohne daß wir es merkten, hat er uns allen für unser zweites Leben nicht nur *mehr,* sondern auch *gleich viel Intelligenz* geschenkt. Was beileibe nicht heißt, daß wir nun alle auch gleich viel *wissen:* Das Ewige Leben ist lang, und er möchte uns ja nicht die Freude am zweiten Bildungsweg nehmen.

Nein, im Jenseits wird man unter Intelligenz nicht länger die Summe von Wissen und Erfahrung verstehen – von beidem hatte ja sogar auf Erden der Computer mehr als wir. Hier ist Intelligenz definiert als *das Maß an Phantasie und Sensibilität,* über das eine bestimmte Engelsperson verfügt. Und dank Gottes Gerechtigkeit sind wir nun auch in diesem Punkte alle gleichgestellt.

Die logische Folge ist ein hohes Niveau an überirdischer Ethik. Nur phantasielose und unsensible Wesen können ja wirklich grausam zueinander sein – wer Vorstellungsvermögen und Mitgefühl besitzt, wird einen anderen nicht sinnlos leiden lassen. Mit unserer irdischen Dummheit ist also auch unsere irdische Brutalität verschwunden.

Jeder Engel ist schrecklich, heißt es bei Rilke, dem Meister. Schrecklich schön, schrecklich gut? Wir sind nun jedenfalls beides.

Der Ewige Lebenssinn

Doch wo liegt nun die Bedeutung dieses Engeldaseins? Abgesehen vom eigenen, ganz egoistischen Überdauern: *Wozu* sind wir auf dieser Ewigen Welt, welchen *Sinn* könnte dieses zweite Leben haben?

Schon während des ersten sind wir ja ohne einen solchen nicht lange ausgekommen. Sobald das Materielle einigermaßen gesichert war und wir nicht mehr hungern und frieren mußten, wollten wir wissen, *warum* wir da sind. Stets wollten wir *mehr* sein als dieser Fleischkloß, der arbeitet, um zu essen. Wir wollten *nützlich* sein und waren unglücklich, wenn da nicht jemand war, der unsere Dienste *brauchte*. Man könnte dies die menschliche *Lust an der Unfreiheit** nennen: Ohne »Aufgabe« machte uns unser Leben angst.

Wer die seine gefunden hatte, mußte es deshalb sofort verkünden: Jeder sollte wissen, daß es, zumindest für ihn, einen *Grund* zum Leben gab. Wenn er diesen wieder verlor, verfiel er in Depressionen und klagte, daß er nur noch *vegetiere*. Immer häufiger spiele er mit dem Gedanken, mit diesem »sinnlosen Dasein« Schluß zu machen.

Und welche waren auf Erden die über die eigene Existenz hinausgehenden Ziele? Wo lagen in unserem zeitlich begrenzten Leben die Werte, die wir »ewig« zu nennen pflegten – für welche »Ideale« setzten wir uns ein?

Nach Gruppen gesehen, kämpften wir wohl hauptsächlich für das folgende:

> mehr Gleichheit
> mehr Freiheit
> mehr Fortschritt
> das Wohlergehen von Armen und Kranken
> das Wohlergehen des Partners
> das Wohlergehen der Kinder
> das Recht auf Arbeit
> das Recht auf Freizeit

Vom ersten Punkt auf diesem Programm sprachen wir im Kapitel über die Ewigen Äußerlichkeiten. Wer im Erden-

---

* Esther Vilar: DIE LUST AN DER UNFREIHEIT, München, 1971

leben seinen Sinn im Kampf um eine Gesellschaft fand, in der keinem aufgrund seines Geschlechts, seines Alters oder seiner Hautfarbe ein Nachteil entstehen kann, wird diesen im Himmel verlieren. Wir haben gesehen, wie souverän der Herr gerade diesen Komplex für sein Ewiges Leben gelöst hat: Feministische und maskulinistische Organisationen, Jugend- und Altenschutzverbände, Kampfgruppen gegen rassistische Diskriminierung sind nun überflüssig.

Und wie steht es mit den übrigen Idealen auf unserer Liste? Welches konnte seinen Sinn in unser Paradies hinüberretten?

Endlich frei!

Könnte es in Gegenwart eines Allmächtigen Freiheit geben? Bleibt uns in Gottes Paradies nicht wenigstens der Kampf um diese Lebensqualität erhalten?

Nicht wenn man Freiheit als *Freiheit von Zwängen* definiert: In einer freien Gesellschaft ist keiner dem Willen und der Willkür eines anderen ausgeliefert – solange er niemandem schadet, kann er tun und lassen, was er will.

Und woraus entstanden auf Erden solche Zwänge? Letzten Endes doch aus der Gewißheit, daß man sterben mußte, und aus den Ängsten, die daraus entstanden:

Weil man überleben wollte (und es von allem zuwenig gab), unterwarf man sich denen, die über das tägliche Brot verfügten.

Weil man überleben wollte, beugte man sich denen, die die Waffen besaßen.

Weil man überleben wollte, gehorchte man denen, die einem ein Leben nach dem Tod versprachen.

Und dieses Versprechen hielten sie dann auch ein – denn nun sind wir ja hier und *können* nicht mehr sterben. Und mit der Angst vor dem Tod verschwindet logischerweise auch der Grund zur Unterwerfung:

> Wo man nicht verhungern kann, muß man auch keinem Brotgeber mehr folgen.
> Wo man nicht verbluten kann, muß man auch keinen Bewaffneten mehr fürchten.
> Wo man unsterblich ist, muß man auch keiner Kirche mehr gehorchen.

Der Kampf um die Freiheit, der dem Erdenleben so vieler Menschen einen über das bloße Existieren hinausgehenden Sinn verleiht, kommt also für die Ewigkeit nicht in Betracht. Als Engel kann man machen, was man will, und wird – da man ja gut ist – dennoch niemandem Böses tun. Und die himmlischen Heerscharen als Ganzes – gäbe es jemand oder etwas, gegen den oder das sie aufbegehren könnten? Gegen einen Satan, der nicht existiert? Gegen einen Gott, von dem ihnen nichts als Gerechtigkeit und Güte widerfährt?
Nein, ob wir es nun wollen oder nicht – *wir sind frei.* Und wenn dieser Ewige sein Wort hält, sind wir's *für immer.*

Ein Paradies ist perfekt

Und was ist mit dem Kampf um den Fortschritt, in dem auf Erden so viele von uns ihren Lebenssinn finden konnten? Ließe sich in einer perfekten Welt für eine noch perfektere auf die Barrikaden gehen?
Für den Fortschritt kämpfen heißt, daß man das Jetzige als rückständig empfindet. Doch dieses ist in einem Paradies

ja nicht der Fall. Entwicklung ist nur möglich, wo es etwas zu verbessern gibt. Was könnte man an einem System verbessern, das einem jeden Wunsch erfüllt? Was ließe sich für ein solches Reich befriedigter Bedürfnisse noch *erfinden*? Welches neue Medikament ist nötig, wo keine Krankheit existiert? Nach welchem Jugendelixier würde man forschen, wo niemand altert? Was gäbe es für den Genetiker an perfekten Geschöpfen zu verbessern? Welche revolutionäre Abwehrwaffe bräuchte man für eine Welt, die keinen Aggressor kennt?

Und auch das mit dem sozialen Fortschritt hat sich ja erledigt: Für den Kampf gegen die Ungerechtigkeit bräuchte man zuerst einmal den Ungerechten, für den gegen die Korruption den Korrupten, für den gegen das Verbrechen den Verbrecher, für den ums Vaterland die Landesgrenze, für den um Glaubensfreiheit den Frommen von der Konkurrenz.

Was bliebe hier also zum Beispiel für Mitglieder von Bürgerinitiativen noch zu tun? Vor welchem Ökogangster könnten einen die Leute von Greenpeace schützen? Gegen welchen Militaristen ginge ein Pazifist hier auf die Straße? Welches Wirtschaftsverbrechen hätte die Justiz rückhaltlos aufzuklären? Welchen korrupten Politiker brächte man hinter Schloß und Riegel?

Man sieht es: Der Kampf um technischen, wirtschaftlichen, medizinischen oder sozialen Fortschritt, mit dem so viele ihrem zeitlichen Dasein eine über sie selbst hinausgehende Bedeutung verleihen, käme für ihr Ewiges nicht in Frage. Die Voraussetzung wäre ein Paradies mit tausend Fehlern und Pannen. Aber wie wir wissen, ist ein Paradies perfekt.

Die Ewige Nächstenliebe

Doch auch diejenigen unter uns, die im hiesigen Leben ihren Sinn darin fanden, sich für den notleidenden Nächsten aufzuopfern, hätten sich nach der Ankunft umzustellen. Denn was tut ein Albert Schweitzer in einem Himmel ohne Leprakranke? Womit beschäftigt sich eine Florence Nightingale in einem Jenseits ohne Lazarette? Über wen erbarmt sich eine Mutter Teresa in einem Orkus ohne Dritte Welt?

Denn natürlich braucht man ohne Hilflose auch keine Helfer mehr, ohne Kranke keine Samariter, ohne Milieugeschädigte keine Sozialarbeiter, ohne Alte keine Altenpfleger, ohne Hungernde keine Welthungerhilfe, ohne Obdachlose keine Spendensammler ... Nicht einmal ein lumpiger Tierschutzverein wäre in diesem Hort der Gerechtigkeit noch denkbar. Denn dazu brauchte man dann ja zuerst einmal ein himmlisches Pharmaunternehmen, das überirdische Meerschweinchen seziert, den sadistischen Engel, der auferstandene Schimpansen quält, die Engelin mit den nerzverbrämten Schwingen.

Nein, mit einem Herzen voller Nächstenliebe wäre im Reiche Christi kein Staat zu machen: Unter lauter Tugendhaften ist Tugend nicht mehr möglich. Wir könnten unseren Mitengeln erzählen, wie gut wir einmal *waren* – um gut zu *sein*, brauchten wir in unserem Paradies die Hungernden, die Frierenden, die Kranken, die Alten und die Armen.

Die Ewige Liebe
(und das Problem der Familienzusammenführung)

Wenn die Nächstenliebe in einem Paradies auch noch so überflüssig wird – wenigstens die Liebe bliebe uns da drüben doch erhalten? Im Gegensatz zur Barmherzigkeit brauchen wir dazu ja keine Minderbemittelten, sondern Gleichgestellte, wenn auch vorzugsweise solche des anderen Geschlechts. Und diese sind heerscharenweise vorhanden: Engel und Engelinnen aus allen Teilen und Geschichtsperioden unseres ehemaligen Planeten, einer so atemberaubend wie der andere – wir selbst so attraktiv wie nie zuvor! Kann es da noch ein Problem sein, der Ewigen Liebe zu begegnen?

Und wäre dies nicht ein Sinn, der uns den Wegfall der übrigen Sinngebungsmöglichkeiten verschmerzen ließe? Befreit von der Notwendigkeit jedes anderen Kampfes, könnten wir uns völlig auf den um die Zuneigung des erwählten himmlischen Wesens konzentrieren. Und im Falle eines Erhörtwerdens hieße es dann nicht mehr »bis daß der Tod euch scheidet«: Hier blieben wir mit dem oder der Geliebten »bis in alle Ewigkeit« vereint. Getraut vor dem Altar unseres Schöpfers, gesegnet von seiner Hand!

Moment . . . Haben wir da nicht eine Kleinigkeit vergessen? Wir sind bereits verheiratet, genau! Direkt hinter der Pforte dieses Paradieses haben uns die teuren Verblichenen in die Arme geschlossen. Oder falls wir die waren, die den Hafen der Ehe als erste verließen, haben nun wir mit der Geduld des Engels auf die Ankunft von Witwer und Witwe zu warten. Und wenn der Ewige hier ausnahmsweise den Moralbegriff unseres Pastors teilen sollte, warten wir *in Treue*. Was mit denen geschieht, die während ihres Wandelns auf Erden zweimal einen Angetrauten zu

Grabe trugen, mögen wir gar nicht erst zu Ende denken: Ein Engel als Bigamist?

Mit anderen Worten: Das Vergnügen der Suche nach der überirdischen Leidenschaft wäre ein Privileg jener Minderheit, die den Heimatplaneten mit dem Vermerk »ledig« oder »geschieden« verließ. Nur sie dürfte nach der Ankunft zu flirten beginnen und sich nach der Begegnung mit dem Engel ihres Lebens reinen Herzens an dessen Eroberung wagen. Doch da die Auswahl groß ist und die Zeit lang, wäre so eines schönen Jahres oder Jahrhunderts auch der hartnäckigste Single unter der Haube. Und zwar für immer, ewig und in Treue: Denn wer könnte direkt unter dem Auge Gottes einen Seitensprung riskieren?

Ein zu hartes Schicksal, das sieht jeder. Vor allem für eine Örtlichkeit, die sich als Paradies bezeichnet. Die große Liebe – wie lange dauerte sie denn auf Erden? Bestenfalls ein paar Jahre, nicht wahr? Wenn man den Meinungsumfragen glauben darf, würde die Hälfte der Verheirateten bereits nach zehnjähriger Ehe ihren Partner nicht noch einmal wählen. Man stelle sich das Ergebnis nach tausendjähriger Ehe vor – und dies wäre ja erst der Anfang der Ewigkeit.

Nach ein paar Jahren der Leidenschaft blieb das irdische Paar in der Regel nur noch beieinander, weil es für den unterdessen gezeugten Nachwuchs und für die Erhaltung des Nests zu sorgen hatte. Oder weil ihm seine alleinseligmachende Kirche mit dem Entzug des Ewigen Lebens drohte. Jedenfalls war das Einhalten des Schwurs »bis daß der Tod uns scheidet« mehr der Angst vor dem Ereignis selbst zu verdanken *(dem Tod)* als dem Gefühl, das ihn seinerzeit ausgelöst hatte *(der Liebe).* Und auf einer solchen Grundlage sollte man sein Ewiges Glück aufbauen?

Verzichten wir also bei der Gestaltung unseres überirdischen Liebeslebens auf jede irdische Scheinheiligkeit und nennen wir das Problem beim Namen: Nicht wenige von uns möchten ihrem Partner im Himmel wohl von Zeit zu Zeit begegnen (schon um das Betragen der Nachkommen zu bereden, das ja ansonsten niemanden interessiert), doch keiner möchte weiterhin durch einen Exklusivvertrag an diesen gebunden sein. Auch wenn er nun schön und aufregend ist wie nie zuvor: Wie lange bleibt ein Schöner schön, wo es keine Häßlichen gibt? Auch wenn man selbst zur Treue fest entschlossen wäre: Wie treu bleibt einer, der die Wahl hat?

Kurz und gut: Wir stellen an Gott den Herrn einen Antrag auf Ungültigkeitserklärung der auf Erden geschlossenen Verträge. Mit Ankunft in seinem Reich ist jede eventuelle Ehe automatisch aufgehoben, eine Möglichkeit zur Wiederverheiratung nicht gegeben. Denn eine Weisheit haben wir von der Erde mitgebracht: Gefühle sind vergänglich, die Ewige Liebe gibt es nicht. In seinem Himmel möchten wir endlich leben, mit wem wir wollen und stets nur, solange es Freude macht.

Und falls der Herr zögert, untermauern wir die Sache vom Moralischen her. Die Eheschließung sei ein Akt der Habgier, führen wir aus, das Treueverlangen ein Ausdruck von Geiz: Man überschreibt eine attraktive Person auf den eigenen Namen und deponiert ihr auch von anderen begehrtes Fleisch auf ein Konto, von dem man nur selbst etwas abheben kann. Ein gütiges Wesen hingegen (ein Engel!) würde den geliebten Astralleib mit jedem teilen, der ebenfalls nach ihm dürstet: Der Privatbesitz an Reproduktionsmitteln erschiene ihm so abwegig wie ein Guthaben beim *Banco di Spirito Santo*. Und auch seine Engelin sähe es nicht anders: In einem Reich der Barmherzigkeit wäre eine anständige Frau eine, die sich *nicht* verweigert.

Und liefe die im Himmel geschlossene Ehe nicht letztlich auf eine Beleidigung des Schöpfers selbst hinaus? Geben wir ihm mit unserer Entscheidung für einen gewissen Engel nicht überdeutlich zu verstehen, daß ihm, zumindest nach unserer Meinung, unter seinen Milliarden himmlischer Kreaturen nur diese eine wirklich gelungen ist (und daß man ihm auch nicht zutraut, daß je etwas Besseres kommt)? Da hat er sich solche Mühe gegeben, uns alle gleich attraktiv zu machen – und wie lohnen wir's ihm? Mit der Treue zu einem Bestimmten! Promiskuität wäre die respektvollere Antwort auf sein paradiesisches Angebot, das sieht er doch ein?

Und da der Herr gnädig ist und ein Paradies der Ort, wo Wünsche in Erfüllung gehen, wird auch diesem Antrag stattgegeben: Im Himmel ist die Ehe abgeschafft. Doch auch der ganz großen Liebe wird der Engel nach bestem Wissen aus dem Wege gehen. Natürlich verliebt man sich auch im Jenseits – mit Maßen aber und stets darauf achtend, daß es nicht zum Schlimmsten kommt. Wie könnte man aber versucht sein, in einer Welt mit lauter vollendeten Kreaturen einer einzigen für immer den Vorzug zu geben? Man ist heute von dieser entzückt, morgen von jener. Und anders als bei irdischen Affären, wo man oft beide Augen zudrücken mußte, um das der Sache zuträgliche Maß an Blindheit aufzubringen, ist man es hier *zu Recht.*
Und dabei keinerlei Eifersucht! Niemand verzehrt sich in Minderwertigkeitsgefühlen, wenn der Engel seiner Wahl schneller genug hat als er selbst. Man weiß, daß man genauso begehrenswert ist wie jeder andere hier oben und daß es in dieser Ewigkeit noch Milliarden himmlischer Wesen für einen gibt.
Mit der großen, einzigen Liebe ist es im Himmel also vorbei. Man findet sich, ohne vor Glück den Verstand zu

verlieren, man trennt sich, ohne zu leiden. Doch zumindest von letzterem hatten wir ja auf Erden stets geträumt!

Würden Engel Engel machen?

Und wie wäre es mit dem himmlischen Kind? Würden die Engel sich vermehren? Man denke nun einmal nicht gleich an das Problem der Überbevölkerung: Dies ist ein Paradies – falls sich ein solches Problem ergäbe, könnte man es lösen. Die Frage hat zu lauten, ob der Durchschnittsengel (den überdurchschnittlichen dürfte es ohnehin nicht geben) sich Kinder *wünschte:* Würde es der Engelin Freude machen, einem kleinen Engel das (Ewige) Leben zu schenken?

Auf Erden war dies immerhin die populärste Art, seinem Leben einen Sinn zu verleihen. Wer sich zu einem Kind entschloß, brauchte sich zumindest während der nächsten achtzehn Jahre nicht mehr zu fragen, *wofür* er am Leben sei: Er hatte für ein Kind zu sorgen, und damit basta.

Doch außer dieser zu hundert Prozent zuverlässigsten Sinngebungspolitik, die in einem Paradies natürlich hinfällig wäre (wenn es hier Kinder gäbe, würde der liebe Gott auch für sie sorgen), brachte der leibliche Nachkomme weitere Vorteile für seine Eltern: Falls es anders wäre, würde ja zumindest in Ländern mit funktionierender Geburtenkontrolle längst niemand mehr geboren.

○ Das *irdische Kind* war ein *Garant für überirdisches Leben:* Aus machtpolitischen Gründen wünschen alle Kirchen und Sekten, daß ihre Anhänger sich vermehren. Viele drohen bei Schwangerschaftsabbruch mit Ausschluß und Höllenqualen.

Kein Zeugungsgrund für ein *himmlisches Kind:* Nun *sind* wir ja im überirdischen Bereich.

○ Das *irdische Kind* war die *zweite Säule unserer Unsterblichkeit:* Falls unser Überlebensversicherer sich geirrt hätte und wir dann vielleicht doch verschwänden, bliebe wenigstens etwas von uns zurück. Noch in hundert Jahren wäre anhand vergilbter Fotos festzustellen, daß ein bestimmtes Neugeborenes sein Muttermal vom Urgroßvater hat. Zumindest von Zeit zu Zeit würde also jemand an uns denken.

Kein Zeugungsgrund für ein *himmlisches Kind:* Der Engel *ist* unsterblich.

○ Das *irdische Kind* war die *zweite Säule unserer Altersversicherung:* Falls unsere Rentenanstalten bankrott gingen, würde (so wir in seiner Kinderzeit lieb zu ihm waren und die richtige Art von Gewissen in ihm züchteten) noch immer der Nachkomme für uns sorgen.

Kein Zeugungsgrund für ein *himmlisches Kind:* Ein Engel wird erstens nicht gebrechlich und ist zweitens ohnehin für immer versorgt.

○ Das *irdische Kind* war ein *Symbol unserer Liebe* zu einem anderen irdischen Wesen: Jeder konnte sehen, daß wir liebten, jeder erkennen, daß wir wiedergeliebt wurden: Hätte man sonst ein Kind von uns gewollt?

Kein Zeugungsgrund für das *himmlische Kind:* Wer keinen Wert auf die große Liebe legt, legt auch keinen auf deren Symbol.

○ Das *irdische Kind* war die *Geisel,* mit deren Hilfe wir den irdischen Geliebten auch nach Abklingen seiner Leidenschaft bei uns halten konnten.

Kein Zeugungsgrund für das *himmlische Kind:* Welcher Engel möchte einen anderen gegen dessen Willen um sich haben?

○ Das *irdische Kind* war schön und unschuldig, konnte

somit zugleich unsere *Sehnsucht nach Ästhetik* und unser *Verlangen nach Ethik* befriedigen.

Kein Zeugungsgrund für das *himmlische Kind:* Wo der Engel lebt, sind alle schön und gut.

○ Das *irdische Kind* hatte *Unterhaltungswert:* Nichts ist für Eltern amüsanter, als von den Streichen ihrer Nachkommen zu erzählen.

Kein Zeugungsgrund für das *himmlische Kind:* Der Engel ist zu sensibel, um sich ein anderes Lebewesen als Spielzeug zu halten. Zudem weiß er, daß Geräusche, die ihn entzücken, für seinen himmlischen Nachbarn wie Kinderlärm klingen.

Mit anderen Worten: Engel bekommen keine Engel – sie sehen darin keinen *Sinn.* Und auch der Schöpfer findet sein Paradies ohne herumtobende Heerscharen angenehmer. Außerdem würde das himmlische Kind sein Prinzip von Freiheit und Gleichheit in Frage stellen. Der überirdische Säugling würde ja nolens volens die überirdische Zweiklassengesellschaft bringen: hier der kleine Engel, der sich füttern läßt, dort der große, der bestimmt, was er kriegt. Daran gemessen, wären Ewige Ruhestörung und himmlische Verkehrsbelastung Bagatellen.

Arbeiter- oder Freizeitparadies?

Natürlich hätte man auch in einem Paradies ein Recht auf Arbeit. Wer wollte, könnte sich bis zur Erschöpfung verausgaben – lediglich zu Tode arbeiten könnte er sich nicht mehr. Warum aber sollte das einer wollen? Aus welchen Gründen hatte man denn auf Erden einen Beruf? Die Armen arbeiteten wegen des Geldes, und von den Reichen arbeiteten die einen ebenfalls wegen des Geldes und die anderen, um sich – trotz ihres Geldes – nicht wertlos zu fühlen: wegen der »Aufgabe« also, wegen des Lebenssinns.

Beide Motive entfallen im Ewigen Leben: Ein Bankkonto ist nicht mehr vonnöten, alles bekommt man entweder umsonst oder – falls wir dies aus sentimentalen Gründen vorziehen sollten – gegen Scheingeld. Und auch das mit der »Aufgabe« hat sich erledigt: Wie wir sahen, kann man in einer perfekten Welt weder für das Gute noch gegen das Böse kämpfen. Und wer wollte noch arbeiten, wenn es dermaßen unsinnig wäre?

Das heißt natürlich nicht, daß es in einem Paradies keine Arbeit mehr *gäbe*. Zum Beispiel würde der Engel ja essen wollen, und zwar nicht zu schlecht. Er hätte gerne ein Haus mit sauber geputzten Fenstern und ordentlich ge- wienerten Böden, darum herum vielleicht einen Garten mit gepflegten Blumenbeeten und gemähten Rasenflä- chen. Und woher sollten all die Konsum- und Luxusgüter dieses himmlischen Lebens kommen, wenn nicht aus überirdischen Fabriken?

Könnte jedoch der Allmächtige den Gästen seiner himm- lischen Herberge solch niedere Tätigkeiten wirklich zu- muten? Hatten diese sich ihr Paradies so erträumt: der eine Engel am Fließband, der andere bei der Müllabfuhr, die eine Engelin beim Kartoffelschälen, die andere als Toilettenfrau? Und dies alles nicht einmal mehr »für Gottes Lohn«, denn den hat man ja nun erhalten?

Wir können natürlich nicht sagen, wie der Herr dieses Dilemma im Detail bewältigt hat, und wollen uns auch nicht seinen Kopf zerbrechen. Aber eines weiß er wohl so gut wie wir: Sobald die eine Engelin eine andere bei sich als Putzhilfe engagierte, hätte die erste Schuld- und die zweite Minderwertigkeitsgefühle, was automatisch einer Herabsetzung der überirdischen Lebensqualität entsprä- che. Falls er jedoch die Engel turnusweise zum Sauberma-

84

chen antreten ließe, würde dies eine Einschränkung ihrer himmlischen Freiheit bedingen.

Natürlich könnte ein Engel für sich privat machen, was immer er wünschte: Kochen, Staubsaugen, Toilettenputzen. Für alles übrige dürfte die Antwort der supereffiziente Ewige Roboter sein: Alles was uns nach irdischen Maßstäben (nur auf diese kommt es ja im Augenblick an) als unwürdig oder langweilig erscheint, würden dort ausgeklügelte Maschinen für uns erledigen. Doch lassen wir uns ruhig ein wenig überraschen. Wie immer es auch kommt – es ist ausgeschlossen, daß der Allmächtige *uns* an die Ewigen Fließbänder stellt.

Und was wird aus denjenigen unter uns, die – selbst um den Preis der Lächerlichkeit – auf der irdischen Tätigkeit *bestehen?* So möchte vielleicht ein früherer Berufssoldat auch im Jenseits mit einer Truppe exerzieren, ein ehemaliger Arzt mit wehendem Kittel einen Krankensaal durchschreiten, obwohl jeder weiß, daß es in dieser schönen neuen Welt weder Feinde noch Patienten gibt? Vielleicht sehnt sich sogar der eine oder andere Bauarbeiter so intensiv in die schweißtreibende Tätigkeit zurück, daß er nach ihr *verlangt?*

Ein brauchbarer Ausweg wäre hier vielleicht das *Arbeitsspiel,* an dem neben dem Arbeitssüchtigen eine unbestimmte Anzahl spielfreudiger Mitengel beteiligt wäre. Im Fall des Militaristen würden diese sich zum Beispiel freiwillig in Rekrutenuniformen werfen, in dem des Arztes würden sie sich krank stellen und diesen raten lassen, was ihnen fehlt. Für süchtige Bauarbeiter ließe sich die kreisrunde Straße denken: Der eine himmlische Trupp wäre damit beschäftigt, sie anzulegen, der zweite reißt sie wieder auf. So gäbe es tausend Möglichkeiten, auf die Berufswünsche eines Engels einzugehen. Denn in einem Paradies dürfte

es weder einen Zwang zur Arbeit noch einen zum Nichts-
tun geben. Wer wollte, könnte das gleiche machen wie auf
Erden. Nur hätte es eben keinen Sinn.

Kierkegaards Hölle

Einen Teil unserer perfekten Welt haben wir also nach
bestem Können durchstöbert und dabei festgestellt, daß
dort, wo es für alle genug von allem gibt und garantiert
keiner mehr sterben kann, jede Tat automatisch ihren
Sinn verliert. Denn im Gegensatz zu unserer zeitlichen
Welt, wo wir uns zumindest manchmal einbilden durften,
daß uns die anderen brauchen, wird in unserer Ewigen
jede Handlung, die nicht den eigenen Genuß zum Ziele
hat, absolut überflüssig. Im Reiche Gottes – diesem Hort
der Gerechtigkeit, des Friedens und der Freiheit, um den
wir auf Erden so flehentlich gebetet haben – weiß keiner,
warum und wozu er lebt. Seine einzige Ewige Aufgabe wäre tatsächlich die Verarbeitung dieser Ewigen Erkenntnis: daß sein Ewiges Leben *sinnlos* ist.
Der Philosoph Kierkegaard hat dieser Problematik – der
des Lebenssinns – einen guten Teil seiner Arbeit gewid-
met. Hier sein Schluß: »Der entsetzlichste Sinn ist für
mich nicht so entsetzlich wie die Sinnlosigkeit.« Was uns
als Himmel erscheint, war diesem Denker also die schreck-
lichste aller Höllen. Das Leben auf Erden ist seiner Vorstellung von einem Paradies zweifellos näher gekommen.

Wie aber könnte der Barmherzige auch Engel von Kierke-
gaards Ansprüchen zufriedenstellen? Er hat uns von dem
Übel erlöst, dank seiner verzeihenden Gnade gingen unsere Gebete tausendfach in Erfüllung: Wie könnte er uns in
diesem perfekten Leben, das er für uns erschuf, auch noch

zu einem *Sinn* verhelfen? Keinem gespielten, wie etwa bei der Arbeitsplatzbeschaffung, sondern einem *realen?*

Soll er sein mit Grauen und Leiden gespicktes Erdmodell (das einige offenbar gar nicht so übel fanden) in seinen Himmel übernehmen und sein Gesetz der Unsterblichkeit für den einen Engel aufheben, damit das des anderen wieder ein wenig an Bedeutung gewinnt? Soll er einen kleinen Krieg anzetteln, damit die Mahatma Gandhis unter uns Engeln etwas zu protestieren bekommen, eine kleine Hungersnot starten, damit die Bob Geldofs Spenden sammeln können, ein kleines Kalkutta schaffen, damit den Müttern Teresa wieder ein paar Waisenkinder zur Verfügung stehen – und zwar *echte?*

Ein Absurdum, nicht wahr? Und was geschähe, wenn das Los des Sterblichseins gar uns selber träfe? Wäre das nicht so etwas wie ein Wahlbetrug des Herrn? Denn wir sind seinem Sohn ja nicht wegen der Bergpredigt gefolgt (gut sein konnten wir auch im Alleingang), sondern weil er in seinen Reden ganz deutlich sagte, er sei »die Auferstehung und das Leben«.

Wir sitzen also ganz schön in der Falle. Denn wie könnten wir uns wehren? Ein Ewiges Leben ist nun einmal ein Ewiges Leben – um zu sterben, wurden wir ja nicht fromm.

Ewige Ruhe oder Ewiges Vergnügen?

Regen wir uns nicht auf. Zunächst sind wir ja ganz mit den Genüssen beschäftigt, die uns hier oben erwarten. Und wer weiß, ob diese Art Leben letztlich nicht auch unsere Ethik verändert? Wenn Karl Marx recht hat und das Sein das Bewußtsein bestimmt, werden wir nach einigen Jahren oder Jahrhunderten dieser paradiesischen Existenz vielleicht gar nicht mehr fragen, *wozu* wir leben – vielleicht genügt es uns, *daß* wir am Leben sind? Und damit hätte das Paradies ja seinen Zweck erfüllt.

Gehen wir also einen Schritt weiter – stellen wir Fragen nach den Einzelheiten der *hedonistischen* Seite unserer Ewigen Existenz. Nicht ohne kurz die Ausgangslage zu rekapitulieren: Wir sind jung, gesund, schön, gescheit und genau so wohlhabend wie jeder andere. Wir müssen keinerlei Verantwortung tragen und verfügen frei über unsere Zeit – eine Zeit, von der wir wissen, daß sie niemals zu Ende geht.

Wie sieht nun bei der Gestaltung dieses neuen Luxuslebens unsere Rangordnung aus? Auf welche der vielen Genüsse stürzen wir uns als erstes, welche lassen wir für später, worauf verzichten wir ganz?

Vermutlich würde es für die meisten zunächst einmal gar keine Rangordnung geben. Man würde in die himmlischen Kaufhäuser laufen und all das holen, was man auf Erden am meisten entbehrte oder am sehnlichsten wünschte – und dies wäre wohl für jeden etwas anderes. Zudem würde man sich neu einkleiden. Alles wäre ja zu haben, und für alles hätte man Geld: Herren- und Damengarderobe aus sämtlichen Kulturen und Epochen unseres früheren Planeten, dazu das feinste Schuhwerk, die herrlichsten Accessoires, die erlesensten Kosmetikprodukte ...

Es gälte auch die Ewige Herberge zu wählen (vom Großstadtloft bis zum Bauernhof stünde alles zur Verfügung), die Ewige Wohnungseinrichtung auszusuchen, die Blumen und Sträucher für den Ewigen Garten, die himmlischen Gartenmöbel, das überirdische Haustier ...

Nein, Sie haben sich nicht verlesen: Auch Tiere kommen in den Himmel. Wie könnte es anders sein – da wir es ja *wünschen?* Natürlich wird die Ewige Katze keine Ewigen Vögel jagen, der Ewige Hund keinen Engel beißen, die

Ewige Biene wird Honig sammeln, aber nicht stechen, der Ewige Bazillus keine Krankheit machen. Ob wir mit den Tieren reden können? Aber nein, wer wünscht sich denn so was Blödes: Der Engel ist intelligent!

Und dazwischen wird man sich selbstverständlich auch immer wieder in die Lüfte schwingen und sich vergewissern, daß dies alles kein Traum ist. Man ist wirklich drüben, und Fliegen ist noch viel schöner als Autofahren!

Sehr bald wird man sich die erste größere Reise gönnen. Wohin? In Richtung Erde natürlich: Man will doch sehen, wie es den Hinterbliebenen geht, ob sie noch trauern oder bereits um die Erbschaft streiten. An seinem Grab zählt man die Kränze, sieht nach, von wem sie kommen und was auf der Schleife steht. Und vorausgesetzt, man kann sich bei solcher Gelegenheit wirklich unsichtbar machen, nimmt man vielleicht auch an einer spiritistischen Sitzung teil: »Ich lebe«, signalisiert man seinem Witwer, »das Paradies gibt es wirklich, und es ist noch viel schöner, als du glaubst! ... Wie? Aber natürlich sind alle da: Gott, Jesus, Maria und Josef ... Wer? Nein, den Heiligen Geist habe ich nicht gesehen!«

Aber auch im Ewigen Leben kehrt irgendwann der Alltag ein. Man hat nun wirklich seine Ewige Ruhe, und dem einen oder anderen genügt das auch. Der Rest von uns wird beginnen, seine Genüsse mit etwas mehr Bedacht zu wählen: Das Angebot ist schlechthin überirdisch, und man kann ja nicht alles auf einmal machen. Man muß also aufpassen, daß es einem nicht ergeht wie Buridans Esel: Er verhungerte zwischen zwei Heuhaufen, weil er sich für keinen der beiden entscheiden konnte. Und in einem Paradies gilt es ja zwischen Hunderten von Verlockungen zu wählen: Es gibt, wie gesagt, alles, und alles ist auch erlaubt. Aber im Gegensatz zu dem unglückseligen Esel hat der Engel unbegrenzt Zeit: Selbst wenn er sich tausend Jahre lang nicht entscheiden kann, ist er noch immer nicht des Hungers gestorben.

Wie sieht nun aber unsere Rangordnung auf dem hedonistischen Sektor tatsächlich aus? Mit welchem überirdischen Vergnügen werden wir beginnen?

Das Sexualverhalten der Engel

Sobald die unmittelbaren Konsumbedürfnisse gestillt, der Ewige Wohnsitz gefunden und einigermaßen eingerichtet ist, steht wahrscheinlich für die meisten von uns der Ewige Liebesakt an oberster Stelle der überirdischen Vergnügungsliste. Zumindest unter den Neuangekommenen trifft man also aufgeschlossene Engel und Engelinnen in Hülle und Fülle. Daß es in einem Paradies keine frigiden Kreaturen gibt, versteht sich ohnehin von selbst.

Und erst die Orgasmen, die man im Ewigen Leben bekommt! Nicht jenen einen Ewigen, den sich so mancher irdische Sexfreak unter seiner überirdischen Glückseligkeit vorgestellt hat. Ein endloser Orgasmus wäre ja noch lange nicht identisch mit endlosem Glück – wäre doch ein Höhepunkt ohne zeitliche Begrenztheit kein Gefühlsgipfel mehr, sondern ein Plateau. Was macht die Herrlichkeit des begehrten Phänomens denn schließlich aus? Daß man ihm ausgeliefert ist wie einer fremden Macht, nicht wahr? Daß man es festhalten will und doch nicht kann, daß es die Zeit stillstehen läßt und trotzdem vorbeigeht – seine *Vergänglichkeit* letzten Endes.

Natürlich kann unsertwegen der himmlische Höhepunkt dann schon länger dauern als der auf Erden – fünf Minuten, zehn Minuten, eine halbe Stunde vielleicht sogar.

Und auch der multiple Orgasmus ist im Ewigen Leben wohl an der Tagesordnung. Doch der endlose wäre ein Widerspruch in sich selbst und die Vernichtung des Glükkes, für das er steht.

Auch an dieser Stelle könnte man wieder einwenden, solche Überlegungen seien verfrüht, weil in der überirdischen Welt vielleicht eine ganz andere Wertskala gelte – eine, die eventuell gerade den *endlosen* Orgasmus wünschenswert erscheinen lasse. Darauf läßt sich wiederum nur entgegnen, daß wir zumindest im Augenblick diese andere Wertskala noch nicht besitzen und daher genötigt sind, die Qualität unseres zweiten Lebens an der unseres ersten zu messen. Wenn wir uns auf dieses Paradies *freuen* sollen (und das wird ja verlangt), müssen wir zuerst einmal wissen, worum es sich dabei handelt.

Daher weiter mit dem hausbackenen Ausmalen des Über-Sinnlichen ... Am Anfang ist man natürlich gerade auf diesem Sektor unersättlich. Man bedenke nur, wie ausgehungert die meisten von uns nach drüben kommen: Die alten Männer waren meist während ihres letzten Erdenjahrzehnts impotent; die alten Frauen waren – gerade weil bei ihnen die biologische Einschränkung fehlte – wieder einmal doppelt benachteiligt.

Und einmal mehr aus eigenem Verschulden: Obwohl Frauen eine rund sieben Jahre höhere Lebenserwartung haben, nehmen sie sich im Durchschnitt um vier Jahre ältere Ehepartner. Dies war vielleicht weise in Zeiten, da nur der Mann die Familie ernährte – vier Dienstjahre mehr machten im Haushaltsbudget ja schon etwas aus. Für die moderne, berufstätige Frau ist dieses Auswahlverfahren nur noch selbstmörderisch. Ihrem Tod gehen so in der Regel zwei Jahrzehnte sexueller Enthaltsamkeit voraus: Zehn Jahre lang hatte sie einen mehr oder weniger müden Mann zur Seite, den sie dann auch noch zehn Jahre überlebte. Mit einer durchschnittlichen Abstinenz von zwanzig Jahren dauert die zweite Jungfernschaft einer Frau heute bereits um ein Drittel länger als ihre erste. Aber Gott sei Dank wartet das Ewige Sexualleben nun ja auch auf das schwache Geschlecht!

Und seien wir nun männlich oder weiblich – zunächst werden wir Neuen wohl unermüdlich von einem Engel zum nächsten flattern. Wir sind jung und begehrenswert, und da die anderen dies ebenfalls sind, ist jede neue Bekanntschaft zugleich eine neue Versuchung.
Und keiner der vielen, die einem ihre Gunst erweisen, ist beim Abschied wirklich verletzt. Denn so wie es keine unattraktive oder gar frigide Engelin gibt, gibt es auch keinen unerotischen oder impotenten Engel. Man sollte in diesem Zusammenhang vielleicht erwähnen, daß in einem Paradies selbstverständlich auch bei der Verteilung der Männlichkeit gerecht verfahren wird: Kein Engel muß seinen Nächsten auch nur um einen Millimeter beneiden. Und darum muß er sich dann auch nicht schuldbewußt fragen, ob seine Engelin des Augenblicks nun wohl aus diesem Grund auf einen anderen fliege. Und auch diese selbst empfindet natürlich keine Schuld – warum auch, tut sie doch jedermann Gutes! Zuweilen kommt sie auch wieder zurück, weil sie über all der Betriebsamkeit vergessen hat, wie es mit *ihm* gewesen ist. Nicht viel anders, sie dachte es ja!

Und natürlich wird man mit der Zeit immer waghalsiger. Alles, was man schon immer über Sex wissen wollte und nicht zu machen wagte – jetzt kommt es an die Reihe. Nach dem paarweise genossenen Vergnügen in den ausgefallensten Stellungen und mit exotischsten Raffinessen (auch Chinesen und Araber sind ja unter den Toten) kommt der zu dritt, der zu viert usw. Danach beginnt man

mit der Erkundung der spezifisch überirdischen Möglichkeiten: Sex im Fliegen, Sex auf Wolken, Sex in Wolken,
Sex im Zustand der Schwerelosigkeit, Sex im Zentrum des
Orkans, Sex mit fallenden oder gefallenen Engeln ...
Und all die Orgien, an die man sich auf Erden ja ebenfalls
nicht traute! Die erste vielleicht aus Anlaß des ersten
Ewigen Geburtstags, die nächste zur Einweihung des
neuen Bungalows am Strand, dann die zur Feier der Ankunft des einen oder anderen Jugendfreundes ... Auch an
das Gleichgeschlechtliche wagt man sich nun – man will
sich doch vergewissern, daß man da auf Erden nichts
versäumt hat! Alles ist möglich, und darum gibt es nichts,
was ein neugieriger Engel nicht wenigstens einmal aus-
probiert. Tabus könnte es in diesem Reiche der Freiheit
ohnehin keine geben.
Am ausgelassensten geht es aber beim Eintreffen irdischer
Sexsymbole zu: Brigitte Bardot, Cher, Madonna, Warren
Beatty, Sylvester Stalone, Arnold Schwarzenegger – jeder
kommt ja hier irgendwann einmal durch die Pforte. Nach
der Laudatio auf die einschlägigen Verdienste der Zuge-
reisten – die in vielleicht vom unsterblichen Marquis de
Sade oder dem überirdischen Henry Miller gehalten wird
– kommt es zu einem orgiastischen Massengelage, das bis
zu einer Woche dauern kann.

Freilich nehmen daran nur jüngere (d. h. neuere) Engel
teil. Denn da es nichts, aber auch gar nichts gibt, was einem
auf die Dauer nicht langweilig wird – nicht einmal die
allerhimmlischste Art der Abwechslung –, wird einem
auch das Sexuelle schließlich zu öde. Man hätte es nicht
für möglich gehalten – aber nun geht es einem wie jenen,
die schon länger im Himmel sind: Man beginnt das Interesse an der Sache zu verlieren.
Irgendwie ist dieses Vergnügen nicht das, was man von der

Erde her in Erinnerung hat. Liegt es an der allzu paradiesischen Kontrazeption, die jede Gefahr und damit jeden Gedanken an die ursprüngliche Bestimmung dieser herrlichen Tätigkeit so perfekt in den Hintergrund drängt? Liegt es daran, daß die Eroberung einer Schönen sehr viel weniger Freude macht, wenn es keinen eifersüchtigen Nebenbuhler zu besiegen gibt? Daß ein Engel, den man keiner ausspannt, auch weniger aufregend ist und der Liebesakt ohne Liebe einem Besuch beim Gynäkologen gleicht? Jedenfalls tun wir es immer seltener und eigentlich nur noch, um uns zu versichern, daß wir dabei tatsächlich nichts versäumen. Und eines schönen Tages – beim einen Engel vielleicht schon nach zehn, beim andern erst nach hundert oder tausend Jahren – ist es endgültig vorbei. Das Interesse am himmlischen Koitus hat aufgehört, man kann keinen nackten Engel mehr sehen. Wir himmlischen Wesen sind so, wie unser Herr Pastor sie sich ohnehin vorgestellt hatte: keusch.

Die paradiesische Küche ist vegetarisch

Es gibt ja noch andere himmlische Genüsse. Vielleicht wendet man sich wieder mehr den Freuden der Tafel zu, die man wohl in den Zeiten sexueller Ausschweifung ein wenig vernachlässigt hat. Und dies verspricht nun wirklich ein Ewiges Vergnügen zu werden: Essen soviel man will – und hinterher nicht einmal ein verkorkster Magen! Die kalorienreichsten Speisen, ohne auch nur ein Gramm zuzunehmen!
Und keine Köstlichkeit, die hier oben nicht zu bekommen wäre: Jede Frucht, jedes Gemüse, jede Salatsorte und jede Art Pilz, die wir von der Erde her kennen, sind auch auf den Märkten des Jenseits vorhanden. In den Feinkostläden

warten Hunderte von Käsesorten, Teigwaren in allen Varianten, Eier jeglicher Art und Größe, Gewürze aus allen Teilen der früheren Welt. In den Bäckereien finden wir die ausgefallensten Brotsorten, die erlesensten Patisserien.
Und erst die Getränke! Französische Weine, spanischer Cognac, irischer Whiskey, russischer Wodka, deutsche Schnäpse ... In den Weinläden des Herrn kriegt man alles!
Nur keinen Rausch?
Aber natürlich kann man sich betrinken! Sonst wäre das alles doch kein Vergnügen? Auch bei einer überirdischen Sauferei wird schwadroniert, und anschließend fliegt keiner ganz gerade nach Hause. Nur mit einem tödlichen Unfall müßte man nicht rechnen, und auch nicht mit einer Leberzirrhose ...

Erzählen Sie weiter!
Was möchten Sie wissen?
Welcher Fisch, welches Fleisch?
Nichts von beidem natürlich.
Kein Fleisch? Kein Fisch?
Tut mir leid.

Aber das ist doch unmöglich! Was wäre denn das für ein Paradies? Man erwartet ja nicht, daß dort gebratene Tauben fliegen – aber das von den Lammkeulen steht doch sogar in der Heiligen Schrift! Dann die am Spieß rotierenden Kälber, die zarten Spanferkel, auf die man hoffte! Der *Canard au paradis, Saumon à la diable,* das *Ragout belzebub*?
Weder Fisch noch Fleisch – ich muß Sie enttäuschen.

Richtig. Und mit ein bißchen Nachdenken hätte man es voraussehen können: *Im Ewigen Leben ißt man gut, aber vegetarisch.*
Nur auf Erden gibt es ja für den Fleischkonsum eine einigermaßen passable Rechtfertigung: Ohne die vielen

Fleischesser würden die meisten Tiere erst gar nicht geboren – welcher Bauer würde noch Schweine oder Rinder züchten, wenn sie später keiner verzehrt?

Wir schlachten also die Tiere und essen sie auf, sorgen aber gerade dank diesem mitleidlosen Verhalten dafür, daß sie überhaupt das Licht der Welt erblicken durften. Und wenn man für sich selbst zu entscheiden hätte, ob man lieber überhaupt nicht geboren wäre oder nur für eine begrenzte Zeit, nach der man ohne allzuviel Schmerz hingerichtet wird – würde da nicht so gut wie jeder dem kurzen Leben mit anschließender Hinrichtung und Verspeisung den Vorzug geben? Nun, vielleicht ist diese Argumentation zu lebenslustig – vielleicht sähe das Ergebnis einer solchen Umfrage in Wirklichkeit anders aus. Denn unter diesem Aspekt wurde wohl noch nicht gefragt?!

Einschub für den irdischen Vegetarier:
Selbstverständlich sticht diese Rechtfertigung nur bei tiergerechter Haltung und rücksichtsvoller Schlachtung. Auch wäre es naheliegend, Speisen aus Jungtieren (Spanferkel, Kalbsschnitzel, gefülltes Kücken) abzulehnen: Deren Erdenzeit wird dann gar zu kurz. Anders beim Fischgericht: Wenn wir Fisch essen, ist dies kein Impuls für die Vermehrung von Meerestieren. Insgesamt wird deren Zahl sogar vermindert, weil ja zum Beispiel ein toter Hering nicht mehr laichen kann. Die Fischküche ist also vom Standpunkt des Vegetariers tatsächlich kriminell – und gerade hier machen so viele eine Ausnahme. Ob es sich dabei um eine gerechtfertigte Bagatellisierung des Gefühlslebens von Kaltblütern oder eine Art Tierkadaver-Rassismus handelt, ist schwer auszumachen.

Doch auch nach allem Gesagten bleibt das Fleischessen noch immer grotesk. Später wird es vielleicht einmal heißen, dies sei von den Barbareien unserer Zeit die unbegreiflichste gewesen. So etwas wie die Sklaverei bei den alten Griechen, die ja offenbar nicht einmal den sonst so sensiblen Platon störte.

Und nun stelle man sich einen Ewigen vor, der seine Schäfchen (die echten) zur Schlachtbank führt, um seine Engelchen mit einer Schafkeule zu erquicken! Der seinen Hühnchen den Hals umdreht, weil wir für unsere himmlische Dinnerparty auf *Coque au vin* bestehen! Der seinen Rindern ein *Filet mignon* aus dem Leib tranchiert, seine Hasen zu *Lapin chasseur* verarbeitet, aus seinen Ziegen *Chèvre grand veneur* und seinen Kälbern *Blanquette de veau* macht! Der seiner irdischen Gefolgschaft die Erfindung von Hölle und Fegefeuer verübelt, um dann in seinem Himmel gegrillte Ferkel zu servieren!

Unmöglich! Und auch man selbst möchte eigentlich in einem solchen Himmel nicht leben. Nach einer Zeit der Gewöhnung soll die vegetarische Küche ja ausgezeichnet sein!

Moment: *vegetarisch?* Woher wissen wir denn, daß die Pflanzen keine Angst vor dem Sterben haben? Daß die Tomaten nicht weinen, wenn man sie pflückt, der Kohlkopf beim Schneiden nicht aufschreit? Ist nicht aus jeder kochenden Minestrone ein leises Gejammer zu hören? Gibt es da nicht eine Theorie, die besagt ...?
Schluß jetzt!
Aber wieso?
Sie wollen doch ein Paradies mit Mahlzeiten, nicht wahr? Sie würden eventuell sogar auf Ihr gesamtes Ewiges Leben verzichten, wenn man Ihnen sagte, dort gäbe es nichts zu essen? Dazu ist Voraussetzung, daß zumindest die Pflanzen sich nicht vor dem Vergehen fürchten. Im Interesse Ihrer drei himmlischen Mahlzeiten und der vier Jahreszei-

ten, auf denen Sie ja ebenfalls für Ihr Jenseits bestehen, muß ich Sie bitten, in dieser Richtung nicht weiterzudenken!

Diesem Ersuchen wird stattgegeben. Und natürlich funktioniert das mit dem Vegetarischen auch bald ausgezeichnet. Nach einer Zeit der Umstellung dünkt uns diese Ewige Küche von Mal zu Mal besser – wir können uns gar nicht mehr vorstellen, daß wir einmal so brutal waren, die Leichen anderer Wesen zu verspeisen. Die Auswahl ist phantastisch, die Zubereitung exquisit. In den ersten Jahren des Ewigen Lebens sind vier bis fünf Mahlzeiten die Regel.

Aber es ist wie beim Sex: Irgendwann geht der ganz große Hunger verloren. Hundert Jahre lang essen wir vielleicht nur noch dreimal am Tag, dann zweimal, einmal, dann nur noch alle paar Wochen. Bis wir schließlich überhaupt nichts mehr zu uns nehmen – weder Speise noch Trank. Denn ein Verhungern ist auch so nicht möglich: Ob man viel oder wenig oder gar nichts ißt, ob man Festes oder Flüssiges konsumiert, ob die Ernährung ausgewogen oder einseitig ist – man fühlt sich immer gleich wohl.

Wenn man sich nach tausendjähriger Nulldiät auf die Waage stellt, muß man wieder einmal zugeben, daß dieses Paradies perfekt ist: Man hat nicht ein Gramm abgenommen.

Engel und Reisen

Nun kann man ja Gott sei Dank in einem Paradies nicht nur tafeln und kopulieren. An einer solchen Örtlichkeit kann man prinzipiell alles. Abgesehen vom kulinarisch verarbeiteten Tier – dessen Konsum man unterdessen ja auch selbst verabscheut –, wird einem jeder Wunsch erfüllt.

Und da gibt es natürlich all die Reisen zu machen! Nicht nur die zur ehemaligen Heimat, die man nun eigentlich schon ein wenig über hat. Sämtliche Freunde und Bekannte sind unterdessen bei uns im Himmel; es gibt da drunten kaum noch jemanden, den man kennt. Denn auch die Kinder sind ja längst hier. Aber man hat nicht mehr den Kontakt von früher. Liegt dies daran, daß man nun gleichaltrig ist? Hätte ihnen wohl gepaßt: sie die Ewigjungen, wir für immer die Alten!

Dies alles hat natürlich auch seine Auswirkung auf die spiritistische Sitzung, bei der man sich anfangs so köstlich amüsierte. Sie macht einfach nicht soviel Spaß, wenn es sich um Anfragen von Fremden handelt. Zuweilen schickt einen ein befreundeter Praktikant der Nächstenliebe (so werden die genannt, die sich noch immer für Sex interessieren) zu seiner Witwe, damit man ihn bei solchem Anlaß vertrete. »Aber natürlich bin ich dir treu!« morst man entrüstet: »Meine Liebe ist Ewig, das weißt du doch!« Das ist nicht die Heuchelei des Engels, sondern überirdische Höflichkeit. Soll man der alten Dame klopfen, was ihr teurer Verblichener wirklich macht, und sie damit trösten, daß sie selber es bald noch viel bunter treiben wird?

Bleiben die Reisen zu neuen Zielen. Doch den Trip entlang der Milchstraße haben wir hinter uns, ebenso den Ausflug zum Großen Bären. Eine kleine Marslandung möchte man eventuell einmal machen, aber das hat Zeit. Denn dies wäre wieder ein sehr langer Flug, und wie wir ja schon von den irdischen Astronauten wissen, gibt es im Weltall eigentlich nichts zu sehen. Jedenfalls haben wir im Augenblick genug von solchen Unternehmungen. Im nächsten Jahrtausend vielleicht!

Etwas anderes ist es natürlich mit dem Paradies selber: Es ist so interessant und vielfältig wie die Erde und trotz der hohen Einwohnerzahl absolut unversehrt. Doch irgendwie beflügelt ein unsterbliches Wesen nicht mehr die Reiselust, die es als zeitliches verspürte. Es ist ja schon ein Unterschied, ob einem für die Befriedigung seiner Neugier nur ein paar Jahrzehnte zur Verfügung stehen oder eine Ewigkeit.

Es ergeht einem wie früher mit den Sehenswürdigkeiten der engeren Heimat – der Tourist kannte sie meist besser als man selbst. Denn dieser wußte, daß er nur ein paar Ferientage hatte, während der Eingesessene sich sagte, das könne er auch ein andermal sehen. Da er über diesen guten Vorsätzen meist das Zeitliche segnete, besuchte er zu Beginn seines Engeldaseins schon aus diesem Grund immer wieder die alte Heimat: Jetzt mußte er nicht dort leben, jetzt interessierte sie ihn. Kein Venezianer hat eine Vorstellung vom *unsichtbaren* Tourismus, den es bei ihm noch zusätzlich gibt. Einen gar nicht geringen Teil des Aufkommens stellen dabei die Verstorbenen aus dem Veneto.

Die Universitäten des Vierten Lebensalters

Das mit dem Reisen gibt also als Zeitvertreib nicht viel her: Wer jederzeit jeden Ort aufsuchen kann, geht schließlich am liebsten gar nicht mehr weg. Gilt dieses Gesetz auch für den überirdischen Zeitvertreib Lernen? Will einer, der jederzeit alles erfahren kann, schließlich überhaupt nichts mehr wissen?

Denn natürlich sind die Schulen des Jenseits die vollkommensten, die sich denken lassen. Jeder beliebige Lehrstoff steht dem Bildungshungrigen als ausgefeiltes Computerprogramm zur Verfügung – noch das ödeste Thema ist dermaßen spannend aufbereitet, daß Langeweile gar nicht erst aufkommen könnte. Wir drücken auf einen Knopf, lehnen uns in einem weichen Sessel zurück, lassen Bild und Ton auf uns wirken. Und irgendwann wissen wir alles, was es über einen bestimmen Komplex zu wissen gibt.

Und da man an diesen Universitäten unseres Vierten Lebensalters weder Noten noch Prüfungen kennt, steht man in keinem Augenblick unter Druck. Man lernt nicht mehr für den Professor, sondern allein für sich selbst. Und war nicht gerade dies der Traum jedes irdischen Studenten? Was man im zeitlichen Leben an Bildung versäumte – und wie fühlten sich gerade die aus den unteren Schichten stets benachteiligt! –, hier wäre es mühelos nachzuholen. Man holt es nicht nach?

Nein.

Weshalb nicht?

Nun, abgesehen von dem Übermaß an Zeit, das einem natürlich auch auf diesem Gebiet den Wind aus den Flügeln nimmt, gibt es dafür Motive:

Im Himmel lernt keiner für eine Karriere, weil es eine solche in einer Welt ohne Arbeit gar nicht gibt. Wissen ist Macht, hieß es auf Erden – doch diese will hier niemand.

Im Himmel lernt keiner, um den Eindruck von Intelligenz zu erwecken. Der Engel weiß, daß Bildung und Intelligenz nicht identisch sind und daß er dank Gottes Gerechtigkeit von letzterer ohnehin soviel hat wie die andern.

Im Himmel lernt keiner, um andere einzuschüchtern: Sogar auf Erden stellte ein Gentleman sich ja lieber dumm, als daß er Angehörige der niederen Stände mit seinem Vorsprung an Bildung brüskierte. Unter Engeln ist solches Taktgefühl selbstverständlich: Warum also überhaupt mehr wissen als der andere, wenn man es ihm nicht zeigen kann?

Und so kommt es natürlich auch in unserem Fall: Nach den ersten paar Jahren, in denen wir wie die meisten einen

Computerlehrgang in der neuen Sprache absolvieren (eine Art himmlisches Esperanto, ohne das eine Konversation zwischen Engeln aus verschiedenen Epochen und Kulturen kaum denkbar wäre), nehmen wir das Bildungsangebot unseres Jenseits nur noch ausnahmsweise wahr.

Bei solcher Gelegenheit machen wir stets die Erfahrung, daß in einem Paradies offenbar kaum einer etwas dazulernen möchte: Eine Million Jahre sind wir nun schon hier oben, Milliarden Neuzugänge hat es unterdessen gegeben, doch an den Universitäten herrscht noch immer die gähnende Leere, die wir von unseren überirdischen Anfängen her kannten.

Und eines Tages sind wir genauso bequem geworden wie die andern: Wenn uns wirklich einmal etwas interessiert, wählen wir die Nummer des Allwissenden, der uns mit gütiger Stimme Auskunft gibt.

Engel und Sport

Natürlich kann man im Ewigen Leben auch Sport treiben. Nur daß eben dann die Erfahrung wieder ähnlich ist wie beim Essen: Ob man sich viel bewegt oder wenig, ob man seine Muskeln mit dieser oder jener Methode trainiert – der Körper bleibt immer gleich. Wozu also noch die von Erden her gewohnte Gymnastik? Wozu Joggen, Radfahren, Tennisspielen, Schwimmen, wenn es nichts nützt? Hinterher fühlt man sich wohl, sicher. Aber nach einer Stunde im Liegestuhl fühlt man sich eigentlich genau so wohl.

Selbstverständlich gibt es auch den Risikosport: Bergsteigen, Skispringen, Springreiten, Tiefseetauchen ... Aber wo bleibt das Risiko, wenn man nicht mehr verunglücken kann? Nicht einmal ein Bein kann man sich hier noch brechen! Und auf Boxen und Ringkampf hat man ohnehin verzichtet: Wie könnte ein Engel einem anderen ein blaues Auge schlagen?

Freude machen hingegen die neuen, spezifisch überirdischen Arten der Ertüchtigung – zumindest am Anfang. Sie ähneln dem irdischen Fallschirmspringen, nur daß eben die Möglichkeiten so weit draußen hundertmal aufregender sind. Vor allem der »freie Fall« (der ohne Flügel) wird gern praktiziert.

So klärt sich denn auch das Geheimnis vom »gefallenen Engel«: Es handelt sich um einen mittelschweren Sportunfall mit anschließendem Rettungsmanöver. Ein sogenannter »Schutzengel« fliegt dem Verunglückten – der oft sogar ohnmächtig ist – hinterdrein, hebt ihn auf, trägt ihn auf den eigenen Schwingen nach Hause. Das ist nicht einfach, doch natürlich sind am Ende dann beide unversehrt. Auch Angst mußten sie nicht empfinden – lediglich einen gewissen »Nervenkitzel«. So nennt man im Himmel Gefühle, die an die irdische Angst erinnern: Die Übung »gefallener Engel« ist deshalb vor allem unter den neueren Ewigkeitsbürgern beliebt.

Was gäbe es aus diesem Bereich ansonsten Besonderes zu berichten? Das Wettfliegen ist ebenso eingeführt wie die anderen Arten sportlichen Wettbewerbs: Wettlaufen, Wettschwimmen, Wettschießen, Radrennen, Skirennen, Pferderennen – das alles kennt man auch im Jenseits. Nur ist das unter Engeln schon eine Sache für sich: Keiner gönnt dem Konkurrenten eine Niederlage. So bleibt zum Beispiel der führende Langstreckenläufer immer vor der Ziellinie stehen, um seinem Herausforderer den Vortritt zu lassen: »Bitte, mein Engel, nach Ihnen!«

Auch sollte man den Mannschaftssport nicht vergessen. Alles wie auf Erden, nur eben ohne Sieger und Besiegte. Das heißt nicht, daß zum Beispiel beim überirdischen

Fußballmatch keine Tore geschossen würden – im Gegenteil! Doch am Schluß hat das Spiel immer »unentschieden« zu sein.

Verlängert wird also im Himmel nicht bei einer Pattsituation, sondern wenn eines der beiden Teams um ein oder mehrere Tore im Vorsprung ist. Falls es dabei zum Elfmeterschießen auf das Tor der führenden Mannschaft kommt, verläßt deren Torwart vorübergehend das Spielfeld. In den Sportnachrichten hören sich die Ergebnisse des Ewigen Tages dann so an: 5 : 5, 11 : 11, 2 : 2, 0 : 0 ...

Möchte man also im Himmel einen Sport betreiben? Dies wohl, aber nicht für lange. Lieber als in den schlechtbesuchten Superstadien sitzt der fußballvernarrte Engel vor seinem Fernsehgerät und läßt sich das Spiel seiner früheren Heimatteams übertragen – zumindest während der ersten Jahre, solange er die Spieler noch kennt. Danach wartet er nur noch auf die Ankunft des alten Beckenbauer. Ohne Ungeduld jedoch.

Die paradiesische Medienlandschaft

Und die Medien? Können nicht wenigstens sie für ein wenig Abwechslung sorgen? Ein paar Zeitungen wird es da drüben wohl noch geben! Und Fernsehen hat man ja offenbar auch!

Zeitungen? Tausende gibt es davon – ruft doch jeder verblichene Zeitungsverleger sofort nach der Ankunft ein neues Blatt ins Ewige Leben. Und die in einer einzigen Woche erscheinenden Newsmagazine sind so zahlreich, daß man ein ganzes Ewiges Jahr brauchte, um sie alle zu lesen.

Und wer ist nicht alles gekommen: Lord Northcliff, der britische Zeitungszar; Arthur Ochs Sulzberger, der langjährige Verleger der NEW YORK TIMES; Malcolm Forbes vom gleichnamigen Magazin; Axel Springer, Begründer des auflagestärksten europäischen Massenblattes. Bereits der Titel des neuen Produkts sagt uns allerdings, woran die unternehmerischen Neubürger schließlich scheitern: Die Ewige New York Times, das Ewige Forbes Magazine, die Ewige Bild Zeitung – was könnte in einem Blatt solchen Namens schon Aufregendes zu lesen sein? Ein paar Monate nach dem Start sind die Auflagenzahlen dermaßen gesunken, daß man sie schon aus Pietätsgründen nicht nennen kann.

Wie gesagt, an den beruflichen Fähigkeiten der himmlischen Verleger liegt das nicht. Auch nicht an der Qualifikation der überirdischen Journalisten – denn natürlich sind hier die besten und vor allem erfahrensten der alten Welt versammelt. Und auch am überirdischen Werbeetat konnte es nicht scheitern – jeder hatte genau die Summe zur Verfügung, die er zu brauchen glaubte. Daß die Ewigen Zeitungen so wenig lesenswert sind, liegt allein am Ewigen Leben: Es geschieht einfach nichts.

Was gab es hingegen auf Erden für Themen! Kalte und heiße Kriege, Natur- und Ökokatastrophen, Intrigen in Wirtschaft und Politik, Bestechungs- und Erpressungsaffären, Mord und Totschlag, Ehebruch und Vergewaltigung ... Und welches dieser Sujets bleibt uns hier oben erhalten? Keines!

Dafür kann man im Ewigen Leben zum Beispiel über folgendes berichten:

Sportereignisse (mit bekannt aufregendem Ergebnis),
Ausflüge ins Weltall und was man dabei alles sah (nichts).
Spaziergänge mit der Heiligen Familie und welche Gespräche man dabei führte (liebevolle).
Gottes Tag vor Gericht und welche neuen Fragen dabei gestellt wurden (keine).

Zum Glück gibt es ein paar Schreiber, von denen man auch Abgestandenes akzeptiert. So hat zum Beispiel Franz von Assisi eine vielgelesene Kolumne über die überirdische Fauna. Die Ewige Financial Times konnte Judas für fiktive Börsenberichte gewinnen, die vor allem bei ehemaligen Wall-Street-Leuten Zuspruch finden. Kain und Abel gelten als erfahrene Agrarexperten (sie sind ja auch am längsten hier). Die ehemals so sündige Eva hat sich in einem Computerlehrgang das Schreiben beigebracht und berichtet in einer äußerst populären Fortsetzungsserie über ihre Erfahrungen im antiken Paradies. Marx und Engels analysieren für das Ewige Time Magazin alternierend die Auflösung der sozialistischen Strukturen, während die drei Kennedy-Brüder im Ewigen Newsweek überaus witzig den bevorstehenden Zusammenbruch der freien Marktwirtschaft kommentieren.

Aber schon beim Lokalklatsch unterwirft sich der berichterstattende Engel freiwilliger Selbstzensur. So schreibt er etwa über die Ewige Wiederkehr einer bestimmten Wintermode, ohne aber zu erwähnen, welche Engelin welche Kreation bei welcher Gelegenheit getragen hat. Man will ja keinen Neid säen. Gibt ein Prominenter wie de Gaulle ein Herrenessen, so wird man es uns schon darum verschweigen, weil man den vielleicht versehentlich nicht gebetenen Adenauer nicht verletzen möchte. Das einzig halbwegs Interessante sind die Berichte über berühmte Neuzugänge – zumindest am Anfang, solange man ihren irdischen Stellenwert noch kennt. Bei der Ankunft von Papst Johannes Paul I., Franco, Howard Hughes, Marilyn Monroe waren die Blätter dreimal so umfangreich wie üblich – tagelang wurden sämtliche irdischen Spekulationen über deren Todesursache auch im Himmel ausgebreitet. Erst nachdem die Betreffenden zur Feder gegriffen und ihr Ende selbst beschrieben hatten, kehrte die Ewige Ruhe wieder ein. Denn nun wußte man ja, wie es wirklich war.

Und erst das Fernsehen, du liebe Güte! Einen Abend lang müßten Sie es genießen, dann wüßten Sie, was Sie am irdischen haben. Fünfzig Kanäle, ja, aber was wird denn gesendet? Hier ein Tennismatch zwischen befreundeten Engelchen, dort eine Dramatisierung von Jesus' Gang auf dem Wasser. Eine italienische Oper mit der Ewigen Callas, »Beckett oder Die Ehre Gottes« als Musical. Kürzlich war »Das Lied der Bernadette« als Rockoper angekündigt – mit Janis Joplin! Es war die gleiche Frau, die gleiche Stimme, und dennoch klang alles anders. Sanft, lieb, keine Spur der irdischen Verzweiflung. Warum auch?

Die lichte Seite des Verbrechens

Aber wieso bringen die denn nicht wenigstens ein anständiges Fernsehprogramm zustande? Ich verstehe, daß es nichts zu berichten gibt – aber der *Erfindungsgabe* sind doch keine Grenzen gesetzt?! Wenn es stimmt, was Sie sagen, haben die Engel doch Phantasie! Und für die Drehbücher stünden die größten Dramatiker aller Zeiten zur Verfügung!

Richtig. Und da der Engel keinen Neid kennt, verkehren sie sogar miteinander: Shakespeare fliegt mit Sophokles spazieren, Tennessee Williams umschwärmt den Engel Molière, der gute Shaw hat unter dem Einfluß von Dylan Thomas sogar mit dem Trinken angefangen! Nein, nein, an genialen Autorenteams bestünde wahrhaftig kein Mangel, und auch die Kosten für Produktion und Werbung sind nicht das Problem. Bei der Besetzung ließen sich die herrlichsten Kombinationen denken: die junge Duse mit dem jungen Gary Cooper, die junge Bergman mit dem jungen James Dean ...

Was *ist* das Problem?

Die Stoffe. Denn in dieser Beziehung ist eben der Engel ein schwieriger Fall – es fehlt ganz einfach an Themen, die ihn faszinieren könnten. Auch auf Erden können Sie ja nur Filme popularisieren, mit denen sich das Publikum zu identifizieren vermag. Die phantasievollste Story ist wertlos, wenn der Zuschauer darin sich und seine Probleme nicht wiederfindet, hab' ich recht? Und nun überlegen Sie: Aus welchem Themenkreis rekrutiert sich das Gros der irdischen Filmgeschichten? Worüber werden die meisten Fernsehserien gedreht?

Nun, wahrscheinlich über Verbrechen. Wollen Sie sagen, daß es ohne die auch keine Krimis gäbe?

So zynisch es klingt: Die irdische Film- und Fernsehindustrie verdankt einen großen Teil ihres Unterhaltungswerts den irdischen Kriminellen: Dieben, Mördern, Zuhältern, Vergewaltigern, Erpressern, Dealern, Mafia- und Camorrabossen, Rauschgiftschmugglern, Fälschersyndikaten, Callgirlringen, Geldwäscherbanden ... Ohne all diese wirklichen Gangster ginge auch auf Erden keiner in eine erfundene Gangstergeschichte: Was mir nicht wenigstens unter extremen Umständen selbst zustoßen könnte, läßt mich auch im Kino kalt.

Das begreift man dann im Himmel natürlich nicht sofort: Im ersten Jahr nach der Ankunft weisen die Fernsehantennen der neuen Engel fast ausschließlich in Richtung Erde. Dann beginnen sie langsam zu verstehen, daß ihnen das alles nun nicht mehr widerfahren kann. Keinem würde es hier einfallen, seine Haustür abzuschließen oder gar sein Spielgeld nachzuzählen. Eine Engelin kann bei dunkelster Nacht durch jede himmlische Großstadt flanieren – falls sie einer anspricht, dann höchstens um zu fragen, ob sie sich verirrt habe und ob er ihr helfen könne. Und wenn man das weiß, verliert man auch das Interesse am Thriller.

So ergeht es einem auch mit den übrigen Themen, die den Unterhaltungswert der irdischen Film- und Fernsehindustrie ausmachen. Abgesehen von einem zweiten, nicht zu unterschätzenden Handicap: Wo es weder Alte noch Kinder gibt, sind auch die dramaturgischen Möglichkeiten geringer – deren Rollen müßte man dann ja mit Zwanzigjährigen besetzen.
Und selbst wenn wir uns auch damit noch abfinden – welche Art Story sollte man drehen? Kriegsfilme für eine Welt, die nicht einmal Militärdienst kennt? Fernsehserien über das Luxusleben der Reichen, wenn man all das auch selbst haben könnte? Sience-fiction, wo man Gott jederzeit fragen kann, wie es kommen wird? Tragödien von Liebe und Eifersucht, wenn man die großen Gefühle nur noch aus der Erinnerung kennt? Dramen über unheilbar Kranke, wo es allen gutgeht? Pornofilme für eine Gesellschaft ohne sexuelle Tabus?
Natürlich gibt es hin und wieder einen neuen Film, der den Ewigen Zuschauer interessiert. Die Geschichte von Maria und Josef, wie sie sich kennenlernten und ineinander verliebten, wie es zu der unbefleckten Empfängnis kam (die Rolle des Krippenkindes wäre ja nicht zu besetzen gewesen), war ein Erfolg, den man nur mit dem irdischen »Vom Winde verweht« vergleichen kann.
Auch seine früheren Lieblingsfilme sieht man sich von Zeit zu Zeit wieder an. Und als die Garbo kam, gab es zum Beispiel überall gutbesuchte Sonderfestspiele. Doch da man sie hier nicht mehr »die Göttliche« nannte, verlor sie auch bald ihre legendäre Scheu. Sie begann unter die

Engel zu gehen, und man sah sie mit eigenen Augen: wieder zwanzig, ansonsten aber genau wie im Kino – denn was hätte es an ihr zu verbessern gegeben? Ihre Filme waren aber gerade darum nicht mehr gefragt: Wie lange kann einen das Drama der Kameliendame faszinieren, wenn die Darstellerin kerngesund unter den Toten weilt?

Engel und Kunst

Ein Widerspruch, meinen Sie: Dann gebe es im Paradies ja doch Arbeit? Zweimal hätte ich schon von Werbung geschrieben, und auch Journalisten, Schauspieler und Drehbuchautoren wurden erwähnt. Aber hier handelt es sich um *künstlerische* Tätigkeiten – die einzigen, die man ja auch auf Erden sogar dann noch verrichtet, wenn man kein Geld dafür bekommt. Genaugenommen arbeiten Künstler also überhaupt nicht.

Seit wann gelten Werbeleute und Journalisten als Künstler, wollen Sie nun fragen?

Richtig.

Eine Folge von Gottes Gerechtigkeit: Ihr Herzenswunsch ging in Erfüllung, in seinem Paradies dürfen auch sie sich als Künstler bezeichnen. Ein guter Satz sei immer ein guter Satz, meint der Herr, egal ob er in einem Buch, in einer Zeitung oder auf einer Plakatwand steht.

Ein weiterer Widerspruch: Werbung an einem Ort, wo keiner etwas verdienen will?

Eine Folge von Gottes Güte: Wie sollte ausgerechnet er nicht bemerkt haben, daß seinen Engeln auch das himmlischste aller Vergnügen irgendwann einmal langweilig wird? Mittels Werbung versucht er diesen Zeitpunkt so lange wie möglich hinauszuzögern. Nacht für Nacht werden in Riesenlettern Slogans an den Himmel projiziert,

die vor allem die Alteingesessenen wieder ein wenig zum
Genießen animieren sollen:

> *Auch wenn Sie Ihre Muskeln*
> *schon haben:*
> *Sport bleibt Sport.*

> *Holen Sie sich wieder einmal*
> *einen Engel ins Bett –*
> *Sex ist schöner, als Sie*
> *glauben.*

> *Italienische Teigwaren.*
> *Auch auf Erden gab es Gutes.*

> *Lernen Sie Altgriechisch –*
> *die Ewigkeit ist lang!*

Dann gibt es im Paradies also einen regen Kulturbetrieb?
Wie man den Herrn kennt, hat er wohl auch die künstleri-
schen Talente gleichmäßig über seine Überirdischen aus-
geschüttet?
Und ob er das hat: Im Ewigen Leben ist gewissermaßen
jeder ein Künstler. Sei es auf dem Gebiet der Wort-, Ton-,
Bild- oder Kochkunst – irgendeine schöpferische Bega-
bung hat jeder Engel.
Eine Ewigkeit voller kreativer Wesen, alle gleichmäßig
talentiert und vom Materiellen her versorgt – da müssen ja
atemberaubende Kunstwerke entstehen?
Nun ja, wenn man die Umstände bedenkt, ist das Ergebnis
schon beachtlich.
Aber gerade die Umstände könnten doch nicht vorteilhaf-
ter sein?
Für das tägliche Leben ist natürlich schon gesorgt, und
auch Zeit hat man in Hülle und Fülle. Nur das, was zum
Entstehen und Begreifen eines *Kunstwerks* nötig wäre, ist
nicht da. So fehlt zum Beispiel im Paradies

o *das Häßliche,* ohne das der Künstler keine Sehnsucht nach Erschaffung von Schönheit empfindet und der Betrachter die Schönheit eines Werkes nicht erkennt;

o *das Traumatische,* ohne das der Künstler nichts zu sagen hat und der Betrachter die Aussage eines Kunstwerks nicht versteht;

o *die Ungerechtigkeit,* die den Künstler in schöpferische Wut versetzt und den Betrachter dazu bringt, sich mit seiner Auflehnung zu identifizieren;

o *die Erniedrigung,* ohne die weder Künstler noch Betrachter den Wunsch empfänden, sich über andere zu erheben – der erste durch ein außergewöhnliches Werk, der zweite durch einen elitären Geschmack;

o *die Habgier,* die den Künstler dazu treibt, etwas Begehrenswertes herzustellen, und den Betrachter etwas zu erwerben, was auch andere gern hätten;

o *die Todesangst,* die den Künstler anspornt, ein Werk von bleibendem Wert zu erschaffen, und den Betrachter nach dem Besitz eines solchen streben läßt.

Zu diesen Handicaps kommt noch die sprichwörtliche Bescheidenheit des Engels. So wie er nicht mit seinem Wissen prahlt, prahlt er auch nicht mit seinem Können. Damit seine Künstlerkollegen sich nicht unterlegen fühlen, wird er ein besonders gelungenes Werk eher vor der Öffentlichkeit verbergen.

Die gleiche Feinfühligkeit bestimmt das Verhalten der Kunstkritik. Bei der Beurteilung einer neuen Arbeit betont der Kritiker das Gelungene und verweist höchstens am Rande – und dann mit äußerster Höflichkeit – auf das nach seiner Ansicht weniger Geglückte. Und so läßt man sich Tadel natürlich gern gefallen. Nicht im Traum käme ein unverstandener Dichter auf die Idee, seinen überirdischen Kritiker einen Dummkopf zu schelten. Er wäre entzückt von diesem Modell ausgleichender Gerechtigkeit: Jemand, der doch ganz eindeutig nicht einmal richtig lesen konnte, durfte hier sogar schreiben!

Die Ewige Konversation

Dann gibt es also im Jenseits zumindest ein intensives Gesellschaftsleben? Lesungen, Vernissagen, Dinnerpartys, Geburtstagsfeiern, Willkommensfeste? Und überall schöne, freundliche Wesen, die unendlich viel Zeit füreinander haben. Wie aufregend müssen die Gespräche sein, wenn Tote aus allen Teilen und Epochen der Erde ihre Meinungen tauschen!
Wie man es nimmt. Zum Austausch von Meinungen kommt es allerdings nicht – man kennt ja nun die Wahrheit, und davon kann es nur eine einzige geben. »Die Wahrheit ist der Tod der Ansicht«, sprach der Herr kürzlich zu einem Engel, der mit ihm philosophieren wollte. Denn gerade dieser Zeitvertreib ist im Jenseits logischerweise nicht mehr möglich. Die großen Philosophen leben zwar alle fort, doch ihr Werk ist untergegangen. Ob alles fließt oder alles steht, ob die Dinge so sind, wie man sie wahrnimmt, oder so, wie man sie denkt, ob die Welt positivistisch oder strukturalistisch zu beurteilen ist – jetzt weiß man ja, was richtig war. Ansichten über »das Prinzip Hoffnung« oder »das Ich als Absolutes« werden höchstens noch bei den Arbeitsspielen passionierter Philosophieprofessoren erörtert.
Der Philosoph Feuerbach etwa spricht im Jenseits kaum noch ein Wort: Sein ganzes Œuvre gründet ja auf der Meinung, daß Gott eine menschliche Erfindung sei. Wenn der Herr an ihm vorüberfliegt, tut er auch nach über hundert Jahren noch so, als ob er ihn nicht sähe.

Der selige Sartre ist für seine Verhältnisse ebenfalls ziemlich still. Einmal neckte ihn der Allwissende damit, wie er damals in seiner Zeitschrift *Les Temps Modernes* Gottes Tod verkündet hatte. Darauf sagte er humorlos: »Wir sind ja hier im Totenreich, Monsieur!«

Nur der Engel Sigmund Freud nimmt seine Irrtümer von der komischen Seite. Schon bei der ersten Begegnung erzählt er unter fröhlichem Gekicher, wie er seine Wiener Patienten belehrte, ihr Glaube an das Ewige Leben sei »die unrealistische Regression psychisch Unreifer«.

Natürlich gibt es auch unendlich interessante Persönlichkeiten. Nicht gerade die Prominenten – die man im Laufe der Ewigkeit nolens volens alle irgendwann einmal kennenlernt. Und so aufregend es ist, wenn einem die überirdische Marilyn Monroe zum ersten Mal die Hand reicht – die eigentlich Interessanten sind auch in dieser zweiten Welt die Unbekannten: Steinzeitmenschen, Soldaten aus dem alten Ägypten, Seeleute von Piratenschiffen, spanische Kurtisanen, japanische Geishas, englische Suffragetten. Und jeder freut sich, wenn man sich nach seiner Vita erkundigt. Im Grunde ist sie ja in diesem Hort der Gerechtigkeit das einzige, was ihn von den anderen unterscheidet.

Gesellschaftliche Höhepunkte sind die Zusammenkünfte, bei denen Gott persönlich in Erscheinung tritt. Auf Wunsch gibt er dabei auch die eine oder andere seiner berühmten Anekdoten zum besten: Wie wir Menschen unsere Lasten auf Baumstämmen rollten und trotzdem noch Jahrmillionen brauchten, ehe wir das Rad erfanden. Wie die Entdecker Amerikas meinten, sie seien in Indien. Wie wir versuchten, die Syphilis mit Quecksilber zu heilen, während doch der Schimmelpilz in jedem feuchten Winkel gedieh. Wie wir verzweifelt nach einer Aidskur forschten und dabei total übersahen ... Zum Schluß gibt

er die Schuld aber immer sich selbst: *Mea culpa* – ich hätte Sie ja intelligenter machen können, nicht wahr?
Solche Abende sind auch nach Hunderten von Jahren noch vergnüglich.

Aber sonst? Man trifft sich, zeigt sich vor lauter Bescheidenheit nur die weniger gelungenen Bilder, liest sich die leicht mißratenen Gedichte vor, spielt seine neue Komposition mit kleinen Fehlern. Wer noch immer ißt, lädt Engel mit Appetit zu einer selbstgekochten Mahlzeit. Wer noch immer kopuliert, bittet zu einer erotischen Zusammenkunft.
Doch meist unterhält man sich einfach. Worüber, wenn nichts geschieht? Das ist es eben! Wenn man nicht seine Vergangenheit und sein intaktes Gedächtnis hätte, gäbe es wirklich nicht viel zu sagen. Aber die um Jahre oder Jahrmillionen zurückliegenden Erlebnisse auf Erden sind zum Glück ein Gesprächsstoff, der nie ganz versiegt. Auch wenn man im Himmel dann nichts mehr ausschmücken kann, weil ein Engel ja nicht lügt, so hat doch jeder Gott sei Dank so viel mitgemacht, daß es auch ohne Übertreibungen noch interessant klingt. Kürzlich hat einer, der im Inkubator starb, aus seinem Leben berichtet. Nur die paar Frühgeburtswochen im Inkubator, sonst nichts. Es war der aufregendste Abend seit langem!
Ja, wer hätte das gedacht. Da sind wir endlich im Paradies, und alles was interessiert, sind die Höllen, die wir auf Erden durchlebten. In einer absolut gerechten Welt wissen wir nichts Besseres, als uns an den Ungerechtigkeiten der Vergangenheit zu ergötzen. Ist das nicht pervers? Hatte man sich von der Erde aus sein Leben im Himmel so vorgestellt?
Die Ewige Wiederkehr des gleichen – *das* ist damit gemeint und nicht der vergleichsweise harmlose Alptraum

Nietzsches. Was Sie auf Erden erlebten, ist nämlich dann auch schon alles, was Sie als Engel noch bewegt. Und je mehr Sie dort litten, desto interessanter sind Sie für hier. Finden Sie das nicht komisch?

Dabei wäre es *die* Gelegenheit, Gott gegen den Vorwurf der Grausamkeit in Schutz zu nehmen. Die langgesuchte *Theodizee* – die Möglichkeit, unsere irdischen Leiden so zu erklären, daß Gott trotzdem als barmherzig gelten darf – hier ist sie! Denn wenn er uns im ersten Leben leiden läßt, damit wir im zweiten etwas zu sagen haben, ist er ja *gerecht:* Dauert das erste doch nur ein paar lumpige Jahrzehnte und das zweite die ganze Ewigkeit.

Wenn man ihm als Motiv die Sorge um unseren überirdischen Gesprächsstoff unterstellt, ist Gott gut und sein Stalingrad vernünftig.

Engel und Religion

Ein bißchen Konversation ist also wenigstens geblieben. Doch sind damit die Möglichkeiten überirdischen Zeitvertreibs tatsächlich schon erschöpft? Was hat man denn im besten Fall auf Erden sonst noch getrieben? Unter der Woche hat man tagsüber gearbeitet und sich abends um die Kinder gekümmert. Das fällt nun weg. Am Samstagvormittag machte man den Haushalt, wusch das Auto, mähte den Rasen. Fällt ebenfalls weg. Am Samstagnachmittag trieb man ein wenig Sport, am Abend ging man vielleicht ins Kino – im Ewigen Leben ein begrenztes Vergnügen, wie wir gesehen haben. Danach hat man eventuell des Sinnlichen gedacht – nichts für die Ewigkeit, wie wir nun wissen. Am Sonntagmittag aß man mit der Familie im Restaurant ...

Den Sonntagmorgen haben wir vergessen, richtig! Da

sind wir doch in unsere Kirche gegangen? Wenigstens dieser Zeitvertreib wird uns im Reiche Gottes wohl noch bleiben?! Hier, wo er einem so nah ist und man sicher sein kann, daß er die Gebete nicht überhört. Man stelle sich vor: Sämtliche Gläubige und Heiden der früheren Welt, die Propheten und Priester sämtlicher Konfessionen, vereint in einer einzigen, alleinseligmachenden Kirche. Welches Vergnügen muß das Beten im Himmel sein!

Ich muß Sie enttäuschen.
Wieso?
Auch die Kirche kommt im Jenseits als Mittel der Freizeitgestaltung nicht in Frage.
Keine Kirche im Reiche des Herrn? Kein überkonfessioneller Gottesdienst?
Denken Sie nach: Weshalb gingen wir denn auf Erden in unsere Kirche? Warum beteten wir?
Nun, um etwas zu erbitten, beispielsweise.
Richtig. Was noch?
Um uns zu bedanken, wenn wir es bekommen hatten.
Was noch?
Um etwas zu feiern: Taufe, Hochzeit. Dann für den Trauergottesdienst, wenn jemand starb.
Und das Gebet selbst – worin hat es bestanden?
Wir lobten und priesen den Herrn: seine Güte, seine Gerechtigkeit, seine Weisheit.

Schön, kehren wir zum ersten Punkt zurück. Erinnern Sie sich, worum wir den Herrn normalerweise baten?
Daß wir in den Himmel kommen.
Da sind wir nun.
Daß er uns von unseren Ängsten erlöst.
Das hat er.

Daß er uns von einer Krankheit heilt.
Wir sind kerngesund.
Daß er uns einen Wunsch erfüllt.
Jeder Wunsch ist erfüllt.
Daß er uns unsere Sünden vergibt.
Ein Engel kennt keine Sünde.
Daß er uns nicht in Versuchung führt.
In einem Paradies gibt es nichts Verbotenes.
Daß er uns die Gnade des Glaubens schenkt.
Im Hause des Herrn muß man nicht an ihn glauben – man sieht ja, daß es ihn gibt.

Wollen Sie damit sagen, daß das Gebet überflüssig ist?
Das Gebet *um etwas* zumindest, die in Gebetsform formulierte *Bitte*. Diese müßte im Reiche des Herrn ja unhöflich wirken, würde es doch bedeuten, daß man mit seinem Angebot nicht zufrieden ist, daß einem in seinem Paradies etwas fehlt.
Also gut, dann *bedankt* man sich eben: Was spricht dagegen, daß man, so wie früher, am Abend niederkniet und dem Herrn sagt, wie gütig, gerecht und weise er heute wieder mit einem gewesen ist.
Dagegen spricht einiges.
Und was wäre das?
Daß an einen Gott adressierte Komplimente immer zugleich auch eine *Anmaßung* sind. So war's ja genaugenommen sogar schon auf Erden: Schließlich weiß ein Allmächtiger selbst am besten, ob und wie gütig, gerecht und weise er heute wieder einmal war. *Lob* könnte ihm höchstens ein anderer Gott erteilen – Mensch und Engel sind für eine Beurteilung seiner Leistung schlechterdings nicht kompetent. Und da Gott auch dies weiß, müssen unsere Lobeshymnen logischerweise auch ein wenig anbiedernd

wirken. Außerdem sieht es aus, als kämen wir mit seiner
Ewigen Freiheit nicht zurecht und suchten einen, vor dem
wir uns wieder beugen können.

Und sonst?

Daß an einen Gott adressierte Komplimente immer auch
Blasphemien sind. Denn wenn Gott weiß, wie gütig, gerecht und weise er ist, und es trotzdem immer wieder aus
den Mündern seiner Schäfchen hören möchte, hätte dies
ja zu bedeuten, daß er außerdem auch noch eitel, selbstgefällig und publicitysüchtig ist. Und wenn dies zutrifft, ist
auch unser Lob nicht mehr ganz gerechtfertigt: Gott ist
dann nicht gütig um unseretwillen, sondern weil er sich
auf einem Egotrip von überirdischem Außmaß befindet.
Trifft es hingegen nicht zu (und davon gehen wir aus!), so
ist unser Gebet eine gezielte Beleidigung des Adressaten:
Dieser muß sich ja sagen, daß wir, seine Geschöpfe, ihn für
eitel, selbstgefällig und ruhmessüchtig halten.

Und was Ihre kirchlichen Zeremonien betrifft – welche
konnte denn wirklich ihre Bedeutung in diese Ewigkeit
hinüberretten?

○ Heirat ist abgeschafft.

○ Trauerfeier kennt man nicht, weil keiner stirbt.

○ Totenmesse ist unsinnig: Dem Verblichenen geht es
   glänzend; als man gestern über sein Haus hinwegflog,
   saß er an seinem Pool.

○ Taufe ist überflüssig: Gott ist da – nur ein Geistes-
   gestörter hielte zur Bestätigung einer für jedermann er-
   sichtlichen Tatsache noch einmal extra den Kopf unter
   Wasser.
   Außerdem haben wir uns gerade wegen dieser Zere-
   monie auch schon auf Erden immer ein bißchen geniert: Man schenkte seiner Kirche die Seele seines neu-
   geborenen Kindes, damit diese einem nicht das Recht

auf ihren Himmel strich. Und auch die Besiegelung dieses Menschenhandels war eher peinlich: Mit der Begründung, man müsse es »von der Erbsünde reinigen«, lieferte man das unschuldigste aller Wesen in einem düsteren Gebäude einem wasserspritzenden Fremden aus.

Doch natürlich hat uns später der Barmherzige auch diese Sünde verziehen. War doch gerade die Kindstaufe ein Gradmesser unserer Angst vor dem Sterben: Damit es für *uns* weiterging, schreckten wir nicht einmal vor der psychischen Vergewaltigung unseres Allerliebsten zurück. Zudem hätte das Abwarten, bis dieses selbst zum Denken fähig war, das Eingeständnis bedeutet, daß man über unseren alleinseligmachenden Glauben auch noch anders denken konnte.

Sie sehen also, alles ist eine Frage der Perspektive: Auch das Religiöse wirkt anders, wenn man es vom Himmel her betrachtet. Die überkonfessionelle Kirche wird im gleichen Moment überflüssig, da man sie endlich haben könnte – zu den Gebäuden, die es im Reiche Gottes auf keinen Fall geben wird, sind also neben Kliniken und Gefängnissen auch Gotteshäuser zu zählen. Denn im Dunstkreis des Herrn käme das gemeinsame Gebet als Beschäftigungstherapie nicht länger in Frage.

Und auch auf das private Gebet griffe man nur in äußerster Not zurück. Im Falle äußerster Langeweile also – der einzigen Not, mit der man in einem Ewigen Leben zu rechnen hat. Und hier könnte man nun wirklich einmal von *tödlicher* Langeweile sprechen – einem Gefühl, das so entsetzlich ist, daß der von ihm Betroffene nur noch den Wunsch hat, für immer zu verschwinden.

Doch wie könnte sich der Barmherzige von seinem Gebet

erweichen lassen? Auf Erden hat er mit der gleichen In-
brunst um ein Ewiges Leben gefleht und dieses gerade
darum erhalten. Die Erhörung jenes ersten (irdischen)
Gebets macht nun die des zweiten (überirdischen) für alle
Zeiten unmöglich.

Ewig heißt für immer

Dieses waren, soweit vorstellbar, die Besonderheiten, mit
denen wir in einem Ewigen Leben zu rechnen hätten.
Durchdacht wurde dabei das positivste aller möglichen
Paradiesmodelle, verwaltet von der gütigsten und ge-
rechtesten aller möglichen Gottheiten. Und auch wenn
wir dabei mit unserer Phantasie immer wieder an die
Grenzen der Logik gestoßen sind (wie ließe sich aus einer
so unlogischen Prämisse wie der eines gütigen, gerechten
Gottes, der uns in der einen Welt leiden läßt, um uns in
der nächsten zu verwöhnen, ein konsequent logisches
Programm entwickeln?), so hat dieser Versuch einer Qua-
dratur des Kreises doch wenigstens eine Ahnung von dem
gegeben, was man da drüben zu erwarten hätte.
Eine Ahnung, sonst nichts. Denn zugegebenermaßen half
einem ab und zu auch die Phantasie nicht mehr. Was tut
einer, der da drüben auf den Mörder seines Kindes trifft?
Wird ihm die Tatsache, daß dieses sich ja nun heil und
lebendig unter den Toten befindet, zum Verzeihen bereits
genügen? Wie verhält man sich gegenüber den ebenfalls
hier versammelten Folterknechten der Inquisition? Was
macht man mit den Borgias? Wie tritt man blutrünstigen
Diktatoren und Juntagenerälen entgegen? Fliegt ein Engel an einem wie Stalin grußlos vorüber, dürfte er Hitler
wenigstens mit Verachtung strafen? Was ist, wenn einem
Eichmann vor sich selbst schaudernd erzählt, wie er da-

mals das Volk Israel in seine Schlachthäuser treiben ließ? Müßte die korrekte himmlische Antwort lauten: »Aber ich bitte Sie, mein Engel – wie konnten Sie ahnen, daß Juden Menschen sind?«

Und auch wenn hier hauptsächlich einer Vision Ewiger Gückseligkeit nachgegangen wurde: Erstens handelt es sich um die, die im Verbreitungsgebiet dieser Abhandlung am populärsten ist, zweitens müßte das gedankliche Eintauchen in eine der übrigen nur noch enttäuschender und erschreckender sein.

So könnte man sich etwa vorstellen, daß man zwecks Umgehung der Ewigen Langeweile vom Schöpfer immer wieder in ein anderes Ewiges Wesen verwandelt wird – Mensch, Tier oder was es auch sein soll. Damit dies aber wirklich eine Abwechslung wird, muß dabei jedesmal auch die Erinnerung an die frühere Inkarnation ausgelöscht werden: Falls wir zu einem andern werden und dabei trotzdem wir selber bleiben, ist das neue Leben nicht aufregender als ein neues Kleid. Diese Lösung müßte also Verzicht auf Identität und Kontinuität bedeuten – und damit wären wir ja auf keinen Fall zufrieden. Wir wollen *selbst* überleben – der Tod der anderen ist nicht der, vor dem wir uns fürchten. Eine Wiedergeburt, bei der weder der Geist noch der Körper des wiedergeborenen Wesens etwas von unserem jetzigen wissen, ist die Geburt eines Fremden.

Das Gegenteil gilt für jene andere beliebte Vision – die von der unsterblichen Seele, die in einem zeitlosen Licht oder Raume schwebt. Denn ich selbst weiß dann wohl noch, wer ich bin – aber wer sind die andern? Woran erkennt man einen Körperlosen, wie unterscheidet sich eine gute Seele von der nächsten? Auch die Stimme ist ja nicht mehr vorhanden, weil auch dafür wieder Anatomisches nötig wäre. Neben dem Verzicht auf sämtliche Sinnesfreuden wird bei diesem fleischfreien Modell also auch noch der auf überirdische Gesellschaft vorausgesetzt. Wir wissen, daß da noch andere sind, doch eigentlich sind wir allein. Abgesehen davon, daß wir uns auch die hier favorisierte Zeitlosigkeit nicht vorstellen können – schon gar nicht als Vergnügen!

Kehren wir also zurück zu unserem Modell. Denn keiner von denen, die von einem Paradiese träumen, kann wirklich bedacht haben, was die Erfüllung dieses Wunsches in der Praxis zu bedeuten hätte: eine Art Existenz, die noch schlimmer wäre als die im irdischen Elend; ein Leben in einem Himmel, wo man alles bekommt.

Keiner von denen, die Gottes Gerechtigkeit rühmen, kann sich ausgerechnet haben, was diese göttliche Eigenschaft in der Realität für Folgen hätte. Etwas, das noch erschreckender wäre als die irdische Ungleichheit: einen Himmel, in dem wir alle gleich sind. Ohne Ungerechtigkeit kein Unterschied, ohne Unterschied keine Eigenschaft: In einer absolut gerechten Welt wären wir nichts und niemand.

Und keiner von denen, die ihre Haut um eines Ewigen Lebens willen zu Markte tragen, dafür in Kriege ziehen um notfalls sogar zu morden oder sich ermorden zu lassen, kann sich ausgemalt haben, was ihn in diesem Fall erwarten müßte. Ewigkeit heißt *für immer*. Eine Million Jahre, dann noch eine Million Jahre, dann noch eine, noch eine, noch eine ... Da es nichts gibt, was einem für immer gefallen könnte, gibt es nur einen Gedanken, der noch erschreckender ist als der an den Tod: der, daß man nicht mehr sterben darf.

Denn wie gesagt wäre ja das Recht auf den eigenen Tod das einzige, das es in einem Paradies nicht gibt: Ein Ewiges

Leben kann man nicht beenden, dies wäre ein Widerspruch in sich selbst. Zumindest aus menschlicher Sicht ist Ewiges Leben ohne Unsterblichkeit nicht denkbar.

Und falls uns einer gerade dieses hier wieder einmal zum Vorwurf machte – daß wir das Ewige Glück mit unserer irdischen und daher beschränkten Logik beurteilt haben, während es doch in Wahrheit mit dieser weder zu ermessen noch zu begreifen sei –, so muß er sich selbst den Vorwurf von Inkonsequenz gefallen lassen. Niemand kann verlangen, daß wir die Verheißung des Ewigen Lebens als Ganzes freudig begrüßen, bei den Einzelheiten jedoch das Denken abstellen. Eine solche Haltung wäre die des Feiglings und Dilettanten.

Zudem vernichtet unser Kritiker damit sein eigenes Trostargument: Wir brauchen die Hoffnung auf ein Ewiges Leben ja nicht für einen Verstand, den wir mit Gottes Hilfe irgendwann einmal besitzen werden, sondern für den von hier und jetzt. Den, mit dem wir uns vor dem Vergehen fürchten. Den menschlichen eben, unseren.

Das Ewige Leben:

Alternativen

»Wenn wir die Grenzen der Freude richtig ermittelt haben, dann birgt die unbegrenzte Zeit die gleiche Freude in sich wie die begrenzte.« Ein weiterer Ausspruch Epikurs.

Die Grenzen der Freude in einer unbegrenzten Zeit haben wir nach bestem Wissen ermittelt und dabei herausgefunden, daß ein Leben nach dem Tode sich nur wünschen kann, wer es sich nicht ausmalt, daß von einem Paradies nur träumen kann, wer keine Phantasie besitzt, und daß nur ein Narr um beides beten kann. Nicht nur, weil da oben keiner wäre, der ihn erhört, sondern weil Erhörtwerden hier identisch mit Bestrafung sein müßte: Auf die unbegrenzte Zeit bezogen, gäbe es zwischen Himmel und Hölle nur noch formale Unterschiede – falls es ein Paradies gäbe, wäre dieses so entsetzlich, daß der Fromme seinen Herrgott auf Knien bäte, es wieder abzuschaffen.

Wer an die Freuden des Ewigen Lebens glaubt, tut dies also, entweder weil er nicht denken kann oder weil er nicht denken will, letzteres eben aus Todesangst. Und wer dieser Gemeinde von Beschränkten oder Verängstigten in seiner Sonntagspredigt von Verdammnis in einer Hölle oder Erlösung in einem Paradies erzählt (oder von jener »unbeschreiblichen« Glückseligkeit, die sie nach dem Tod erwartet), der belügt entweder sich selbst – aus Todesangst auch er –, oder er belügt die anderen. Die Mitglieder jener Gemeinde, vor der er ja als Autorität in Letzten Dingen steht. Für den zweiten Fall – daß er seinen Zuhörern wider besseres Wissen das Ewige Glück und bei nicht »gottgefälligem« Verhalten das Ewige Unglück verheißt – gibt es wieder zwei Erklärungsmöglichkeiten: Er lockt und droht, weil ihm dies Macht über ein Häuflein Angstkranker verleiht, oder er tut es, weil man ihn dafür bezahlt. Er macht sich also entweder der Erpressung oder der Bestechlichkeit schuldig oder beider Delikte zugleich.

Und aus Mitleid? Kann man seinen »Schäfchen« nicht auch aus Mitleid einen Himmel versprechen, wo sie ihre Lieben wiedertreffen und nie wieder leiden müssen – selbst wenn man weiß, daß dies unmöglich und, wenn schon, schrecklich wäre? Wenn diese Verängstigten gerade diese Lüge hören wollen, weil gerade diese ihre Angst beschwichtigt, handelt man dann nicht moralisch, wenn man ihnen die Erfüllung ihrer Wünsche in Aussicht stellt?

Höchstens auf kurze Sicht. Wer mit diesen Trostsuchenden Mitleid hätte, müßte sie statt der Kunst des Gehorchens die des Zweifelns lehren und statt des befreienden Glaubens den erlösenden Unglauben in ihre Herzen säen. Gerade ihr Glaube bringt sie ja um die einzige Alternative, die sie angesichts ihrer Vergänglichkeit wirklich hätten: ein *etwas* längeres Leben in *etwas* mehr Komfort, in einer *etwas* gerechteren Gesellschaft. Er bringt sie um ihr – sicherlich fehlerhaftes – Paradies auf *dieser* Welt.

Steigerung der Lebenserwartung

Wie wir gesehen haben, scheitert das Paradies im Himmel am Konzept der Unsterblichkeit und am Gerechtigkeitsgedanken:

○ Wer sich nicht vor seinem Verschwinden fürchten muß, kann sich auch nicht über sein Da-Sein freuen – wo es keinen Tod gibt, gibt es auch kein Leben.

○ Ohne Ungerechtigkeit gäbe es keine Ungleichheit und ohne diese keine Eigenschaft: In einer absolut gerechten Welt wären wir gewissermaßen gar nicht mehr vorhanden – Gottes übergroße Güte hätte jedes persönliche Merkmal ausgelöscht.

Und woran scheitert das Paradies auf Erden?
Es scheitert zu einem guten Teil an denen, die an ein Paradies im Himmel glauben und alles tun, um eines Tages dort zu leben. Hauptsächlich sie, die Frommen, verhindern, daß das heute Mögliche endlich in Angriff genommen wird und daß sich unser Leben statt immer länger und erfreulicher immer bedrohter und entsetzlicher gestaltet.
Bei unserem gedanklichen Eintauchen in paradiesische Zustände haben wir festgestellt, daß ein unbegrenztes Leben zwar ein Horror wäre – doch ein paar Jahrzehnte oder Jahrhunderte mehr würden uns schon gefallen. Daß wir die absolute Angstfreiheit vernünftigerweise nicht für uns wünschen sollten – doch etwas weniger Angst sollte es geben. Wie wir nun wissen, wäre die perfekte Gerechtigkeit erschreckend – doch ein bißchen gerechter könnte es ruhig zugehen. Und auch in bezug auf Komfort würden wir auf paradiesischen Wohlstand mit Freuden verzichten – doch genug zu essen und ein schützendes Dach sollte es schon für jeden von uns geben.
Dies alles wäre dank der Wissenschaften heute möglich. In westlichen Industrieländern beträgt die durchschnittliche Lebenserwartung bereits achtzig Jahre – bei gleichbleibendem Fortschrittstempo könnten wir bald mit hundert, hundertzwanzig, hundertfünfzig Jahren rechnen. Und vielleicht würde uns in einem solch »biblischen« Alter das Sterben wirklich ein wenig leichter fallen? Man hört immer wieder von sehr alten Menschen, die meinen, nun sei es eigentlich genug – man habe alles gesehen, es gebe keine Überraschungen mehr. Natürlich hat man nie

alles gesehen, und Überraschungen wird es dank unserer Unvollkommenheit noch lange geben. Doch es ist nicht auszuschließen, daß einen irgendwann tatsächlich eine gewisse Lebens-Müdigkeit überkommt. Dies wäre für uns Menschen die einzig würdige Form des Scheidens: Beim auch dann noch unabwendbaren Hinauswurf würde man nicht mehr toben und schreien, sondern sich leise gähnend (und von ganzem Herzen hoffend, daß es dann nicht auf einer anderen Veranstaltung weitergeht) in sein Schicksal fügen.

Und wer ausruft: »Hundert Jahre? Um Himmels willen, so alt möchte ich doch gar nicht werden!«, der sei daran erinnert, daß man in diesem Fall auch freiwillig gehen könnte. Im Unterschied zum überirdischen Fest wären bei diesem die Notausgänge nicht verriegelt.

Und nicht nur das Wielange, auch das Wie unseres Erdenlebens ließe sich heute perfektionieren. Die meisten Krankheiten können wir heilen, und bei den unheilbaren werden rasante Fortschritte gemacht. Schwangerschaften lassen sich so regulieren, daß eigentlich nur noch gewollte und somit später auch geliebte und hinreichend versorgte Kinder geboren werden müßten. In der Politik sind zumindest an einigen Punkten unseres Globus die Utopien der Linken mit dem Pragmatismus der Rechten zu einem brauchbaren Konzept verschmolzen: Arme und Reiche haben die gleichen Rechte; Männer und Frauen werden früher oder später die gleichen Rechte und Pflichten haben; Arbeitsbesitzer und Arbeitslose stellen sich langsam darauf ein, miteinander zu teilen. Kurz, es stünde alles bereit, um dem Satan ein wenig am Zeug zu flicken und einen Himmel auf Erden zu errichten: »Unsinnig ist es, von den Göttern etwas zu erbitten, was man aus eigener Kraft zu leisten vermag«, sagt der Pragmatiker Epikur.

Nun aber kommen die Frommen ins Spiel. Die Frommen mit ihrem ewigen Wahn, im Besitz der einzig seligmachenden Wahrheit zu sein; mit ihren ewigen Missionierungsgelüsten, die diese dann trotzdem noch ein wenig wahrer machen soll: mit ihren ewigen Glaubenskriegen gegen fremde Seligkeiten; mit ihrer ewigen Unterwürfigkeit gegenüber ihren machthungrigen Führern; mit ihrer ewigen Bereitschaft, sich ihr Ewiges Leben zu *verdienen* – und sei es, daß sie dafür töten oder sterben müssen.

Und warum auch nicht? Sie, die Frommen, müssen sich ja nicht fürchten: Ein Mensch, der dieses Leben nur als Vorspiel für ein anderes betrachtet, zieht leichten Herzens für seine Sache in den Krieg. Wie immer es ausgeht, *er* wird auf alle Fälle weiterleben – und zwar in einer Welt, die besser ist als diese. Und wir anderen brauchten ja nur ihren, den *wahren* Glauben anzunehmen.

Man fragt sich immer wieder, wie das Oberhaupt der katholischen Kirche es fertigbringt, seiner Gefolgschaft die künstliche Empfängnisverhütung zu verbieten, und warum der Abbruch einer Schwangerschaft eine Todsünde ist, mit dem sich die Delinquentin in die Hölle katapultiert. Weiß dieser Papst denn nicht, daß Millionen dieser ungewollten Kinder mit Sicherheit verhungern? Ist sein Herz so verhärtet, daß ihn das nicht mehr rührt?

Auf die (außer krankhafter Machtgier) einzig mögliche Erklärung scheint heute schon keiner mehr zu kommen: daß nämlich der Papst der Katholiken das, was er seiner Gemeinde predigt, am Ende auch selber glauben könnte. Die Vorstellung, ein hochgebildeter, erwachsener Mann könne allen Ernstes mit einer Fortsetzung in einem Paradiese rechnen, ist für Außenstehende so wahnwitzig, daß sie sie nicht einmal in Betracht ziehen.

Angenommen jedoch, dieser Papst der Christen wäre tatsächlich ein Christ, dann würden für ihn diese kleinen Südamerikaner ja gar nicht des Hungers sterben: Wer ihnen ein – und sei es noch so kurzes, noch so elendes – Leben auf Erden verschafft, verschafft ihnen in Wirklichkeit ein endloses Dasein in Komfort. Hätte der Allmächtige seinen Sohn am Kreuze sterben lassen, wenn er danach tot gewesen wäre? Ausgeschlossen!

Und wegen solch abstruser Gedankengänge, wegen eines zweiten Lebens, das nur als Wahnvorstellung in den Köpfen Angstkranker existiert, muß das einzige Leben, das wir haben, in einer Hölle vor sich gehen. Wegen dieses Heeres von Überlebenshungrigen und der Zyniker, die sich ihre Schwäche zunutze machen, muß man heute genau wie seit Jahrhunderten mit dem Geld, das eigentlich dazu da wäre, die Menschen auf dieser Erde zu behausen und ihre Vermehrung in Grenzen zu halten, immer neue Kriegsmaschinerien finanzieren.
Wegen der Gottesfürchtigen müssen wir vor jeder Nachrichtensendung zittern: Welchen andersgläubigen Verein haben sie heute wieder angefallen? Was kann man tun, damit es einem nicht schon morgen ebenso ergeht? Soll man versuchen, sie rechtzeitig zu entmachten? Soll man vorsichtshalber zu ihrem Glauben übertreten? Soll man auf unparteiisch machen und versichern, daß einem ihr Allah so lieb ist wie der liebe Gott der Gegenseite? Unsertwegen können sie sich fünfzigmal am Tag gen Mekka neigen, können ihre Konkurrenten sich tausendmal so oft bekreuzigen – nur unseren Frieden sollen sie uns lassen!

Natürlich haben Kriege ihre Ursache nicht direkt in diesem Jenseitsdurst der Massen. Doch er ist mit schuld, daß Kriege möglich sind und daß Menschen sich dazu mißbrauchen lassen. Im Konflikt gegen den Irak gab die iranische Führung ihren Kind-Soldaten Plastikschlüssel mit in die Schlacht: Im Fall ihres Todes sollten sie sich damit das Tor zum Paradies aufschließen.

Jeder religiöse Mensch ist eine potentielle Waffe – weiß man doch, daß machtgierige Potentaten ihre Völker am schnellsten und gründlichsten mobilisieren, wenn sie ihnen eine Bedrohung ihres Glaubens (oder auch nur ihrer *Glaubensvariante*) suggerieren. Armut und Rassismus kommen als Motivation zum Kämpfen erst in zweiter Linie. Wo sich die Kirchen gegen solche Manipulationen sperren, sind zumindest Angriffskriege nicht mehr möglich. Wo sie sich wirklich auf die Seite der Armen oder der unterdrückten Rasse schlagen, gibt es weniger Opfer. Wenn Rom das Verraten und Verfolgen von Juden als Todsünde gebrandmarkt und die evangelische Kirche Deutschlands zum Widerstand aufgerufen hätte, wäre Adolf Hitlers Karriere anders verlaufen: Im Zweifelsfall wäre nämlich dem deutschen Christen sein Ewiges Leben näher gestanden als sein Tausendjähriges Reich. Doch wie sollte die christliche Kirche einem Volk beistehen, das zwei Jahrtausende früher der damaligen Gestapo den Sohn ihres Gottes ausgeliefert hat?

Den Judenmördern hat man bald nach dem Ende des Zweiten Weltkriegs die Absolution bis in die Gefängniszellen nachgetragen. Den Juden selbst wurde in gewissen Kreisen bis heute nicht vergeben: Obwohl bei arabischen Fanatikern die Auslöschung des Staates Israel an oberster Stelle steht und sie ihre Entschlossenheit in drei brutalen Angriffskriegen hinlänglich bewiesen haben, hat der Vatikan diese Arche Noah des jüdischen Volkes offiziell noch immer nicht anerkannt. Als dann im Golfkrieg die arabischen Raketen in das winzige Land einschlugen, hat der Papst die im fernen Sandkasten streitenden Kinder mit trauriger Stimme zum Wiederliebsein ermahnt. Die neudeutschen Giftgaslieferanten wurden sowenig an den Pranger gestellt wie die von damals. Wie jeder weiß, sind Gottes Wege wunderbar: Wer kann also schon sagen, welches Zeichen er uns mit dieser Duplizität der Ereignisse geben wollte? Und auch diese brennenden Ölfelder haben doch etwas zu bedeuten: Das Letzte Gefecht wird bald kommen, sagt uns der Herr, der Jüngste Tag rückt näher! Rettet eure Seelen, solange es noch Zeit ist – sonst wird man euch in ein Feuer werfen, das tausendmal schrecklicher ist!

Sicher, es gibt mehr oder weniger aggressive Religionen. Doch im Prinzip ist jede Religion und jede Ideologie gefährlich. Wer hätte gedacht, daß sich die wundervolle Lehre von der Nächstenliebe auch am Ende des zwanzigsten Jahrhunderts noch zum Anzetteln von Blutbädern gebrauchen ließe? In Nordirland hört man sonntags, wie sehr man seinen Feind zu lieben hat, und montags geht man hin und legt ihm eine Bombe unters Auto ... Und die als so vorbildlich pazifistisch gepriesenen Hindus stellen mit ihrem barbarischen Kastenwesen lediglich eine andere Variante des Wahnsinns dar: Weg da, ihr unberührbares Menschengesindel – hier kommt eine heilige Kuh!
Trotzdem soll bereits die Hälfte der westeuropäischen Jugend mit diesem Versprechen einer Ewigen Wiederkehr kokettieren: Mit der Eroberung des Weltraums wird der Glaube an die Zukunft als Engel zunehmend schwierig, und hier könnte man zumindest als Rindvieh weitermachen, nicht wahr?

Und neuer Fundamentalismus, wohin man sieht, einer beflügelt den andern. In Südamerika hat die katholische Kirche in den letzten Jahren vierzig Millionen Schafe an

aufstrebende Sekten verloren, was natürlich ihren wieder-
erwachenden Bekehrungseifer zur Folge hat. Während in
islamischen Städten die letzten unverschleierten Frauen
aus dem Straßenbild verschwinden, erstarken in Israel die
Falken. Und in den ehemals sozialistischen Ländern füllen
sich die Kirchen, als hätten Marx und Engels – die ja letztlich dasselbe wie Maria und Jesus wollten – nie existiert.
Seinerzeit, als die kommunistische Partei mächtig war,
pflegte man zu sagen, der Kommunismus sei eben eine
gutkonstruierte Religion und deshalb niemals zu Fall zu
bringen. Jetzt, wo er fällt, sagt man, er sei eine schlechtkonstruierte Wirtschaftslehre und darum von Anfang an
zum Scheitern verurteilt gewesen. Tatsächlich ist der Mar-
xismus-Leninismus wohl eine schlechtkonstruierte Religion gewesen: Im Unterschied zu Jesus von Nazareth
hatten seine Erfinder es versäumt, ihrem Programm der
totalen Nächstenliebe in einem zweiten Arbeitsgang (zu
Beginn war ja gerade das atheistische Element ein verlok-
kendes Novum) mit der Verheißung eines Lebens nach
dem Tode zu verkoppeln. Denn für »Gottes Lohn« liebt
man seinen Nächsten nun einmal lieber als für ein sozialis-
tisches Einhaltsgehalt. Welcher irdische Arbeitnehmer
könnte für ein paar Jahre »selbstloser« Krankenpflege
Ewigen Luxus bieten?
Zu unserer aller Glück war Adolf Hitler zu eitel, um einen
noch Mächtigeren über sich zu dulden. Hätte er statt eines
Tausendjährigen Reiches auf Erden eines im Himmel
versprochen (Wodan als Schöpfer aller Germanen, Brun-
hilde als Jungfrau, die Walküren als Oberengel, Wagner
als Zuständiger für Sphärenklänge und er selbst, Hitler,
zum Selektionieren an der Pforte: seine Reinrassigen mit
Eichenlaub grüßend, Juden und Zigeunern den Weg in
ihr Ewiges Auschwitz weisend ...), die Katastrophe hätte
das Ende der Welt bedeutet.

Wie man eine »brauchbare« Religion konstruiert, zeigen uns zur Zeit ausgerechnet die bisher gegen Andersgläubige so großzügigen Hindus. Denn unter dem Druck der übrigen Fundamentalismen beginnen nun auch sie, ihre Narretei in Gebote und Dogmen zu fixieren.

Früher einmal schrieb man hier so herrlich tolerante Verse wie diesen:

»Aber wer weiß denn und wer kann sagen,
woher alles kam und wie die Schöpfung geschah?
Die Götter selbst sind später als die Schöpfung,
wer also weiß wirklich, woher sie kam?
Wo alle Schöpfung ihren Ursprung hatte,
er, ob er sie jetzt gemacht hat oder nicht,
er, der alles überwacht vom höchsten Himmel aus,
er weiß – oder vielleicht weiß auch er es nicht.*

Heute sind die aggressiven Führer des Welt-Hindu-Rates damit beschäftigt, aus dem Glaubensgut der hinduistischen Mehrheit eine ideologische Rüstung anzufertigen, die den Vormarsch des Islam vereitelt: Ram, die siebte Inkarnation des Gottes Vishnu, wurde von ihnen zum Propheten auserkoren, seine Geburtsstadt Ayodhya zum hinduistischen Mekka promoviert. Ohne jeden archäologischen Beweis wurde just die Stelle, an der sich seit Jahrhunderten eine Moschee befindet, als Geburtsort Rams identifiziert und behauptet, daß ein Ram-Tempel, der dort gestanden habe, vom islamischen Herrscher Babur vernichtet worden sei.

Die Generalprobe verlief nach Wunsch: Dem Aufruf der Ideologen, an der Stelle der Moschee wieder einen Ram-Tempel zu errichten, sind im Herbst 91 Zehntausende

---

* aus dem RIGVEDA

frommer Hindus gefolgt. Beim Sturm auf die Moschee, die natürlich von frommen Moslems verteidigt wurde, und bei anschließenden Unruhen in ganz Nordindien kamen Hunderte ums Leben. *So* startet man eine religiöse Bewegung, die später zu Politisierungszwecken taugt!

Mit einer Steigerung unserer Lebenserwartung wird es also nichts – die einzig realistische Alternative zu ihren Wunschphantasien verbauen sich die künftigen Engel selber. Man ist heute schon dankbar, wenn die Welt der Missionierungswut ihrer Bewohner noch ein paar Jahrzehnte lang widersteht.
»Wenn Gott nicht existierte, so wäre alles erlaubt«, heißt jener berühmte Satz Dostojewskis. In Wirklichkeit sind es leider die Gottesfürchtigen, die sich alles erlauben. Und dies stets im Namen ihres Herrn.

Verhaltenstherapie

Bleibt also die Angst. Die kalte Todesangst derer, denen die Gnade religiösen Wahnsinns verwehrt geblieben ist und die nun damit rechnen, nicht nur viel zu früh, sondern auch bei klarem Bewußtsein gehen zu müssen. Denn in ihrem Fall gibt es ja keine Narkose – im Gegensatz zum Frommen stirbt der Ungläubige bei lebendigem Leib.
Vor allem den Privilegierten unter den Gottlosen wird (ausgleichende Gerechtigkeit?) die Vorstellung des unabwendbaren Hinauswurfs quälen. Je mehr einer vom Zufall begünstigt ist, desto mehr ist er ja geneigt, sich für einen wichtigen Gast zu halten: *Ich* soll gehen? Das ist doch nicht Ihr Ernst? Wie soll diese Veranstaltung denn ohne mich laufen?
Daher die naheliegende Frage: Gäbe es eine nichtreli-

giöse, ideologiefreie Möglichkeit, sich über die Gewißheit des eigenen Verlöschens hinwegzutrösten? Läßt sich etwas denken, das einem selbst hilft, ohne zugleich all jene, die nicht dasselbe denken, in Lebensgefahr zu bringen?

Ideologiefreies Denken wäre entweder Wissenschaft oder Philosophie. Von der einzigen wissenschaftlichen Möglichkeit der Angstbekämpfung – dem Hinwirken auf eine höhere Lebenserwartung – haben wir gesprochen. Die philosophischen Kampfarten sind so zahlreich wie die Philosophen, die wir kennen – versucht doch letzten Endes jeder Denker, mit seiner Erklärung für das Funktionieren der Welt auf individualistische Art seine Angst vor dem Tode zu vertreiben.

Wie wir sagten, kommt es leider meist zum Anschluß an irgendeine Variante öffentlicher Meinung: Von der Unsterblichkeit der Seele bis zur Wiedergeburt als Vogel – auch dieser Verzweifelte schluckt schließlich jede ideologische Pille, die sein Gehirn am Ausmalen seines Verschwindens hindert.

Natürlich wird der eine oder andere auch zu wirklichen Drogen greifen: Die Religion ist das Opium fürs Volk, das Opium die Religion für den Einzelgänger. Da die Rauschgiftsüchtigen für den Fortbestand der Menschheit weit weniger gefährlich sind als die Frommen, könnte der Konsum solcher Mittel eine brauchbare Alternative zum Kirchgang sein. Leider ruiniert er zugleich die Gesundheit: Der Hinauswurf, vor dem man so panische Angst empfindet, kommt dank der glücklichmachenden Pharmaka nur noch viel schneller.

Dennoch ist im Lauf der Jahrhunderte auch für den verängstigten Individualisten der eine oder andere Trostkrümel von den Tischen der großen Denker gefallen. Wobei es sich bei dieser Hinterlassenschaft eigentlich weniger um tröstliche Gedanken als um antike Formen der Verhaltenstherapie handelt: Die Angst vor dem Sterben wird in dem Maß bekämpft, wie sie in Erscheinung tritt.

Am populärsten sind unter den zeitgenössischen »Atheisten« wohl die Therapievorschläge des lebenslustigen Griechen Epikur, die des indischen Fürstensohnes Buddha und schließlich die jenes abstrusen Vereins, der sich den Namen Stoa gab.

Epikureismus

In einem weiteren seiner wundervollen Briefe an Schüler, jenem an Menoikeus, schlägt Epikur folgendes Mittel gegen die Todesangst vor: »Gewöhne dich an den grundlegenden Gedanken, daß der Tod für uns ein Nichts ist. Denn alles Gute und alles Schlimme beruht darauf, daß wir es empfinden. Verlust aber dieser Empfindung ist der Tod. Deshalb macht die rechte Erkenntnis, daß der Tod für uns ein Nichts ist, die Sterblichkeit des Lebens zu einer Freude; sie fügt nicht nach dem Tode eine grenzenlose Zeit hinzu, sondern tilgt in uns die Sehnsucht nach der Unsterblichkeit. Für den, der recht begriffen hat, daß es im Nichtleben nichts Schreckliches gibt, für den gibt es ja auch im Leben nichts Schreckliches. Daher ist ein Tor, wer da erklärt, er fürchte den Tod nicht deswegen, weil er Leid zufügen werde, wenn er da sei, sondern weil er Leid zufüge, da er bevorstehe. Es ist unsinnig zu glauben, was nicht beunruhige, wenn es da sei, werde Leid zufügen, weil es zu erwarten sei.«

Der Ausweg klingt auf den ersten Blick bestechend: Wenn ich bin, ist mein Tod nicht, wenn mein Tod ist, bin ich nicht – was geht mich mein Tod also an?

Doch das ist es ja, was gerade dem Lebenslustigen – ansonsten diesem zum Glück talentierten Griechen so Verbundenen – angst macht: daß er nicht mehr dasein wird; daß das Fest ohne ihn weitergeht; daß wohl sein Tod ist, aber nicht er.

Vor der Empfindungslosigkeit des Totseins hat sich wohl tatsächlich noch keiner von uns groß gefürchtet – man fürchtet sich ja auch nicht vor dem Schlaf. Auch die physischen Schmerzen des Sterbevorgangs ängstigen uns nicht mehr als nötig. Hier trifft dann ja eine andere epikureische Weisheit zu: »Jeder Schmerz ist leicht zu verachten – bringt er schweres Leiden, so dauert er nur kurze Zeit, sitzt er lange Zeit im Fleische, dann ist das Leid gering.« Uns geht es allein darum, noch ein bißchen bleiben zu dürfen. Wenigstens ein Weilchen möchten wir noch unter den Empfindsamen, den Lebendigen sein. Daß man danach *für immer* auf alles zu verzichten hat, was man liebt, daß es dann *nie mehr* etwas Neues gibt – kein Gesicht, keinen Gedanken, keine Musik, keine Speise –, das ist es, was uns zu schaffen macht. Wie hat gerade ein Genießer wie Epikur sich mit solcher Leichtigkeit mit dieser monströsen Vorstellung abfinden können? Konnte er es wirklich? Erinnern seine starken Sprüche nicht an das Pfeifen eines tapferen kleinen Jungen, den man in einen dunklen Keller schickt? Würde einer, den sein Tod so gleichgültig läßt, soviel darüber reden?

Denn sobald man über seine Worte nachdenkt, helfen sie auch schon nicht mehr: Die Einsicht, daß die Angst vor dem Tod die Freude am Leben ruiniert, hat nicht genug Schlagkraft, um sie zu vertreiben.

Buddhismus

Daß der Buddhismus offiziell als Religion geführt wird, liegt daran, daß er so viele Anhänger hat. Genaugenommen ist er das Gegenteil von Götterglaube: Es gibt keine ewigen und unvergänglichen Substanzen – weder Materie noch Seele, weder einen persönlichen Weltenherrn noch unpersönliches Absolutes. Im Buddhismus kann die Erlösung also nicht von einer übergeordneten Macht her kommen, sondern von dem, der ihn praktiziert – er ist, auch nach eigener Definition, eine »Selbsterlösungslehre«. Außerdem ist dem Buddhisten die Zugehörigkeit zu anderen Religionen nicht verboten – wer wünscht, kann zugleich Christ, Moslem oder Zeuge Jehovas sein.

Aber welcher Buddhist wird das schon wünschen? Welcher rechte Buddhist – und dies wäre ein Praktikant der *reinen* Lehre – wünscht sich überhaupt etwas?

Denn das sind die »vier edlen Wahrheiten«, auf denen diese Lehre beruht:

Alles Leben ist Leiden.
Die Ursache des Leidens sind die Begierden, wozu auch der Lebensdurst gehört.
Die Aufhebung des Leidens ist daher nur durch Sichlösen von allen Begierden – also auch vom Lebensdurst – möglich.
An deren Stelle tritt der »achtteilige Pfad«: rechte Anschauung und Gesinnung, rechtes Reden, Handeln, Leben, Streben, Überdenken und Sichversenken.
Die Belohnung ist *die endgültige Befreiung vom Lebenmüssen* – das Nirwana.

Ist es ein Wunder, daß dieses Paradoxon gerade unter den so verängstigten westlichen Intellektuellen immer mehr Anhänger findet? Das, was sie bisher als das Bitterste empfanden, das Sterbenmüssen, wird hier plötzlich als das Erstrebenswerteste eingestuft. Denn ob man es nun Tod nennt oder Nirwana – beides läuft auf jenes endgültige Verlöschen hinaus, vor dem sie sich so fürchten.*

Zudem werden dem Patienten bei dieser Angsttherapie seit Jahrhunderten erprobte und daher unmißverständliche Anweisungen für die ambulante Behandlung mitgegeben. Um ein rechter Buddhist zu werden, muß man üben, und zwar täglich – allein das Erlernen der Kunst des »rechten Sichversenkens« kann den Schüler jahrelang in Atem halten. Wenn man ihm jedoch glauben soll, wird bei genauem Befolgen des Lehrplans das Klassenziel zu hundert Prozent erreicht: Eines schönen Tages ist die Angst vor dem Sterben tot.

Wie ließe sich diese Therapieform also bewerten? Zunächst einmal positiv: Da der Buddhist weder Begierden hat noch Ansprüche stellt, will er auch nichts von den übrigen Menschen. Noch nie hat es im Namen dieser Lehre Kriege oder Verfolgung Andersdenkender gegeben. Vom theistischen Standpunkt sind diese Ungläubigen also ein Segen Gottes, vom atheistischen darf man sagen, daß es auf dieser Erde gar nicht genug von ihnen geben kann. Doch wie sieht es bei philosophischer und medizinischer Betrachtung aus? Welchen Preis hat hier der Patient für eine erfolgreiche Behandlung zu entrichten?

Wenn wir bei unserem Bild bleiben und davon ausgehen, daß das Leben ein Fest ist – mit allen Vor- und Nachteilen, die eine so massenhaft besuchte und miserabel organisierte Veranstaltung haben muß –, kommen wir zum

---

* Natürlich wurde auch diese Lehre bald einmal pervertiert: Im Amida-Buddhismus, der z. B. in Japan populärsten Variante, wird vom Nirwana bereits wie von einem persönlichen Heilsparadies gesprochen, in das man nicht mehr aus eigener Kraft, sondern im Vertrauen auf die Verheißungen Buddhas gelangt.

Schluß, daß dem Anhänger dieser Lehre der Abschied nur darum so leicht fällt, weil man es ihm systematisch vermiest. Ein Dasein, das einem nur Leiden beschert, will man nicht eine Minute länger ertragen, als es nötig ist: Das wäre ja Masochismus!

Die Angstfreiheit des Buddhisten ist also letzten Endes mit einem abstrusen Selbstbetrug erkauft. Falls nämlich das Leben tatsächlich nur aus Leid und Qual bestünde, wie die erste seiner »edlen Wahrheiten« verkündet, wäre damit auch die ganze Lehre überflüssig. Denn in diesem Fall hätte dann keiner von uns Angst vor dem Sterben – die gesamte Menschheit wäre eine buddhistische Gemeinde, die sich nach ihrem Nirwana sehnt. Die chronisch Depressiven zeigen uns, wie man das macht.

Der Erfolg der buddhistischen Therapie beruht also darauf, daß man dem Patienten nur die halbe Wahrheit sagt. Denn in der Regel besteht unser Leben ja nicht nur aus Leid, sondern auch aus Freude, neben den unglücklichen Tagen gibt es auch die zufriedenen, und von unseren zugegebenermaßen viel zu vielen Sehnsüchten und Begierden geht zuweilen auch die eine oder andere in Erfüllung, was uns dann zumindest vorübergehend glücklich macht. Daß wir dieses Glück manchmal mit dem Unglück eines anderen erkaufen, steht auf einem andern Blatt – dies ist nicht der Punkt, um den es dem Buddhisten geht.

Außerdem ist gerade das Ziel der Begierdenlosigkeit bei ihm nicht verwirklicht: Im Buddhismus werden lediglich seine unzähligen kleinen und mittleren Begierden einer einzigen großen zum Opfer gebracht – der nach Befreiung von der Todesangst. Und dies wird erreicht, indem man alles übrige Streben als unheilbringend klassifiziert. »Schön ist eigentlich alles, was mit Sehnsucht zu tun hat«, schrieb der deutsche Dichter Christian Morgenstern. Von dieser Erkenntnis lebt auch die internationale Werbeindustrie. Den Buddhisten könnte keine Werbung mehr erreichen – für ihn ist nur noch das eigene Verlöschen schön.

Vergleichend läßt sich also sagen: Die Schwäche der Therapie des Griechen Epikur liegt darin, daß sie uns die schlechten Seiten des Festes unterschlägt. Indem man uns dazu anhält, jeden Augenblick nach bestem Können zu genießen, gefällt es uns mit der Zeit auch tatsächlich immer besser. Und gerade darum haben wir dann auch mit dem Hinauswurf immer mehr Probleme.

Das Manko der vom indischen Fürstensohn (und späteren Buddha) Gautama Siddharta lancierten Heilmethode besteht darin, daß sie uns die guten Seiten der Veranstaltung vorenthält. Indem man uns beibringt, jeden Augenblick als leidvoll einzustufen, gefällt es uns mit der Zeit auch wirklich immer weniger. Mit dem Hinauswurf gibt es also kein Problem – nur hat man leider über dieser zeitraubenden Vorbereitung auf das letzte Stündchen auch das ganze Vergnügen versäumt.

Diesen Nachteil haben natürlich auch die wirklichen Religionen. Nur daß es dort wenigstens das Versprechen einer Freude gibt und hier nur das Nirwana.

Stoizismus

»Laßt uns den Anstand von verwundeten Tieren haben, die sich in einen Winkel verkriechen und stumm bleiben. Die Welt ist voll von Leuten, die gegen die Vorsehung wettern. Man muß es nur schon der guten Manieren wegen vermeiden, sich so zu benehmen wie sie.«

Die Sätze stammen von Flaubert,* und die Haltung, die er anpreist, wird landläufig als die des Stoikers bezeichnet: Gelassenheit vor dem Abgrund, Gleichmut angesichts der Katastrophe, Ruhe inmitten des Sturms. Der Stoiker ist der Tormann, der den Elfmeter nicht mehr fürchtet: Wie immer das Spiel ausgeht, es ist ihm recht.

Doch Stoizismus ist mehr als ein Nervenbewahren angesichts dessen, was ohnehin unvermeidbar ist. Dem echten Anhänger dieser Schule wird es zuerst einmal um seine Unabhängigkeit von den äußeren Umständen gehen – hinter seiner vielbewunderten Haltung steht die vielleicht radikalste Freiheitslehre in der Geschichte der Philosophie. In der Praxis allerdings handelt es sich natürlich wiederum um ein Abtrainieren von Begierden und um Selbsterziehung zur Wunschlosigkeit. Doch nicht, weil dies, wie im Buddhismus, dem begehrten Nirwana näher bringt, sondern weil eine Abhängigkeit von Wunscherfüllung das Ende der persönlichen Freiheit sein muß: Man kann nicht zugleich etwas wünschen und frei sein.

Folgerichtig ist für den Stoiker alles, was auf der Welt geschieht, notwendig und vernünftig. Wer sich dagegen auflehnt, indem er Lust nach anderem verspürt, handelt sich nur Unglück ein. Denn »Glückseligkeit« ist in diesem philosophischen System identisch mit Selbstbestimmung über die eigene Person – und diese erreicht man durch Abwesenheit von Leidenschaft und Gleichgültigkeit gegenüber äußeren Gütern. Der Stoiker ist frei, weil er nur besitzen will, was er hat, und nur erleben möchte, was ohnehin passiert.

Wenn nach dieser Wertskala jedes Wünschen eine Schwäche ist – welche wäre dann die größte Schwäche von allen? Zweifellos das Verlangen nach Ewigem Leben, weil

* Julian Barnes: FLAUBERTS PAPAGEI, Haffmans, Zürich 1987

145

hier die Vergeblichkeit des Wünschens am augenfälligsten ist. Wenn hier jede Abhängigkeit Unglück bedeutet – welche wäre dann die Tat, die am glücklichsten macht? Selbstverständlich der Freitod, weil er der vollendete Beweis freien Willens ist.

Und natürlich wird der wahre Stoiker sein Ende nicht fürchten. In der somatischen Medizin arbeitet man zuweilen mit der umstrittenen Methode des »Fixier-Abszesses«: Um den Patienten von seinem eigentlichen Problem abzulenken, legt man an anderer Stelle seines Körpers einen künstlichen Eiterherd an, der seine Aufmerksamkeit auf einen anderen Schmerz fixiert. Diesem Vorgehen entspräche in der Psychotherapie die Methode des Stoizismus: Indem man Freiheit über Leben stellt, nimmt man dem Patienten seine Angst vor dem Tod.

Wäre der maßvoll praktizierte Stoizismus demnach eine Haltung, die auch das *natürliche* Sterben – zumindest in Maßen – erleichtern kann?

Nicht für einen Schriftsteller wie Flaubert, der ja schon aus beruflichen Gründen nicht auf seine Emotionen verzichten konnte. Ohne leidenschaftliche Sehnsucht nach einer anderen, wenn auch selbsterfundenen Welt wird einer kein Buch schreiben wollen, ohne Sensibilität wird er es nicht schreiben können. Und auch auf seine Ängste ist man hier in höchstem Maße angewiesen. Wo sie ausbleiben, hilft man ein bißchen nach – beginnt eine verbotene Liaison, um sich vor der Entdeckung zu fürchten, wagt sich an ein neues Thema, damit die Furcht vor dem Urteil des Lesers wiederkehrt. Das Jammern kann ein Flaubert sich also angesichts des kommenden Desasters wohl verbieten, nicht jedoch die panische Furcht, die er davor hat – hier nützen auch »gute Manieren« nichts.

Wenn aber der Stoizismus jenen nicht hilft, die sich am meisten ängstigen – den Phantasievollen, Sensiblen –, wem hilft er dann?

Eigentlich wohl keinem. Und dieses ist sicher einer der Gründe, weshalb das Wort »stoisch« nach dem Dahinscheiden des prominentesten Befürworters dieser Schule, des römischen Kaisers Marc Aurel, zur Umschreibung für eine bestimmte Attitüde verkommen ist. Stoizismus wird einem häufig vorgespielt, gelebt wird er selten. Wohl auch schon darum, weil ihm als höchste Vollendung der Freitod gilt.

Der zweite Grund liegt darin, daß wir den hier für das Erreichen der Angstlosigkeit notwendigen Umweg über die Freiheit scheuen. Davon war bereits im Kapitel über die Einzelheiten des Ewigen Lebens die Rede: Wir kämpfen für die Freiheit, denn dieser Kampf gibt unserem Leben einen Sinn. Doch wenn sie dann wirklich einmal da ist, laufen wir davon – meist schnurstracks in die nächstbeste Bindung hinein.

Die philosophische Grundlage des Stoizismus – die Annahme, daß das menschliche Glück in der Freiheit liege – kann also nur ein Fehlschluß sein. Wenn uns Freiheit wirklich glücklich machte, würden wir anders leben. Gerade sensible, phantasievolle Menschen – jene also, die am meisten unter ihrer Angst vor dem Sterben leiden – fürchten den Mangel an Geborgenheit, der sich aus dem Ablehnen fester Bindungen ergibt. Kierkegaard nennt diesen erbarmungslosen Mechanismus »die Angst vor den Möglichkeiten« – seinetwegen fliehen wir immer wieder in Systeme, die uns Schutz »vor dem Entweder-Oder« versprechen. Frei und dennoch glücklich kann auf die Dauer also wohl nur ein Dummer sein. Denn hier gibt es weder überwältigende Gefühle abzutrainieren noch verzehrende Leidenschaften zu ersticken. Er, der Dumme, muß seine

Emotionslosigkeit nicht spielen – sie gehört zu ihm wie sein Mangel an Phantasie. Auch hindern ihn seine zahlreichen Begierden nicht daran, sich als freien Menschen zu bezeichnen. Freiheit ist für ihn das Recht, sich Wünsche zu erfüllen, und Glück etwas, das von Anhäufen von Besitz kommt.

Der Furchtlose ist somit Stoiker von Natur, der Furchtsame will keiner werden. Diesen, den Intelligenten, ängstigt die Aussicht auf Freiheit nämlich beinah so sehr wie die auf den Tod.

Die vorgestellten Angsttherapien zusammenfassend, läßt sich also sagen:

> Der Epikureismus will uns lehren, den Tod zu ignorieren. Der Buddhismus will uns zeigen, wie man ihn idealisiert. Der Stoizismus will uns beibringen, anstatt seiner den Verlust der Freiheit zu fürchten.

Dem einen oder andern mag diese oder jene Methode zeitweilig helfen. Keine der drei kann uns auf vertretbare Weise von unserer Todesangst heilen.

Mut zur Angst

Die Angst vor dem Sterben, bleibt sie uns also erhalten? Ist dies eines jener Probleme, für die es keine Lösung gibt? Denn wenn weder Religion noch Philosophie geeignete Mittel dagegen sind und die Bekehrungswut der Fundamentalisten unsere Hoffnung auf ein langes Leben mehr und mehr zunichte macht – wie könnte man sie dann bekämpfen?

Vielleicht gibt es tatsächlich keine Lösung – vielleicht

haben wir sie aber auch in der falschen Richtung gesucht?

Kehren wir ein letztes Mal zu unserer Vorstellung des Ewigen Lebens zurück. Wenn wir von Gottes nervtötender Gerechtigkeit einmal absehen – woran ist diese Idylle Punkt für Punkt gescheitert? Daran, daß man bei keiner der gebotenen Freuden ein Ende fürchten mußte, nicht wahr? Daß einen keines der auch dort noch möglichen Abenteuer in eine echte Gefahr bringen könnte. Daß sich in einem Paradies wohl ein paar Nervenkitzel denken ließen, niemals aber ANGST.

Diese *Abwesenheit von Angst* ist der gemeinsame Nenner dessen, woran das Ewige Leben zerbricht. Wer sich nicht vor seinem Verschwinden fürchtet, sagten wir, könnte sich auch nicht seines Daseins freuen – wo es keinen Tod gibt, gibt es auch kein Leben.

Und dieses Gesetz hat natürlich auch für das irdische Leben zu gelten: Ohne die zeitliche Begrenztheit jeder seiner Freuden, ohne seine Bedrohtheit, seine Vergänglichkeit wäre es so unerträglich wie jenes überirdische, das wir uns zu didaktischen Zwecken ausgemalt haben.

Wer sich mit frommem Hokuspokus eines Ewigen Lebens versichert, verliert also wohl seine Furcht vor dem Ende, schließt aber gleichzeitig einen Pakt gegen sich selbst. Denn während er nun auf dem Dach seine imaginäre Taube jagt, fliegt ihm im Parterre sein Spatz weg. Seine scheinbar so preiswerte Police hat ihn um seinen einzig wirklichen Besitz gebracht: Für die Illusion eines Lebens nach dem Tode zahlt man stets mit dem Leben.

Dies gilt natürlich auch für die Selbstversicherungspraktiken der Amateure. Für die, die ihre furchterregenden Gedanken mit Arbeit, Alkohol und sonstigen Drogen vertreiben. Für die, die sich bei Astrologen und Kartenlegern eine gesicherte Zukunft kaufen. Für die, die sich ihre lästige Emotion mit Verhaltenstherapien abtrainieren. Wir haben gesehen, welchen Preis beispielsweise Stoiker und Buddhisten für ihre Gelassenheit zahlen. Und wie beim Epikureer nur darum soviel Lebenslust übrigbleibt, weil seine Technik wohl für ein Genießen des Lebens, nicht aber gegen die Angst vor dem Sterben taugt.

Logischerweise tritt ja gerade hier dann das Gegenteil ein: Je mehr einer sein Leben zu genießen weiß, desto größer wird seine Furcht vor dem Ende. Denn sobald er seines Glückes gewahr wird, ist auch seine Angst zur Stelle: Schön, jetzt bist du glücklich – aber wie lang? Weißt du denn nicht, daß der tiefste Sturz der vom Gipfel ist?

»Wer des folgenden Tages am wenigsten bedarf, wird ihm am freudigsten entgegensehen«, will uns Epikur lehren. In der Praxis freut sich aber der Genießer am meisten auf den folgenden Tag, bedarf seiner der Genießer am meisten: Nur noch diesen einen Tag! Nur noch dieses eine Jahr! Warum werft ihr ausgerechnet mich hinaus? Nehmt doch einen von den Gelangweilten da!

Besteht die Lösung des Problems also darin, daß man lernt, *auch seine Angst zu genießen*?

Das wäre wohl zuviel verlangt: Angst ist Angst und daher auf keinen Fall etwas, das sich genießen ließe. Doch vielleicht könnte man lernen, sich ein wenig mit ihr anzufreunden? Sich zu sagen, daß sie unsere Eintrittskarte zum Glück ist? Und daß der Preis für diese in der Regel so kurze Seligkeit auf jeden Fall geringer ist als der, den der Fromme für seine Ewige zahlt?

Denn trotz gegenteiliger Propaganda der Religiösen müßten es nach allem Gesagten die Ungläubigen sein, die auf dieser Welt glücklich werden – wenigstens hin und wieder. Seinen »Gott« für eine knappe Weile in einem ganz und gar unvollkommenen Menschen zu finden ist auch schon alles, womit man hier vernünftigerweise rechnen kann. Doch letztlich bringt dieses System zeitlich begrenzter Privatreligionen immer noch mehr als das, was den im Kollektiv betenden Frommen erwartet. Nach menschlichem Ermessen (wer ein anderes kennt, möge sich melden) wird sein Unsichtbarer sich auch in Zukunft nicht zeigen – sein Warten auf den Messias war so sinnvoll wie jenes auf Godot. Und seine Versicherung gegen die Angst vor dem Abschied ist letztlich eine gegen die Herrlichkeiten des Hierseins gewesen.

Mut zur Angst scheint also unser einziger Ausweg zu sein. *Anerkennung der Realitäten* und ein bißchen mehr *Zivilcourage* unsere einzig brauchbaren Waffen. Dem Unfaßbaren ins Auge sehen und sagen: »So ist es, und so werd' ich's nehmen«, dies ist auch schon der ganze Handlungsspielraum, der uns bleibt. Alles andere würde es nur noch verschlimmern.

Denn die Lösung des Problems Todesangst bestünde wohl darin, daß man endlich aufhörte, sie zu suchen. Wer seine Angst vor dem Tod mit dem Glauben an ein Ewiges Leben vertreibt, vertreibt zugleich seine Lebensfreude: Auf einem Fest, das niemals zu Ende geht, möchte man auch nicht tanzen.

Und was das Glück betrifft, so käme es niemals von Furchtlosigkeit vor dem denkbar Schlimmsten. Es ist die Prämie dafür, daß wir uns so wahnsinnig davor fürchten. Der Lohn der Angst.

Das Ewige Leben:

Praktische Übung

If man is 5 if man is 5 if man is 5
then the devil is 6 then the devil is 6
then the devil is 6 then the devil is 6
and if the devil is 6
then god is 7 then god is 7 then god is 7
this monkey's gone to heaven
this monkey's gone to heaven
this monkey's gone to heaven ...

PIXIES
»Monkey goes to heaven«
LP Doolittle

Falls uns die aufziehenden Religionskriege nicht vorher noch den Garaus machen, könnte man dem Problem Fundamentalismus in gar nicht so ferner Zukunft weit effizienter zu Leibe rücken, als dies heute möglich ist. Die *Simulationstechnologie* – für viele der wichtigste technische Durchbruch seit der Erfindung des Telefons – ist rasant auf dem Vormarsch. Dank der neuen, vor allem in Kalifornien entwickelten *Virtual-Reality-Techniken* (VR), die eine immer perfektere Vortäuschung einer andernorts (oder auch noch gar nicht) existierenden Wirklichkeit ermöglichen, üben zum Beispiel Astronauten ihre Landungen längst auf »virtuellen Gestirnen«, können Neurochirurgen bei schwierigen Diagnosen bereits heute in einem aus Skannerdaten nachgestellten »virtuellen Gehirn« ihres Patienten »herumspazieren« oder Architekten ein auf dem Computer errichtetes »virtuelles Gebäude« noch vor seiner Errichtung »durchstreifen«. Und auch der Golfkrieg wurde eigentlich mit VR gewonnen: Bevor sie das Land schließlich mit ihren Bombern attackierten, waren die US-Strategen in aller Ruhe in einem, den Daten satellitengesteuerter Kameras abgewonnenen, »virtuellen Irak« gewesen. Sie kannten sich also aus.

Auf die gleiche Weise könnte man eines Tages sein Ewiges Leben ausprobieren, *bevor* man bei einer der vielen Kirchen jenes Abkommen *Gehorsam auf Erden gegen Weiterleben im Himmel* unterschriebe. Die verheißene Glücksvision des jeweiligen Überlebenskonzerns ganz ernst nehmend, würde das in Aussicht gestellte Paradies von Philosophen nach bestem Wissen zu Ende gedacht, von Künstlern nach bestem Können vorausgestaltet und anschließend von Technikern in simulierte Wirklichkeit übertragen. So wäre es dem Interessenten bereits zu Lebzeiten »zugänglich«: Er könnte in aller Gemütlichkeit herausfinden, ob und wie sehr ihm ein bestimmtes Leben nach dem Tode behagen könnte, ob er vielleicht lieber im Paradies eines Konkurrenzunternehmens wäre oder am Ende am liebsten in keinem.

Da man sich zuweilen bereits nach einer einzigen, sicherlich aber nach mehreren solcher »praktischen Übungen« für den totalen Verzicht auf jede Art von Ewigkeit entschiede, ergäben sich aus der neuen Technik zugleich faszinierende Möglichkeiten auf dem Gebiet der Friedenspolitik. Denn dank einer genau durchdachten *Simulationstherapie* (so würde man die künftige Methode wohl benennen) könnte man nun religionsgefährdete oder auch bereits mit dem Glauben an ein Ewiges Leben infizierte Individuen heilen, bevor die für sie selbst und ihre Umgebung so häufig tödlich verlaufende Krankheit ausbräche.

Ein besserer Beitrag zur Verminderung der Kriegsgefahr ist eigentlich kaum denkbar: Wer nicht an ein Leben nach dem Tode glaubt, hängt logischerweise mit viel mehr Leidenschaft an dem einzigen Leben, das er besitzt. Einem phantasiebegabten Ungläubigen bleibt ja gar nichts weiter übrig, als seinen Nächsten zu lieben »wie sich selbst«: Er wird schon darum niemanden angreifen, weil *er* nicht angegriffen werden möchte. Auf keinen Fall wird er also einem Mitbürger – etwa wegen dessen Faible für Gottesdienste auf lateinisch – eine Bombe unters Auto legen. Denn wer weiß, was dessen Parteigänger morgen mit ihm anstellen? Leider ist der Kantsche Imperativ (Tu niemandem an, was du selbst nicht erleben möchtest) noch immer die brauchbarste Abrüstungspolitik. Im Namen des Herrn haben sie bisher nur aufgerüstet.

Auch *vorbeugend* wäre mittels VR gegen den auf jede Schwächung unseres psychischen Immunsystems lauernden Religionsbazillus etwas auszurichten. Die dank Simulation mögliche Ewige Lebenserfahrung würde nicht nur einen überzeugenden Antireligionsunterricht an Schulen, sondern auch Reihenimmunisierungen – etwa am Arbeitsplatz, bei noch nicht angesteckten Erwachsenen erlauben. Gerade auf dem Gebiet der *Religionsprophylaxe* könnte die künftige Technik wahre Wunder vollbringen: Mit dem richtigen »Impfprogramm« ließe sich religiöser Fundamentalismus ebenso zum Verschwinden bringen wie derzeit Kinderlähmung und Diphtherie. (Immer von der unrealistischen Annahme ausgehend, eine Vorbeugung gegen diese verheerendste aller Volkskrankheiten würde von der überwältigenden Mehrheit der bereits Erkrankten gestattet.)

Auch für Individuen, bei denen die Paranoia bereits voll ausgebrochen ist, gäbe es dank der neuen Methode Hoffnung – natürlich nur, sofern sie sich freiwillig einer Behandlung unterzögen. Nach dem Vorbild heutiger Suchtentwöhnung würde die Therapie eines solchen – von Todesangst gepeinigten und daher zum Opfer eines Ewigkeitsdealers gewordenen – Patienten in streng abgeschirmten Spezialzentren vor sich gehen. Geschützt vor Missionaren und in Gesellschaft anderer Überlebenssüchtiger, könnte er sich dort ganz seiner Erlösung von dem Übel widmen und sich auf die Rückkehr in ein Leben »in Wahrhaftigkeit« vorbereiten.
Die Behandlung selbst hätte vor allem die Stärkung seiner geistigen Widerstandskraft zum Ziel und würde deshalb

gleich mehrgleisig angegangen: Neben dem natürlich un-
erläßlichen theoretischen Unterricht in vergleichender
Theologie (nichts wirkt so ernüchternd wie ein Nebeneinander der Angebote überirdischer Dienstleistungsbe-
triebe) gäbe es zum Beispiel Gesprächsgruppen, Erfah-
rungsaustausch mit ehemals Süchtigen, Exerzitien im
Wiederentdecken alltäglicher Genüsse: Freude am eigenen Körper, Staunen über das Sichtbare (ohne gleich
Spekulationen über den Namen des Fabrikanten anzustel-
len), Bewußtmachung des Augenblicks usw.
Der wichtigste Aspekt des Kurprogramms wäre jedoch
VR: Angetan mit *EyePhone* und *DataSuit,* würde sich der
Überlebenshungrige immer wieder in schalldichte, der
heutigen Klosterzelle nicht unähnliche Räume zurück-
ziehen, wo er dank modernster Simulationssysteme seine
Zukunft als Engel quasi vorausleben könnte.

Einzelheiten des VR-Programms würden sich ganz an der
fixen Idee orientieren, von der sich der jeweilige Mönch
und die jeweilige Nonne auf Zeit befreit sehen möchten.
Und natürlich gäbe es in diesen Klöstern der VR-Ära nicht
nur Heilprogramme für die millionenfachen Opfer der
großen monotheistischen Konzerne und ihre, wohl auch
dann noch verfeindeten, Untergruppen. Auch für Polythei-
sten, Sektenanhänger, Wiedergeburtsfreaks und andere
Glaubensgemeinden (Einzelspinner sind selten gefährlich)
wäre der jeweils verheißene Himmel gespeichert und
könnte auf Knopfdruck abgerufen werden. Und es wäre
durchaus wünschenswert, daß ein bestimmter Patient neben seinem eigenen wenigstens die populärsten Paradiese
der anderen »erlebte«. Nur so wäre er später sicher, daß
ihm auch bei den übrigen Kirchen nichts entgeht.
Die gerade bei streng religiös erzogenen Menschen stets
gegebene Gefahr eines Rückfalls wäre damit freilich kaum

aus der Welt geschafft: Nichts verdirbt einen so gründlich für ein Leben in Freiheit wie ein langer Aufenthalt hinter Gefängnismauern. Eines Tages beginnt man hier fast immer, die Gebote und Verbote des Elternhauses zu Geborgenheit zu verklären, sehnt sich nach der Sklaverei der frühen Jahre. Und da einem Erwachsenen zum Ausleben des so vorprogrammierten Masochismus die Kirche zur Verfügung steht, kehrt er nach einigen Jahren ungenossener Freiheit meist erleichtert in ihren Schoß zurück. Er benötigt also Religion weniger als Überlebensversicherung denn als Möglichkeit zur – nun freiwilligen – Unterwerfung. Simulationstherapie ist da begreiflicherweise machtlos.

In der Regel würde der VR-Patient jedoch nach Ablauf einer gewissen Frist von seinen Therapeuten als geheilt entlassen. Er hätte seine virtuelle Erziehung zum Engel absolviert, hätte begriffen, was es mit dem Ewigen Leben (bestenfalls) auf sich hat, und fände es darum attraktiver, nach dem Sterben tot zu sein.
Diese Rückkehr zur Vernunft würde für ihn, den Genesenen, wohl wieder mehr Todesangst bedeuten, aber auch eine enorme Steigerung an Lebensintensität und einen Zuwachs an Selbstachtung. Für seine Umgebung wäre es die Neutralisierung eines potentiellen Überzeugungstäters und somit ein wenn auch kleiner Beitrag zur Kriegsvermeidung. Falls die machthabende Seite den VR-Einsatz auch zu Friedenszwecken erlaubte – dies und nicht die Fähigkeiten der Simulationstherapie sind hier das spekulative Element –, könnte also allen geholfen sein.

Bis es soweit ist, müssen wir uns bei der Simulation des Ewigen Lebens mit primitivster und darum auch weitgehend ineffizienter Pionierarbeit begnügen. Denn noch müssen wir uns bei der Ausschmückung unserer Paradiese entweder auf die eigene Phantasie verlassen oder auf die jener Künstler, die sich damit in der Vergangenheit auf unvorschriftsmäßige und darum von den Profiteuren der Krankheit als *blasphemisch* bezeichnete Weise zu befassen wagten und uns etwa in Spielfilmen, Romanen oder Gemälden vor Augen führten, wie schrecklich auch das herrlichste aller Ewigen Leben und die gerechteste aller Gottheiten wäre – und wie sehr gerade der Glaube an diesen überirdischen Segen ein langes, glückliches Dasein auf Erden verhindert.

Begreiflicherweise sind solche Revolutionäre selten. Bis vor kürzester Zeit stand auf die behutsamste Religionskritik praktisch überall die Todesstrafe – und wie der Fall des Schriftstellers Salman Rushdie zeigt, besteht sie vielerorts noch immer. In den übrigen Ländern haben die Manager der Überlebenskonzerne unterdessen wohl eingesehen, daß solche Barbarei gar nicht notwendig ist, weil ja schon die materiellen Zwänge als Zensurinstrument genügen: Wie viele Menschen würden sich eine Karte für einen Spielfilm kaufen, der ihnen ihr himmlisches Kartenhaus durcheinanderbringt?

Nur Kirchenmaler genießen und genossen in dieser Beziehung paradoxerweise stets eine gewisse Narrenfreiheit. Und könnte man nicht fast annehmen, daß zumindest ein paar von ihnen sie genüßlich nutzten? Es ist schwer vorstellbar, daß die Paradiesvisionen von Malern wie Giotto, Fra Angelico, Giovanni di Paolo, Luca Signorelli, mit all ihren händchenhaltenden Engeln und lustwandelnden Heiligen, *nicht* als Abschreckung des Kirchenbesuchers gemeint gewesen seien. Selbst den heutigen Betrachter befällt angesichts dieser Heile-Welt-Phantasien noch Beklemmung: Ist es nicht, als riefe ihm der Meister über die Jahrhunderte hinweg zu, er solle diesen düsteren Ort sofort verlassen – solle hinaus an die Sonne, sein Leben genießen, weil etwas Besseres nicht folgen werde?

Doch wie hätten die auftraggebenden Kirchenfürsten, so sie das gleiche empfanden, den malenden Rebellen bestrafen können? Hatte er nicht in den herrlichsten Farben die positivste aller möglichen Jenseitsvorstellungen an die Wand gepinselt?

Selbst wenn es in Wahrheit ganz anders gewesen sein sollte und die bedrückenden Fresken lediglich die Naivität jener bildenden Künstler belegen, soll hier doch einmal versucht werden, diese antike Form der Simulationstherapie in den Bereich der Bühne zu übertragen. Der Zuschauer oder auch Leser der im Folgenden abgedruckten Komödie DIE ERZIEHUNG DER ENGEL tritt in die Logik eines gläubigen Menschen ein und lebt für ein paar Stunden sozusagen als »virtueller Engel« im Vorzimmer zu einem »virtuellen Paradies«. Dazu sei an das traditionelle Muster des religiösen Dramas erinnert: Obschon der schwergeprüfte Held weder einen Beweis für ein persönliches Interesse seines angenommenen Herrgotts noch für ein Leben nach dem Tode hat, hält er durch alle Leiden hindurch unvermindert an seinem Glauben fest. Und natürlich wird er dafür zum Schluß belohnt – und zwar *auf Erden.*

In meiner Komödie ist dieses bewährte Schema auf den Kopf gestellt: Ein Ungläubiger kommt nach seinem Tod *tatsächlich* in den Himmel, und auch die übrigen Drohungen der Frommen werden wahr: Gott ist anwesend, man macht den Neuankömmling zum Engel, händigt ihm seine Flügel aus ... Und so wie der Gläubige auf Erden in Abwesenheit jedes konkreten Beweises fest zu seinem Glauben steht, hält in meinem Stück der Skeptiker im Himmel, obwohl alle Tatsachen gegen ihn sprechen, an seinem Zweifel fest.

Und natürlich bleibt in diesem Fall auch die Belohnung aus. Denn selbst wenn in diesem Jenseits absolute Gerechtigkeit waltet, Gott wirklich lieb und gütig ist und dem neuen Engel, Mr. Klein, auch sonst nur das Allerbeste widerfährt, hofft man mit ihm, daß dies alles nur ein böser Traum ist – daß er aufwacht und sich auf Erden wiederfindet.

Aber es ist kein böser Traum. Es ist jenes Glück, mit dem die meisten von uns in der einen oder anderen Variante so fest zu rechnen scheinen: ein Leben nach dem Tode, eines für alle Ewigkeit. Hier ist es nur endlich einmal wahr geworden.

Die Erziehung der Engel

Versuch einer Simulationstherapie
für Theaterpublikum

Eine Station im Weltraum, wo die soeben Verstorbenen (die
neuen Engel also) vor ihrem Abflug ins Paradies einen Tag lang
Unterricht im Fliegen erhalten.

BÜHNENBILD

Warteraum eines modernen Großflughafens.
Im Vordergrund ein halbes Dutzend der charakteristischen Le-
dersessel, einige mit abtrennbarem Fußteil. Im Hintergrund ein
Check-in-desk mit Computer sowie ein Panoramafenster, hinter dem die Wolken ziehen. Auf der einen Seite eine große
Glastür, durch die man den übrigen Teil des Flughafens erreicht,
auf der andern der offene Eingang zu einem jener ausziehbaren
Tunnel, an deren Ende normalerweise das zu besteigende Flugzeug wartet.
An einer der Wände sind nebeneinander zwei öffentliche Fern-
sprecher mit Plexiglashäubchen angebracht. Irgendwo hängen
zwei Uhren mit Digitalanzeige – die eine mit der irdischen Zeit
(die jeweils zu Beginn der neuen Szene reguliert wird), die andere
mit der überirdischen (Phantasieziffern, die sich nicht verändern).
Neben dem Tunneleingang befindet sich eine kleine Garderobe, Auch der Stundenplan für den Unterricht hängt dort.
An der Bühnendecke sind, parallel zur Rampe, sechs Kinder-
schaukeln so angebracht, daß man sie ohne Zeitverlust herablas-
sen kann.

GERÄUSCHE

Ein Tonband mit Flugansagen.
Die Krönungsmesse von Mozart.
Ein sehr wilder Gospelsong.

Personen

Gott
Eine attraktive, schon etwas ältere Frau, die über einem himmelblauen Kleid einen himmelblauen Ärztekittel trägt. Auf ihrer Brust sind neben einem goldenen Namenschild fünf goldene Sterne angebracht. Aus einer Tasche baumelt ein Stethoskop.

Engel
Ein junger Mann in einer himmelblauen Phantasieuniform. Er ist dunkelhäutig (oder so geschminkt), sehr gut aussehend, trägt ebenfalls ein Namenschild.

Engelin
Eine hinreißende Blondine mit lockiger Engelfrisur. Die himmelblaue Uniform ist hier auf weiblich abgewandelt, Namenschild.

Mr. Klein (Max)
Ein Intellektueller mittleren Alters, Brillenträger, Atheist. Zunächst hat er einen weißen Krankenkittel an.

Miss Rodinski (Sarah)
Eine Feministin mit braver Frisur und Schneiderkostüm. Daß sie hübsch ist, soll man erst später erkennen.

Nancy
Eine Zwölfjährige mit Pippi-Langstrumpf-Zöpfchen, die im weißen Kommunionkleid kommt. (Sofern sie kindlich wirkt, kann die Rolle auch mit einer etwas älteren Schauspielerin besetzt sein.)

Mrs. Gladstone
Eine eher korpulente Künstlerwitwe. Sie trägt ein Seidenkleid und einen kleinen Brautschleier, wirkt sehr britisch.

Sr. Robles
Ein leicht angegrauter südamerikanischer Drogenschmuggler. Er trägt ein Oberlippenbärtchen, kommt im Smoking.

Reverend Hopkins
Ein älterer TV-Prediger im Habitus eines Geistlichen.

Erster Akt

7 Uhr morgens.
Der Engel sitzt in seiner himmelblauen Uniform hinter dem Check-in-desk, tippt in den Computer.
Über Lautsprecher kommen die von sanfter Frauenstimme gesprochenen Flugansagen . . .

(z. B. »Flug Nr. 12.120   aus Athen   Flugsteig 3.110 . . .

Flug Nr.	12.120	aus Athen	Flugsteig	3.110 . . .
Flug Nr.	6.113	aus Moskau	Flugsteig	16 . . .
Flug Nr.	410	aus Bologna	Flugsteig	4 . . .
Flug Nr.	11.308	aus Wien	Flugsteig	1.311 . . .
Flug Nr.	24	aus Dubai	Flugsteig	8 . . .
Flug Nr.	2.640	aus Amsterdam	Flugsteig	5.113 . . .
Flug Nr.	221	aus Peking	Flugsteig	777 . . .
Flug Nr.	47	aus London	Flugsteig	9.821 . . .
Flug Nr.	27.113	aus Montevideo	Flugsteig	78 . . .«

Dieses Tonband kann beliebig verlängert werden: Jede Stadt mit Flughafen kommt als Abflugort in Frage – Flugnummern bis zu 30.000, Flugsteignummern bis zu 10.000.)

GOTT kommt im himmelblauen Arztkittel mit eiligen Schritten aus dem Tunnel:
Auf dem Rücken trägt sie ein Paar prachtvolle himmelblaue Flügel, auf denen fünf (wie bei Hotels nebeneinander angebrachte) goldene Sterne glänzen.
Sie entledigt sich ihrer mit routinierten Griffen (sie werden nach Art der in Passagierflugzeugen gebräuchlichen Schwimmwesten vorn geschlossen), hängt sie an die Garderobe, wo sich bereits zwei andere Flügelpaare befinden (identisches Modell, jedoch ohne Sterne).
Der Engel steht auf, überläßt ihr den Platz am Computer, händigt ihr zugleich ein Bündel Flugscheine aus.

GOTT   (zählt die Scheine)

Nur sechs?

ENGEL   Ärztestreik.

Die Vormittagsflüge aus New York waren alle unterbesetzt.

GOTT   (während sie sich die Utensilien zurechtlegt)

Nach der Logik müßten da doch mehr Leute sterben?

ENGEL   Nach der Logik. Nach der Statistik gibt es bei einem
Ärztestreik weniger Tote. – Die Mittagsmaschinen sind aber
trotzdem voll.

GOTT   (ist mit den Vorbereitungen fertig)

Fangen wir an?

(während der Engel zur Glastür geht, hüllt sie sich durch Anknipsen
eines Spots in eine leicht verfremdende, gewissermaßen »überirdische«
Beleuchtung, bringt durch Knopfdruck die Flugansagen zum Schweigen, kontrolliert mit einem Handgriff den Sitz ihrer Frisur)

ENGEL   (hat die Glastür geöffnet)

Der erste.

REVEREND (off)   Das bin ich.

SARAH (off)   . . . Das bin ich! . . . So gehen Sie mir doch aus dem
Weg, Sie alberner Pfaffe! . . . Lassen Sie meinen Arm los!

(sie stolpert herein, als habe sie sich soeben von jemand losgerissen)

REVEREND (off)   Die Ersten werden die Letzten sein!

SARAH   Das könnte Ihnen so passen, scheinheilige Kröte!

(sie ordnet ihre Kleidung, reicht dem Engel ihre Bordkarte, von der er
einen Teil abtrennt;

er weist in Richtung Desk, Sarah geht ein paar Schritte, bleibt dann wie
geblendet stehen)

. . . Also doch.

Aber ich hab's gewußt.

Ich hab's immer gewußt!

(über die Schulter – obwohl der Engel die Tür zum Korridor unterdessen schon wieder geschlossen hat)

– Er ist eine Frau!

(sie eilt zu Gott, händigt ihr den Rest ihrer Bordkarte aus, wird dann
plötzlich unsicher)

. . . Sie sind's doch?

Ich meine: Sie sind doch . . . Gott?

168

(als Gott, Bordkarte und Flugschein miteinander vergleichend, wie nebenbei auf ihr goldenes Namenschild verweist)
– Eine Frau!
Aber ich hab's gewußt ... Ich meine, im strengen Sinn bin ich nie ein gläubiger Mensch gewesen – schon weil mein Vater ein Rabbi war, hätte ich nicht gebetet ...
Aber irgend etwas Höheres, hab ich mir gesagt ... irgend etwas Höheres muß es ja geben ... Wie sonst soll denn das alles entstanden sein: die Sterne, die Tiere, diese vielen Blumensorten ...
Im Village kannte ich einen, der hat fleischfressende Pflanzen gezüchtet!
Das muß sich doch erst einmal einer ausdenken, hab ich mir gesagt!
Und wenn das so ist, dann gibt es für die gesamte Schöpfung eigentlich nur eine einzige vernünftige Erklärung ... Diese Sensibilität ... diese Sinnlichkeit ... diese in sich ruhende Kraft, die das alles ausstrahlt ... Das *kann* nur ein weiblicher Intellekt erfunden haben: Gott *muß* also eine Frau sein.
– Und da sitzt sie!

GOTT *(die unterdessen ein paar Daten in den Computer getippt hat, liest die hereinkommende Information)*
Sarah Rebecca Esther Rodinski ...

SARAH Korrekt.

GOTT Journalistin ...

SARAH ... Feministin.

GOTT Ist mir klar.
Wohnhaft in der Lower East Side von Manhattan ... Mutig! ... Unverheiratet ...

SARAH Und wie!

GOTT ... keine Kinder.
Sie schrieben für *Ms, New York Woman, Vanity Fair, Cosmopolitan, Ladies Home Journal* ...

SARAH Zum Broterwerb!

GOTT ... Hatten in der *Village Voice* eine Kolumne.

SARAH Die wollten mich gerade feuern!

GOTT   ... Wurden vor achtundvierzig Stunden auf dem Weg zum Kennedy-Flughafen bei einem Verkehrsunfall tödlich verletzt.

SARAH   Germaine Greer sollte zu einem Vortrag aus London kommen, ich war beauftragt, sie am Terminal von British Airways abzuholen ...

GOTT   Von Ihnen stammt der feministische Slogan »Als Gott den Mann erschuf, hat sie nur geübt«?

SARAH   *(eingeschüchtert)*
Das hat Sie doch nicht gekränkt?

GOTT   *(amüsiert)*
Aber es stimmt doch!

SARAH   Wenn sie das hören könnten!
Oh, wenn sie das nur hören könnten!
(sieht die Telefone)
... Kann man hier telefonieren?
(deutet auf den Computer)
... Oder wenn Sie vielleicht so liebenswürdig wären, da ein kleines Telex einzugeben? ... Nur ein ganz kurzer Text:
SARAH RODINSKI AN N.O.W.
... Das ist die US-Frauenorganisation ...
(mißtrauisch)
Sie haben von uns gehört?
(als Gott nickt)
Schreiben Sie: GOTT LEBT ... ES GEHT IHM GUT ...
(dreht sich wie im Freudentaumel)
UND ER IST EINE FRAU!
*(hält plötzlich inne –
nach einem kurzen Blick auf Gott)*
... Tot, eben.
O.k., o.k., ich kann's tragen.
(als Gott eine tröstliche Geste machen will)
Ich kann's tragen, o.k.?
(sieht sich um)
... Ist das alles?
Ich meine: Das kann doch noch nicht das Paradies sein, oder?

GOTT   Jetzt haben Sie mich aber wirklich beleidigt ... Lassen wir zuerst Ihre Mitreisenden herein? Ich möchte es nicht jedem einzeln erklären müssen.

ENGEL   *(hat die Tür wieder geöffnet)*
Der nächste!

REVEREND   *(kommt herein, läßt ihn die Bordkarte abreißen, stellt sich großspurig hin)*
Tod, wo ist dein Stachel?
Hölle, wo ist dein Sieg?
(blickt sich um, entdeckt die Frau hinter dem Desk)
– Wann kommt er? ... Wo ist er? ... Wann darf ich ihn endlich von Angesicht zu Angesicht ...

SARAH   *(triumphierend)*
Da!

REVEREND   Eine ... Frau?

SARAH   Eine Frau.

REVEREND   Nun, meine Tochter, Gott hat viele Gesichter ... Warum sollte er in seiner Ewigen Barmherzigkeit nicht auch das Antlitz einer unscheinbaren ...

GOTT   *(freundlich)*
Ich *bin* eine Frau.

REVEREND   *(schluckt)*
Eine ... Frau.
(geht zum Desk, reicht ihr seine Bordkarte)
Tod, wo ist dein Stachel?
Hölle, wo ist dein Sieg?

GOTT   *(während sie seine Daten in den Computer gibt)*
Es gibt keine Hölle.

REVEREND   Keine Hölle?
– Aber das haben Sie doch selbst geschrieben?
– Das steht doch in Ihrem Buch?

GOTT   Ein Interpretationsfehler, Reverend Hopkins.

REVEREND   *(zu Sarah)*
Reverend Hopkins ... Vielleicht verstehen Sie mich jetzt?
(zu Gott)
Lassen Sie mich als ersten da hinein, sagte ich zu der Dame:
Mich erkennt er sofort!

SARAH   *Sie* – mich erkennt *sie* sofort!

(zu Gott)
Dabei kennt in Amerika jedes Kind seine verheuchelte Visage!

REVEREND *(zu Sarah)*
Was immer ich tat, ich tat es zum Ruhme des Herrn.

SARAH Der *Dame.*

REVEREND *(zu Gott)*
... Jetzt bin ich tatsächlich ein wenig von Sinnen.
Wie darf ich Sie ansprechen, Madam:
Majestät?
Hochwürden?
Hochwürdige Mutter?
– Was wäre in einem solchen Falle denn korrekt?

GOTT Mein lieber Reverend, warum nennen Sie mich nicht einfach so wie in Ihren Fernsehpredigten?

REVEREND ... Gott?

SARAH *(zu Gott)*
Keine Angst, er gewöhnt sich dran.

REVEREND ... Nun: Was immer ich tat, ich tat es zu Ihrem Lobe und in Ihrem Namen.

GOTT *(deutet auf den Bildschirm)*
Hier steht, daß Sie in meinem Namen dreiundachtzig Millionen Dollar gesammelt haben?

REVEREND Im Schweiße meines Angesichts, jawohl. Und ausschließlich zu gutem Zwecke.

GOTT Für eine Fünfzig-Zimmer-Villa auf den Bahamas, steht hier.

REVEREND Wir wollten Sie *würdig* repräsentieren: Der Papst residiert in einem Palast!

GOTT *(vom Bildschirm lesend)*
Luxuslimousinen ... Privatflugzeuge ...

REVEREND Eure Heiligkeit sollte nicht vergessen, daß dem katholischen Oberhaupt bei seinen Reisen die ganze ALITALIA zur Verfügung steht!

GOTT Also gut, lassen wir das ...
Würden Sie bitte Platz nehmen?
(der Engel öffnet auf ihren Wink hin die Glastür für den nächsten)

REVEREND Ich habe nichts zu verbergen – *mein* Gewissen ist rein.

(da Gott ihm schon nicht mehr zuhört, zu Sarah)

Vielleicht haben Sie der Presse entnommen, *wie* ich gestorben bin? ... Ein Herzinfarkt, mitten in einer Predigt ... Ich ging mit einem Gebet auf den Lippen: vor laufenden Kameras!

(Mrs. Gladstone ist unterdessen zum Desk gekommen – sie trägt zum matronenhaften Ausgehkleid einen kleinen Brautschleier, hat ein verwelktes Brautbouquet in der Hand)

GOTT *(während sie ihre Bordkarte entgegennimmt)*

Guten Tag.

GLADSTONE *(herablassend)*

Guten Tag, meine Liebe.

GOTT *(tippt die Daten ein, liest)*

Pamela Hughes, geboren in London als Tochter eines Omnibusschaff...

GLADSTONE *(unterbricht sie)*

... Entschlafen in ihrem Apartment im National Arts Club, Gramercy Park 15, 10003 New York.

– und zwar als *Mrs. Jonathan Gladstone!*

GOTT *(zum Engel)*

Haben wir nicht schon eine Verstorbene dieses Namens?

GLADSTONE Sie haben hier einen *Mr.* Jonathan Gladstone.

Den berühmten Künstler.

– Er erwartet mich, ich bin seine Frau.

SARAH *(während sie um sie herumgeht)*

... Sagen Sie, haben Sie das testamentarisch festgelegt, daß man Sie mit dem Hochzeitsschleierchen beerdigt? ... Das Brautkleid war wohl etwas eng geworden ...?

(zu Gott)

Mrs. Jonathan Gladstone!

Es ist nicht zu fassen!

Dafür haben wir nun gekämpft: Damit eine wie die sich sogar noch im Jenseits mit dem Namen ihres Mannes vorstellt!

(zu Mrs. Gladstone)

Schämen Sie sich denn nicht?

Haben Sie keinen eigenen Namen?

– Glauben Sie, Ihr seliger Gatte hätte sich hier als Mr. Pamela Hughes eingeführt?

GLADSTONE *(mustert sie höhnisch)*
Eine Feministin.

Hab ich mir's doch schon in der Maschine gedacht: Man braucht euch ja nur anzusehen!

... Und hier liegt ja wohl auch euer kleines Problem: Nicht einmal in einem Paradies ließe sich für so was ein Ehemann finden!

SARAH *(blickt erstaunt an sich herunter, sucht in der Kostümjacke nach einer Brille, findet sie, liest das Etikett)*
– Macys!

Hat sie's also doch noch geschafft!

(zu Gott)
Meine verdammte Mutter: Genauso wollte sie mich haben!

(dreht sich um, damit sie das Kostüm auch von hinten sieht)
Das war ihr Geschmack!

GLADSTONE *(zu Gott)*
Sagen Sie, meine Liebe: Wo ist Gott?

Ich muß ihn sofort sprechen!

GOTT Ich bin Gott.

GLADSTONE *(mit kaum verhohlener Enttäuschung)*
... Oh.

(zum Reverend)
Na gut, Mrs. Thatcher hat sich ja schließlich auch bewährt – und wie sind wir zuerst mißtrauisch gewesen!

(als er nicht reagiert)
Sie sind wohl kein Brite?

REVEREND Nein, meine Tochter – doch vor unserem Herrgott sind wir ohnehin alle gleich.

GLADSTONE *(ohne Begeisterung)*
Tatsächlich?

(der Engel hat unterdessen Sr. Robles hereingebeten)

ROBLES *(geht mit ausgebreiteten Armen zum Desk)*
... Eine Dame!

(Gott streckt die Hand nach seiner Bordkarte aus, er hält sie fest, gibt ihr einen Handkuß)

Jesús Maria Robles Santander ... Señora, estoy encantado ...
Ich bin entzückt!
(zu den andern, während Gott seine Daten eintippt)
Bitte entschuldigen Sie diese lächerliche Aufmachung: Fünf
Anzüge waren in meinem Koffer, und ausgerechnet in den
Smoking haben sie mich gesteckt – im Aufzug eines Ober-
kellners muß ich vor meinen Richter treten!
(blickt auf seine Hand)
– El anillo!
– Wo ist mein Ring?
Diese gottverdammten Totengräber!
(zu Gott)
Verzeihen Sie, aber ich dachte, daß das nur bei uns in Südame-
rika passiert!
Haben Sie gesehen, wer's war?
– Hijo de puta!
– Dafür wirst du mir in der Hölle braten!
REVEREND   Die Hölle gibt es nicht, mein Sohn.
ROBLES   Die gibt es nicht?
(zu Gott)
Ich habe mich umsonst gefürchtet?
(zum Reverend)
Wie konnte das passieren?
REVEREND   Ein Interpretationsfehler.
Unsere Kirchenväter haben die Worte des Herrn ... der
Dame ... falsch ausgelegt ... falsch übersetzt ... falsch hinge-
schrieben ...
Aus Versehen natürlich!
SARAH   Aus Versehen?
Ihr Männer habt diese Texte doch von Anfang an zu euren
Gunsten manipuliert!
(zu Robles)
Ich werde Ihnen sagen, warum es keine Hölle gibt. Warum es
sie gar nicht geben *kann*!
(deutet triumphierend auf Gott)
– Weil Gott eine Frau ist!
(zum Reverend)

175

... Oder glauben Sie, daß eine Frau sich an eine Rampe stellt
und selektiert?
Der da ins Fegefeuer, der da ins Paradies?
Das Jenseits als Auschwitz! Auf solche Perversitäten kommen
doch nur Männer! ...
Nur eine Männerkirche kann ihren Schäfchen mit der Ewigen Verdammnis drohen!

ROBLES   O nein, da irren Sie aber sehr!
Auch mein Mütterlein hat davon gesprochen!
(zu Gott)
... Una santa!
(zu Sarah)
Jesús Maria, hat sie zu mir gesagt: Gott sieht *alles*! ... Wenn du
nicht brav bist, wirft er dich in ein ganz, ganz großes Feuer ...
Wie ein Spanferkelchen wirst du dort rösten!

SARAH   Ihr Mütterlein war ein Instrument des Patriarchats!

GOTT   *(vom Bildschirm lesend)*
Sie haben mit Drogen gehandelt, Señor Robles.

ROBLES   *(weinerlich)*
Señora, Sie kennen doch die sozialen Verhältnisse in unserem
Land: Drei Dutzend Menschen waren auf meine Arbeit ange-
wiesen!

GOTT   *(liest)*
Ein Dutzend.

ROBLES   Unschuldige Kinder, jawohl!

GOTT   Drei Kinder, steht hier. Zwei wären bereits straffällig
gewesen.

ROBLES   *(zu den andern)*
Gewissensbisse? Natürlich hatte ich Gewissensbisse! Und
dann hab ich mir wieder gesagt: Jesús Maria, denk nach! Hat
dein lieber Herrgott nicht eine Erde voll herrlicher Menschen
geschaffen? Hat er nicht all die herrlichen Pflanzen wachsen
lassen, die ihnen so wundervolle Träume geben: das Meskalin,
das Kokain, die zarten Haschischsträuchlein, den entzücken-
den Opiummohn? ... Falls er nicht wollte, daß diese beiden
Erfindungen zusammenkommen, hätte er sie dann überhaupt
erfunden?

GOTT *(geduldig)*
Señor Robles ...
ROBLES Nennen Sie mich Jesús Maria!
GOTT ... Sie sind vor drei Tagen mit einer neuen Ladung Ihrer
Ware nach New York gekommen: Am Hafen erwarteten Sie
zwei Killer der Konkurrenz.
ROBLES *(zu den andern)*
Zwei gegen einen, jawohl!
(greift sich an die Brust)
Zwanzig Messerstiche!
GOTT Fünf.
ROBLES ... Mein weißer Anzug: überall Blut!
(geht schluchzend in die Knie)
Ich bin ein Sünder, Señora, ich weiß!
Aber habe ich nicht mit dem Leben bezahlt?
GOTT Señor Robles ...
(er blickt auf, sie weist auf einen Sessel)
Bitte!
(er steht auf, setzt sich zum Reverend)
ENGEL *(hat unterdessen wieder die Glastür geöffnet)*
Komm schon ...
Aber es passiert dir doch nichts ...
*(Nancy tritt zögernd ein – im weißen Kommunionskleid, mit einer
Kerze, die sie wie ein Schutzschild vor sich trägt ... der Engel führt sie
zum Desk, nimmt ihr die um den Hals hängende Bordkarte ab, reicht
sie Gott)*
NANCY *(mit niedergeschlagenen Augen)*
Ich bitte von ganzem Herzen um Vergebung.
GOTT *(etwas beschämt)*
Du? Mich?
NANCY Ich wollte es ja zuerst gar nicht machen! Aber dann hat
mein Bruder Napoleone gesagt ... Also, wenn's dir ernst ist
mit der Fliegerei, hat er gesagt ... Wenn du wirklich eine
Astronautin werden willst ...
GOTT *(vom Computer lesend)*
Napoleone ist dein Zwillingsbruder?
NANCY Napoleone Carbucci.

Ich bin Nancy Carbucci ... Eigentlich heiße ich Gina, aber ich habe mich letzte Woche in Nancy umgetauft ... Könnte ich bitte meinen Cockerspaniel sehen? Der ist kürzlich auch gestorben ...

GOTT   Nancy Carbucci, was hast du dir bei der Sache eigentlich gedacht?

NANCY   Ich wollte den ersten Gleitflug über den Central Park machen. Wir wohnen direkt daneben: Columbus Tower, im vierzigsten Stock. Eine ideale Startposition fürs Drachenfliegen, hat mein Bruder Napoleone gesagt.

– Wenn der Wind nicht gewechselt hätte!

Im allerletzten Augenblick bin ich in die Fifth Avenue abgedriftet!

Ich hab's noch bis zum Trump Tower geschafft, aber da war's dann aus.

GOTT   *(vom Computer lesend)*

Du bist abgestürzt.

NANCY   *(zerknirscht)*

Ja, Madam.

GLADSTONE   Gibt es denn keine Schutzengel für solche Kinder?

GOTT   Nur bis zum zwölften Lebensjahr.

GLADSTONE   Wie alt bist du?

NANCY   *(kleinlaut)*

Die Ausrüstung war von den tausend Dollar, die wir zum zwölften Geburtstag bekommen haben.

GLADSTONE   Tausend Dollar! Welcher Barbar gibt Kindern soviel Geld in die Hand?

NANCY   Das war unser Dad.

GLADSTONE   Nun, er scheint ja Geld zu haben.

NANCY   Kennen Sie Napoleones TV-Dinner?

Das ist seine Erfindung: Er ist Napoleone Carbucci der Zweite.

Gegründet hat die Firma mein Großvater, Napoleone Carbucci der Erste – aber der ist bereits hier.

... Das war auch der Grund, warum mein Bruder nicht fliegen konnte. Er muß ja später die Firma übernehmen!

GLADSTONE *(zu Gott, vorwurfsvoll)*
Das arme Kind!

NANCY Das Fliegen selbst war aber in Ordnung.

GLADSTONE Du mußt doch Todesängste ausgestanden haben!

NANCY Todes*ängste*?
Das Schlimmste, was dir passieren kann, ist, daß du abstürzt, hat mein Bruder gesagt. In dem Fall bist du ein Engel, kommst in den Himmel, und da geht's dann ja erst richtig los mit der Fliegerei.
(greift sich an die Schulterblätter)
Meine wachsen schon!

GOTT *(muß lachen)*
Aber nein – die Flügel der Engel sind doch nicht angewachsen.
(weist zur Garderobe)
Da.

NANCY Woaoh...!
Darf ich die mal anfassen?
Wann krieg ich meine?

GOTT Das wirst du gleich erfahren, ja?
Setz dich jetzt hin.
(zum Engel)
Da fehlt doch noch ein Passagier?

ENGEL *(zögernd)*
Er ist draußen.

GOTT *(sieht ihn an)*
Doch nicht schon wieder einer?
(der Engel nickt betrübt)
... Ein Atheist?
Sind Sie sicher?
(seufzend)
Also gut, bringt ihn.
(der Engel geht auf den Korridor, rollte eine Bahre herein, die am andern Ende von der Engelin geschoben wird; darauf liegt Max, bis zum Hals mit einem Leintuch bedeckt ... Gott kommt hinter dem Desk hervor, tritt zur Bahre, fühlt seinen Puls)

ENGELIN Er stellt sich tot.

GOTT Was soll das heißen, er stellt sich tot: Er *ist* tot.

ENGELIN *(eingeschüchtert)*

Er verweigert die Auferstehung, wollte ich sagen.

(Gott nimmt ihr Stethoskop, untersucht Max' Herztöne, streckt die Hand nach seiner Bordkarte aus – die Engelin gibt sie ihr)

GOTT *(nach einem Blick auf den Namen)*

... Mr. Klein?

(tätschelt seine Wange)

Mr. Klein, aufwachen!

MAX *(öffnet die Augen)*

... Wo bin ich?

REVEREND *(der unterdessen ebenfalls an die Bahre getreten ist)*

Sie sind im Jenseits, mein Sohn.

MAX *(noch benommen)*

Es gibt kein Jenseits.

REVEREND Aber selbstverständlich gibt es das: Sie befinden sich direkt an der Schwelle zum Ewigen Leben!

MAX Es gibt kein Ewiges Leben.

REVEREND *(zu Gott)*

Können Sie's ihm nicht sagen?

GOTT Der Reverend hat recht, Mr. Klein: Sie sind an der Pforte zum Paradies.

MAX *(wird langsam wach)*

An welcher Pforte bin ich?

GOTT *(deutet zum Tunnel)*

Sehen Sie diesen Ausgang dort?

(Max stützt sich mit Hilfe des Engels etwas auf)

Er führt geradewegs ins Paradies.

MAX *(belustigt)*

Ins Paradies.

Und woher wissen Sie das so genau?

GOTT Ich hab's erfunden.

(zeigt auf ihr Namensschild)

(Max liest, bricht in Gelächter aus)

REVEREND Mein Sohn, Sie versündigen sich!

MAX *(blickt sich um)*

Bin ich hier eigentlich in einem Irrenhaus?

(Gott geht wieder hinter den Desk, tippt seine Daten in den Computer)

ENGELIN   Sie sind bei Gott.

MAX   Es gibt keinen Gott.

NANCY   Doch, da ist er!

SARAH   *(korrigiert sie leise)*
Da ist *sie.*

MAX   Würde mir vielleicht jetzt endlich einer sagen, wo ich bin?

NANCY   Sie sind im Himmel, Ehrenwort!
(sie ist zu ihm getreten)

MAX   *(belustigt)*
Und wer bist du?

NANCY   Nur einer der Engel.

MAX   Nur einer der Engel.

NANCY   *(stolz)*
Ich bin abgestürzt.
– Tödlich!

MAX   Sind die Engel nicht mehr unsterblich heutzutage? Sollte das nicht der Trick sein?

NANCY   Aber das war doch vorher!
– Ich wollte den ersten Gleitflug über den Central Park machen und bin mit voller Wucht gegen den Trump Tower geknallt.

MAX   Was hat denn Mr. Trump dazu gesagt?

NANCY   *(zu Gott)*
Was hat er gesagt?

MAX   Schluß jetzt!
(er springt von der Bahre, geht im Krankenkittel ein paar Schritte in Richtung Desk, bleibt stehen, blickt auf seine nackten Füße)
Ich kann laufen!
Ich kann ja wieder gehen?
Ich bin gesund!

GLADSTONE   Sie sind tot, Mr. Klein.
Der Weg allen Fleisches: Wir sind alle tot.

MAX   *(blickt um sich)*
... Ein Irrenhaus.
Sie haben mich tatsächlich in ein Irrenhaus eingeliefert!
(betastet seinen Krankenkittel)

Wo ist meine Brille, verdammt.
(Gott reicht ihm eine Brille über den Desk, er setzt sie auf, sieht sich um)
Der Kennedy-Flughafen, Gott sei Dank!
(zu Gott)
Sagen Sie, Miss: Soll ich vielleicht in diesem Aufzug nach L. A. fliegen?
Wo sind meine Klamotten?
(Gott reicht ihm ein Kleiderbündel: Jeans, hellblaues Hemd, Sportsakko, Turnschuhe, Socken)
Verbindlichen Dank.
(während er sich ankleidet, zu Gott)
Warten Sie mal ... Sie kenn ich doch? ... Haben wir uns nicht schon irgendwo gesehen ...?
(zur Engelin)
Und Sie sind mir doch auch schon begegnet? Ein hübsches Mädchen vergesse ich nie.
(deutet auf Mrs. Gladstone)
... Aber wer sind die andern Gestalten?

GLADSTONE *(indigniert)*
Ich bin Mrs. Jonathan Gladstone.

MAX   Die Witwe des berühmten Malers?

GLADSTONE *(zu den andern)*
Wenigstens Kultur scheint er zu haben.

MAX   *(zum Reverend)*
Sie sind ein Pfaffe, das ist klar.

REVEREND *(gekränkt)*
Ein Fernsehgerät besitzen Sie wohl nicht?

SARAH   *(zu Max)*
Das ist doch der mit der Direktverbindung zum Herrn Jesus.

MAX   *(hat sich wieder zu Gott gewandt)*
Jetzt hab ich's: Sie sind die Ärztin, die mir die Narkose verpaßt hat, oder?
(Gott bemerkt das Stethoskop an ihrem Hals, steckt es rasch in die Tasche)
Jawohl, Ihr Gesicht war das letzte, was ich ...
(zur Engelin)

Und Sie sind doch die Krankenschwester, die mich in den Operationssaal gefahren hat ...?
(blickt von einer zur andern)
– Was macht ihr hier am Flughafen?

GOTT Sie erinnern sich also an ein Krankenhaus, Mr. Klein. Was war denn vorher?

MAX Vorher?
Warten Sie ... Da war ich doch auf dem Weg zum Kennedy-Flughafen, oder?
... Jawohl: Ich fuhr den neuen Porsche!
... Madox hatte mich zu einer Drehbuchkonferenz nach L. A. bestellt ... Ich weiß noch, daß ich Angst hatte, das Flugzeug zu versäumen, ja!
Und dann war plötzlich so ein grauenhaftes Frauenzimmer in einem zerbeulten Chevi neben mir ...

SARAH Sie!

MAX *(erkennt sie ebenfalls)*
Die da! Jawohl!

SARAH *(zu Gott)*
Ich hab doch gewußt, daß ich den kenne!

MAX *(zu Gott)*
Sie hat mir systematisch den Weg abgeschnitten!

SARAH *(zu Gott)*
Er konnte nicht ertragen, daß eine Frau besser fährt! – Das war zuviel für sein Ego!

MAX Ein nagelneuer Porsche! Mit knapper Not anbezahlt!

SARAH *(geht auf ihn zu)*
Dann wären Sie doch ausgewichen, Sie Idiot!

MAX Ich? Wollten Sie mit Ihrer Klapperkiste mit einem Rennwagen konkurrieren?

SARAH Ach so! Sie denken, daß der Reichere ein Recht auf die Überholspur hat?
(beginnt mit beiden Fäusten auf ihn einzuschlagen, während er mit den Armen seine Brille zu schützen sucht)
Schwein! ... Dreckiger kleiner Macho! ... Mörder!

GOTT Miss Rodinski!
(Sarah läßt augenblicklich von ihm ab)

... Sie können sich also an einen Unfall erinnern, Mr. Klein. Er hatte leider einen tragischen Ausgang: Miss Rodinski war sofort tot, Sie sind eine Stunde später auf dem Operationstisch gestorben ...

Nach irdischen Maßstäben träfe die Schuld jedoch Sie, Miss Rodinski: Sie sind sehr aggressiv gefahren!

MAX *(auf Gott deutend, zu den andern)*
Sie lügt!

REVEREND   Mein Sohn!

MAX   Sie lügt, und ich kann's beweisen:
Wie könnte ich auf dem Operationstisch gestorben sein – in New York herrscht im Augenblick ein Ärztestreik!

GOTT *(tippt etwas in den Computer, liest)*
... Die Notfallstationen sind davon ausgenommen.
Kommen wir also endlich zur Sache:
Sie sind Maximilian Klein, wohnhaft in Manhattan, Dramatiker ... Hier steht, daß Sie einundzwanzig Bühnenstücke geschrieben haben ... Klein, Klein ... Ihr Name kommt mir tatsächlich recht bekannt vor ...

MAX   Sie verwechseln mich mit dem Jeansdesigner.
Nur fünf meiner Stücke sind aufgeführt: Vier wurden sofort abgesetzt, eines lief drei Wochen.

GLADSTONE *(beeindruckt)*
Am Broadway?

MAX *(mit traurigem Lachen)*
Aber klar.

GOTT   Also Flops. So heißt das doch in Ihrer Branche?

MAX   So heißt das.

GOTT   ... Hier steht, daß Sie auch für Film und Fernsehen schrieben. Sie scheinen gerade an einer recht erfolgreichen Serie gearbeitet zu haben ... Sie handelte von »den turbulenten Vorgängen auf einem New Yorker Polizeirevier«.

MAX   »Der verliebte Sergeant«.

NANCY   Die Lieblingsserie Napoleones!
(zu Max) ... Mein Zwillingsbruder.

MAX *(traurig)*
Er hat Geschmack!

GOTT *(belustigt)*
»Der verliebte Sergeant«!

MAX Wissen Sie, wieviel Alimente ich jeden Monat zu zahlen hatte?

GOTT *(liest vom Computer)*
12.365 Dollar. Sie sind dreimal verheiratet gewesen und lebten gerade mit einer sehr, sehr jungen Dame ...

MAX *(wendet sich den andern zu)*
Wo sind wir hier eigentlich – beim Jüngsten Gericht?

GOTT Es gibt kein Jüngstes Gericht.

REVEREND *(entrüstet)*
Das auch nicht?

MAX *(zu Gott)*
Also, heraus damit – wo sind wir?

GOTT Technisch gesehen, auf einer Basis im Weltraum.

MAX Technisch gesehen. – Irgendein spezieller Planet in der Nähe?

GOTT Die Erde natürlich. Wir liegen innerhalb der Erdatmosphäre.

MAX Ist das nicht beruhigend?
Zu Ihnen, Madam: Wer sind Sie wirklich?

GOTT *(freundlich)*
Ich bin wirklich Gott.

MAX *(zeigt auf die andern)*
Dann sind die natürlich auch wirklich Ihre Engelchen?

GOTT Auch Sie sind ein Engel, Mr. Klein.

MAX *(geschmeichelt)*
Danke!
Aber sagen Sie ... Gott: Wenn wir alle Engel sind, warum sitzen wir dann nicht auf einer dieser Wolken?
(deutet auf das Panoramafenster)

GOTT Weil ihr noch nicht fliegen könnt.

MAX Und warum bringen Sie's uns nicht bei?

GOTT *(erleichtert)*
Darum handelt es sich, Mr. Klein, ich danke Ihnen.

MAX *(streng)*
Es gibt keinen Gott.

GOTT   *(seufzt)*
Aber sie sitzt doch vor Ihnen!

MAX   Also gut – beweisen Sie mir's!
(er hat sich gesetzt, blickt sie erwartungsvoll an)

GOTT   *(gelangweilt)*
Was soll ich tun?

MAX   *(als ihm nichts Besseres einfällt)*
Lassen Sie's blitzen!
(Gott drückt auf einen Knopf am Desk, hinter der Panoramascheibe blitzt es – die andern Schüler schreien auf, jedoch mehr begeistert als erschreckt)

GOTT   Sonst noch etwas?

MAX   Lassen Sie's donnern!

GOTT   Von einem Schriftsteller hätte ich doch etwas mehr Phantasie erwartet ...
(sie drückt auf einen Knopf, es donnert – die andern halten sich die Ohren zu)

MAX   ... Lassen Sie Blumen sprießen!

GOTT   *(gelangweilt)*
Welche Sorte?

MAX   Rosen.
Weiße, rote und gelbe.
– Von jeder Sorte ein Dutzend!
(Gott greift hinter den Desk, holt einen prachtvollen Blumenstrauß der gewünschten Zusammenstellung – entzückte Ausrufe der andern)
(während er seinen Strauß abholt, mit nervösem Lachen)
Als nächstes werden Sie da noch ein Kaninchen hervorzaubern!
(als Gott hinter dem Desk ein lebendiges Kaninchen hervorholt, es ihm geben will)
... Sehr liebenswürdig, danke.
(sie läßt es wieder hinter dem Desk verschwinden)
(er geht zu seinem Sitz zurück, beginnt dabei die Blumen nachzuzählen, schaut auf)
... Aber natürlich – das ist ein Traum!
(begeistert)
Und was für einer!

Ist das nicht seltsam? Ich meine, wie einem zuweilen gerade im Schlaf die allerbesten Einfälle kommen?

Ein Stück über einen Atheisten, das wollte ich schon immer einmal schreiben!

Über einen wie mich zum Beispiel ...

gleicher Background, gleiches Alter ...

der – ja: sagen wir nach einem Verkehrsunfall – erfährt, daß man nach seinem Tod tatsächlich in den Himmel kommt.

Versteht ihr:

Alles, wovon man sein Leben lang denkt, daß es ein Schwindel unserer Eltern und unserer Pfaffen ist ... Das Jenseits, das Ewige Leben, das Paradies ... Nichts als billiger Humbug und dreiste Erpressung ... Das alles ist zur Verblüffung unseres Helden auf einmal wahr!

Sogar der sogenannte liebe Gott ist plötzlich vorhanden!

Und wißt ihr, was?

(deutet triumphierend auf Gott)

– Er ist eine Frau!

SARAH *(die sich gerade eine Zigarette anzündet)*

Das wäre Ihnen ganz bestimmt nicht eingefallen!

MAX Aber das sag ich ja!

Ist das nicht phantastisch? – Die perfekte Komödiensituation?

(während er mit wachsender Begeisterung von einem zum andern geht)

... Eine Feministin! ... Ein Fernsehpfaffe! ... Eine verwöhnte Göre im Kleid der heiligen Kommunion! ... Ein kleiner südamerikanischer Gauner! ... Eine Künstlerwitwe mit Hochzeitsschleier!

– Jawohl, ich nehm euch!

Jeden einzelnen kann ich in diesem Stück brauchen!

(zu Gott)

Ich hoffe nur, daß ich mich beim Aufwachen noch erinnere: Könnten Sie das vielleicht liebenswürdigerweise auch noch für mich zaubern?

GOTT *(streng)*

Setzen Sie sich, Mr. Klein.

Setzen Sie sich nun bitte alle!

(Max spielt begeistert mit)

SARAH *(als die Engelin ihr ein Zeichen gibt)*
... Die Zigarette?
(die Engelin nickt, sie drückt gehorsam ihre Zigarette aus)
MAX *(schiebt seinen Blumenstrauß unter den Sitz, zur Engelin)*
... Anschnallen?
*(er tut, als ob er seine Gurte suchte – keiner nimmt seinen Scherz zur
Kenntnis)*
GOTT *(ist mittlerweile hinter dem Desk hervorgekommen)*
... Meine Herren,
meine Damen,
mein liebes Kind!
Es ist mir eine große Freude, Sie hier alle persönlich begrüßen
zu dürfen ...
(als Nancy den Finger hebt)
– Ja?
NANCY Mein Bruder Napoleone sagt, daß Sie jeden Tag eine
Million Menschen zu sich nehmen ...
GOTT Soviel sind's nun auch wieder nicht!
NANCY Ich meine, wie können Sie da jeden persönlich ...? –
Und dann noch die Tiere!
GOTT Du denkst noch in den Zeitmaßstäben, die auf der Erde
gelten, Nancy.
(deutet auf die Uhr mit der irdischen Zeit)
Sieh mal: Das da ist die irdische Zeit ... In New York geht's
jetzt zum Beispiel auf acht Uhr morgens ...
(deutet auf die Phantasieuhr)
Und das ist die überirdische.
NANCY *(verständnislos)*
Ha?
REVEREND *(befriedigt)*
Gottes Uhren gehen nun einmal anders, mein Kind.
NANCY *(stolz)*
Nach der Relativitätstheorie!
GOTT Die ist falsch.
NANCY Ehrlich?
MAX Haben Sie's Albert schon gesagt?
GOTT Das mußte ich wohl.

MAX   Wie hat er's denn aufgenommen?

GOTT   Oh, er ist ein Mann von Humor!

... Zum Zweck Ihres Aufenthalts also:
Er ist rein pragmatisch.
Ein Jüngstes Gericht wird es nicht geben – hier wird keine
schmutzige Wäsche gewaschen, das wäre nicht mein Stil.
– Sie sind alle tot.
– Sie sind alle im Himmel.
– Kommen alle ins Paradies.

SARAH   Sollte man nicht wenigstens die Männer ein wenig zur
Rechenschaft ...

GOTT   Alle!

REVEREND   Wer von euch ohne Sünde ist, der werfe den ersten
Stein.

GOTT   Danke, Reverend.

Jeder ist also unschuldig, ist das klar?
Vergeßt den philosophischen Unsinn, den man euch von den
Kanzeln gepredigt hat: Wenn es einen Gott gibt, kann es logischerweise für den Menschen keine freie Entscheidung geben.
Denn wenn ich euch gemacht habe, habe ich natürlich auch
eure Schwächen gemacht, begehe *ich* eure Sünden.
Wer sich bei Erfolgen bei mir bedankt und bei Versagen selbst
bezichtigt, handelt nicht nur inkonsequent, sondern auch
blasphemisch:
entweder alles oder nichts.
(da Robles die Hand hebt)
– Señor Robles?

ROBLES   Eine praktische Frage: Und der Satan?

GOTT   Vergeßt das Märchen vom Satan –

damit beleidigt ihr mich nur!
Angenommen, es gäbe ihn:
Wenn ich *alles* gemacht habe, wäre natürlich auch der Teufel
meine Kreation.
Ich bin's also letztlich gewesen, die euch – in welcher Gestalt
auch immer – in Versuchung führte.
Und darum werde ich jetzt nolens volens auch eure Fehltritte
verantworten.

... Höchstens für den Fall, daß es *keinen* Gott gäbe, könnten die Menschen verantwortlich sein:
Doch dann säße ich ja jetzt nicht vor Ihnen, oder?

MAX *(lacht auf,*
holt ein Notizbuch aus der Tasche)
Darf man mitschreiben?

GOTT Aber Mr. Klein: Das haben Sie sich doch bestimmt auch selber schon gesagt?

MAX Aus Ihrem Mund klingt's überzeugender.

NANCY Mein Bruder sagt ...

GOTT Später, mein Engel, ja?

NANCY *(blickt stolz in die Runde)*
Mein Engel!
– Und die Flügel, wann kriegen wir die?

GOTT Dazu komme ich nun.
Also:
Die meisten von Ihnen können radfahren, Ski laufen, schwimmen, Auto fahren ...

NANCY Drachen segeln!

GOTT ... Aber in der Handhabung von Flügeln haben Sie noch keine Erfahrung.
Genausowenig, wie je einer einen richtigen Engel gesehen hat.
Hier also ein männlicher und ein weiblicher Prototyp ...
(verweist auf den Engel)
Dies ist ein Engel – sein Name ist Peter ...
(der Engel nickt)
Und das ist eine Engelin ... Paula, lassen Sie sich sehen!
(die Engelin tritt vor, geht wie auf einem Laufsteg vor den Schülern auf und ab – Max pfeift anerkennend)
Danke, Mr. Klein.
So schön wie Paula sind hier alle Frauen.

NANCY Ich auch?

GOTT Du bist doch auch eine Frau.
(zu Mrs. Gladstone)
... Dies wird also Ihr Astralleib sein, Mrs. Gladstone.

GLADSTONE *(freudig)*
So schlank?

GOTT Dürfte es dicke oder häßliche Engel geben?

– Das wäre doch ein Paradies ohne Gerechtigkeit, nicht wahr?

SARAH Also gut. Und was passiert mit den Männern?

GOTT Sie, meine Herren, werden so schön sein wie dieser junge Mann.

Peter, kommen Sie her ...

(Peter tritt nun hervor, läßt seine Muskeln spielen)

REVEREND So werde *ich* aussehen?

GOTT *(stolz)*

Schon ein paar Tage nach Ihrem Abflug!

REVEREND Schwarz?!

ENGEL *(freundlich)*

Schwarz ist schön.

GOTT *(wieder zu allen)*

Ihre individuellen Stimmen werden Sie behalten: Ich habe selten einen gesehen, der mit seiner Stimme nicht zufrieden ist.

... Was fehlt, ist also, daß Sie lernen, wie man mit Flügeln umgeht – nur darum werden Sie hier noch zurückgehalten ...

(gibt den beiden Engeln ein Zeichen – sie gehen zur Garderobe, schnallen mit möglichst synchronen Bewegungen ihre Flügel um)

Und auch unsere Verkehrsregeln sollten Sie natürlich kennen ...

(zu den Engeln)

– Fertig?

(ein Lichtspot geht an, der die beiden in »überirdische« Beleuchtung hüllt – der Anblick ist prachtvoll)

ALLE SCHÜLER Aaah ...!

GOTT Heute abend um diese Zeit werden Sie's sein, die dort so stehen ... Und dann so hinausfliegen ...

(gibt den Engeln ein Zeichen, sie verschwinden im Tunnel)

NANCY *(rennt zum Tunnel)*

Sie sind weg!

(zu Gott)

Könnte ich nicht gleich meine Flügel haben?

Ich bin doch schon geflogen!

GOTT *(liebevoll)*
  Mit bekanntem Erfolg.
  ... Gut, Sie brauchen jetzt etwas Zeit, um über das alles nachzudenken.
  Man wird Ihnen einen kleinen Imbiß servieren
  (deutet auf die irdische Uhr)
  – und um Punkt neun beginnt dann der Unterricht.
  (sie ist zur Garderobe gegangen, legt nun ebenfalls ihre Flügel an – die Schüler gehen hin, schauen ihr neugierig zu)
ROBLES Eine praktische Frage:
  Warum sind die Flügel denn nicht angewachsen?
GLADSTONE Wie würden Sie sich denn setzen? – Wie wollen Sie auf einer Wolke liegen?
GOTT Sie sagen es, Mrs. Gladstone.
NANCY Warum sind sie blau?
GOTT Denk nach.
NANCY Weil der Himmel blau ist? – Wegen der Tarnung?
GOTT Wie könntest du sonst deinem Bruder Napoleone nachspionieren?
NANCY *(kann ihr Glück nicht fassen)*
  Ehrlich?
GOTT Im vierzigsten Stock eines Wolkenkratzers sollte das kein Problem sein.
GLADSTONE Und bei schlechtem Wetter? Da ist der Himmel doch grau!
GOTT Da bleiben Sie ohnehin besser über den Wolken, Mrs. Gladstone ...
  (sie verschwindet im Tunnel, alle sehen ihr nach)
  (während sie zu ihren Plätzen zurückkehren)
NANCY Sie ist nett!
REVEREND Das dürfte wohl kaum das richtige Wort für Gott sein.
NANCY Aber sie *ist* nett!
ROBLES Ein Prachtweib!
REVEREND Ich muß doch bitten!
SARAH Ich bewundere, wie sie das aufzieht: sehr cool, sehr professionell.

GLADSTONE   Dabei keine Feministin: eine *wirkliche* Persönlichkeit.

REVEREND   *(verliert die Geduld)*
Gott ist keine Persönlichkeit!
Auch wenn es sich hier rein äußerlich um eine Dame handelt:
Gott ist ALLES!

MAX   *(der als einziger noch am Tunnel steht)*
Gott, Gott, Gott ...
Es gibt keinen Gott!
Es gibt kein Ewiges Leben!
Wer tot ist, ist tot, geht das denn nicht in eure Köpfe?
(während er noch in den Tunnel blickt)
... Ich hab's!
Jawohl – das muß es sein:
Koma!
Ich hatte einen Verkehrsunfall und liege nun im Koma!
(wendet sich zu den andern)
... Hat hier einer zufällig die Bücher von Frau Kübler-Ross gelesen?
Dr. Elisabeth Kübler-Ross, nein?
Dieser Tunnel ... dieses helle Licht da am Ende ... Das sind die typischen Wahnvorstellungen von Leuten, die im Koma liegen ...
– Aber ja!
Das ist der Tunnel von Frau Kübler-Ross!

Die Flugansagen haben unterdessen leise wieder begonnen, werden nun laut.
Dunkel.

Zweiter Akt

8.10 Uhr morgens.
Es ist die Zeit der Ruhepause:
Sr. Robles sitzt auf einem Sessel mit Fußteil, feilt sich die Fingernägel.
Der Reverend liest in einem Brevier.
Mrs. Gladstone steht am Fenster, winkt von Zeit zu Zeit hinaus.
Sarah macht auf dem Fußboden Yogaübungen – der in der Nähe sitzende Max beobachtet sie irritiert.
Nancy hat die Arme wie Flügel ausgebreitet, »fliegt« (auf Kinderart ein Motorgeräusch imitierend) von einem zum andern.

Aus dem Lautsprecher wieder Flugansagen:
   (...
   ...
   ... usw.)
NANCY *(als die Ankunft eines Fluges aus Palermo angekündigt wird)*
  Palermo!
  Das ist in Sizilien – da kommen meine Großeltern her!
Weitere Flugansagen:
   (...
   ...
   ... usw.)
NANCY *(als ein Flug aus Brüssel angekündigt wird)*
  Wo ist Brüssel?
SARAH ... Belgien.
NANCY Und wo ist Belgien?
SARAH ... Europa.
NANCY *(die bei ihr stehengeblieben ist)*
  Was machen Sie da?
SARAH Ich entspanne mich.
MAX Das hätten Sie vor drei Tagen machen sollen – dann wäre ich jetzt noch am Leben!

(Nancy ist weiter, die Flugansagen werden nach und nach leiser, hören irgendwann auf)

SARAH   *(ohne ihre Übungen zu unterbrechen)*
Sie beginnen also zu glauben, daß Sie tot sind?

MAX   Ich befreunde mich mit dem Gedanken, daß ich vielleicht im Sterben liege.

SARAH   Sie sind sicher kein großer Verlust..., für die Menschheit, meine ich.

MAX   Ich habe immerhin für drei Frauen Alimente gezahlt.
(er ist aufgestanden)

SARAH   Sie hatten ja Ihren Spaß dafür, oder?

MAX   *(selbstbewußt)*
Den hatten die aber auch!

SARAH   Was macht Sie so sicher?

MAX   *(humorlos)*
Wissen Sie, was das Problem mit euch Frauen ist? – Ihr habt keinen Humor!
(Sarah lacht auf)
... Sehen Sie sich doch um! Kennen Sie eine Frau, die einen Witz erzählen kann?
– Ich meine so, daß man lachen muß?
... Und wie wäre das auch möglich: Wer sich nicht über sich selbst lustig machen kann, wird natürlich auch die andern nicht zum Lachen bringen!
– Ja, das wäre das Signal, euch ernst zu nehmen: wenn ihr lernen würdet, über euch selbst zu lachen!

SARAH   *(mit den Übungen fortfahrend)*
Mr. Klein, ist Ihnen je der Verdacht gekommen, daß es für uns Frauen in dieser Gesellschaft vielleicht nichts zu lachen geben könnte?
(Max geht wütend zum Fenster, stellt sich zu Mrs. Gladstone)

GLADSTONE   Warum muß es auch ausgerechnet heute so bewölkt sein, Mr. Klein! ... Ich bin sicher, daß mein Mann da draußen ist und versucht, mir ein Zeichen zu geben.
(verhalten)
Uhu ...!
Wahrscheinlich hat er seine ganze Clique mitgebracht!

MAX *(noch verärgert über Sarah)*
Welche Clique?

GLADSTONE Nun, Scott und Zelda ... – Fitzgerald! – Gertrude
Stein, Hemingway, Picasso ...

MAX *(sieht sie von der Seite an)*
Sie meinen, daß da draußen Picasso auf Sie wartet?

GLADSTONE Warum nicht? Es ist doch ein offenes Geheimnis,
daß er damals eine kleine Schwäche für mich hatte!
Ja, ja, Mr. Klein: Ich kannte sie alle!
Natürlich war ich noch sehr jung: eine süße kleine Englände-
rin, die schüchtern in der Ecke saß, wenn die Großen sprachen.
(hebt ihren kleinen Finger)
So schlank!
Wir haben uns in Paris kennengelernt, mein Mann und ich:
Alle guten Amerikaner hatten damals ihre Ateliers in Paris ...
(sie tritt näher an die Scheibe, hält die Hand über die Augen)
Können *Sie* etwas sehen?

MAX Vielleicht sind wir tot, Mrs. Gladstone – da gäbe es dann
nichts zu sehen.

GLADSTONE Ach, Mr. Klein – ihr schöpferischen Menschen
seid doch alle gleich: Genauso hat Jonathan Gladstone immer
geredet!
Aber das muß wohl so sein: Ein Künstler braucht ja seine
ganze Kraft, um an sich selbst zu glauben, hab ich recht? Da
kann für den Herrgott nicht mehr viel übrigbleiben!
(stößt ihn mit dem Ellbogen)
Aber seien Sie ehrlich:
Möchten Sie jetzt nicht doch noch ein wenig zusehen, was mit
Ihrem Werk geschieht?
Aus der Ferne beobachten, wie Ihre Theaterstücke sich
durchzusetzen beginnen?
(Nancy ist »herangeflogen«)
... Warum spielst du nicht auf dem Korridor, Kind – geh doch
zur Rolltreppe!
*(ohne ihr Motorengeräusch zu unterbrechen, entspricht Nancy ihrem
Wunsch – die Glastür steht ohnehin offen)*
Sie sind relativ jung gestorben, das ist immer eine gute PR ...

Obwohl für die Kritiker ein Selbstmord natürlich schon besser gewesen wäre als ein Verkehrsunfall ... Ich schwöre Ihnen: Wenn Ihre Stücke je eine Chance hatten, dann jetzt.
Zuerst werden Sie die Provinzbühnen erobern ... Dann vielleicht Europa ... Paris, Berlin, London ... Das Westend, stellen Sie sich vor! ... Und zu guter Letzt ...
(mit der Hand eine Leuchtschriftreklame suggerierend)
– Broadway!
MAX *(traurig)*
Ihr Wort in Gottes Ohr, Mrs. Gladstone.
GLADSTONE *(gekränkt)*
Nun, wenn Sie selbst nicht an Ihre Arbeit glauben?
Vielleicht sind Ihre Stücke ja auch wirklich nichts wert: Daß einer von der Kritik verrissen wird, ist vielleicht nicht immer eine Garantie für seine künstlerische Qualität? ... Und natürlich kommt es auch ein wenig auf Ihren Nachlaßverwalter an: Wenn ich recht verstehe, gibt es eine Mrs. Klein?
MAX   Drei.
GLADSTONE   Oh.
Nun, um so besser: Wenn Sie wüßten, was es zum Beispiel für die Witwe eines Malers alles zu tun gibt:
Da muß mit Sammlern und Museumsdirektoren geschachert werden ... Dann muß einer dasein, der auf den Auktionen die Preise anheizt ...
Und dann ist da ja auch noch der schriftliche Nachlaß zu verwalten: Briefe und Tagebücher müssen veröffentlicht werden, die Biographie will geschrieben sein ...
Wissen Sie, wie viele Vorträge ich gehalten habe – in wie vielen Ländern?
Aber ich habe ihn durchgesetzt!
Seine Bilder hängen in allen bedeutenden Museen. Sie bekämen heute keinen Gladstone unter einer Million!
MAX   Ein beneidenswerter Mann.
GLADSTONE *(bescheiden)*
Nun, ich glaube, er kann mit mir zufrieden sein.
(Nancy ist unterdessen wieder »hereingeflogen«, hat in der Nähe des Tunnelausgangs den Stundenplan entdeckt)

NANCY Ein Stundenplan! – Das ist ja wie in unserer Schule!
(Sarah unterbricht ihre Übungen, geht zu ihr)
– Da: Um neun Uhr fängt's an!
SARAH »Einführung in den Weltraumverkehr.«
NANCY »Das neue Körpergefühl, praktische Übung.«
... Das neue Körpergefühl, igitt!
SARAH »Wie orientiere ich mich im Himmel? – Kleine Ster-
nenkunde für Anfänger ...«
NANCY »Das Anschnallen der Flügel, praktische Übung.«
SARAH »Der Engel und die Wolke.«
NANCY Wo?
SARAH Hier.
»Wie verhalte ich mich bei Niederschlägen: Regen, Schnee,
Hagel ...«
NANCY ... Ha? – »Der Stillstand im Aal?«
(zeigt Sarah die Stelle)
»... Praktische Übung.«
SARAH »Im All!«
NANCY »Die Angst vorm Fliegen.«
(lacht)
Hab ich aber nicht!
ROBLES *(ist unterdessen näher gekommen)*
»... Das Abschleppen gefallener Engel.«
(zum Reverend)
»Das Abschleppen gefallener Engel.« Hier steht's ...
(der Reverend kommt nun ebenfalls)
NANCY »Schnelle und langsame Winde.«
»Was tun bei einer Böe?«
– Weiß ich!
REVEREND Also doch!
(zeigt auf eine bestimmte Stelle)
Hier: »15–16 Uhr – Das Jüngste Gericht.«
NANCY Was heißt das?
SARAH *(schnell)*
Das wird wohl eine Fragestunde sein.
REVEREND *(triumphierend)*
Eine Fragestunde?

SARAH *(zu Nancy)*

Das ist was für dich, schau: »Der Engel und der Satellitenverkehr.«

NANCY Wo?

SARAH Hier ...

(die Engelin kommt unterdessen mit einem jener Rollwagen, wie sie zum Verteilen von Speisen und Getränken in Flugzeugen gebräuchlich sind)

(Mrs. Gladstone, Max, Sarah und Sr. Robles scharen sich um sie)

GLADSTONE Das war aber auch Zeit!

NANCY *(die noch beim Stundenplan steht)*

»Der Astronaut – eine Gefahr für den Engel?«

(der Reverend kehrt zu seinem Brevier zurück)

ENGELIN *(mit französischem Akzent)*

Was darf ich Ihnen anbieten, Madame?

GLADSTONE Geben sie mir eine Tasse Tee.

ENGELIN *(während sie den Tee eingießt)*

... Ein Stück Rosinenkuchen?

Ein Sandwich?

GLADSTONE Falls Sie zufällig Roastbeef hätten ...?

(die Engelin zieht eine Schublade auf, reicht ihr das Gewünschte)

– Das ist ja wie im Schlaraffenland!

Apropos: Wenn ich vielleicht eine winzige Kleinigkeit von diesem ... Reverend, wie heißt das, was im Paradies gegessen wird?

REVEREND Manna.

GLADSTONE ... Wenn ich davon etwas probieren könnte?

ENGELIN *(spricht es französisch aus)*

... Manná?

REVEREND Wird wohl einer dieser Interpretationsfehler sein.

ENGELIN *(zu Max)*

... Monsieur?

MAX Einen Scotch, wenn ich bitten darf.

ENGELIN Soda? Eis?

MAX Eis.

(als sie ihm das Gewünschte gibt)

Sie sind ein Engel!

ENGELIN *(lacht)*
Ich bin eine Engelin!
MAX   Ihr Astralleib ist nicht zu übersehen!
(legt ihr den Arm um die Taille)
Paula, meine Schöne: Verraten Sie mir, wann Sie hier fertig
sind? . . . Aber sagen Sie mir's in irdischer Zeit . . .!
ENGELIN   *(verweist auf ihr Namensschild)*
Aber ich bin nicht Paula, Monsieur.
MAX   *(liest)*
Denise de la Tour?
– Aber Sie gleichen ihr aufs Haar!
Haben Sie eine Zwillingsschwester hier im Himmel?
ENGELIN   Hat sie's Ihnen denn nicht erklärt?
Gott: Hat sie Ihnen denn nicht gesagt, daß im Paradies alle
Frauen gleich schön sind?
MAX   Gleich schön, ja.
– Aber doch nicht *gleich* schön?
ENGELIN   Sobald es auch nur die kleinsten Unterschiede gäbe,
wäre eines Tages ja doch wieder alles beim alten: der Neid, die
Eifersucht, die Minderwertigkeitskomplexe . . .
– Sie müssen lernen, auf die Stimmen zu achten: Dann halten
Sie uns bald auseinander.
SARAH   Also, ich finde das richtig.
Endlich werden wir Frauen einander wirklich Schwestern
sein.
(da die Engelin sie fragend anblickt)
Ein Pastrami-Sandwich und ein Diet-Coke.
ENGELIN   Pepsi.
SARAH   Auch recht.
(während sie das Gewünschte entgegennimmt)
. . . Obwohl ich aus Solidarität mit meinen Schwestern auf der
Erde eigentlich lieber schwarz, jüdisch und arbeitslos wäre!
ENGELIN   Rassen gibt es nicht, und Schwarz ist die Farbe der
Männer . . . Aber arbeitslos sind Sie auf jeden Fall!
SARAH   Wieso bin ich auf jeden Fall arbeitslos?
MAX   Denken Sie doch nach: ein Paradies, in dem man schuf-
ten muß, eine Engelin als Toilettenfrau?

SARAH Womit beschäftigt ihr euch dann?

ENGELIN Wir tun nur, was wir wollen.

SARAH Den ganzen Tag?

ENGELIN Nur hier beim Empfang gibt's noch ein wenig zu tun.
(sie hat sich an Sr. Robles gewandt)

ROBLES Una empanadita con carne,
... ein Himmel mit Bürostunden! Nur eine *Nord*amerikanerin kann von so etwas träumen ...
Wenn Gott ein Yankee wäre, müßten wir hier als erstes die grüne Karte beantragen.
(die Engelin reicht ihm das Gewünschte)
– Hab ich recht?

ENGELIN Ein Gläschen Rotwein?

ROBLES Mit Vergnügen!
(zu Max)
Eine Französin – das merkt man sofort!

ENGELIN *(gibt Robles sein Glas)*
Und das Kind?

SARAH *(zu der noch immer den Stundenplan studierenden Nancy)*
Nancy, was willst du essen?

NANCY *(ohne sich umzuwenden)*
Einen Big Mäc, eine Tüte Pommes frites, ein Apple pie und ein Erdbeer-Soda ...

ENGELIN *(reicht ein Tablett heraus, stellt einen Pappbecher darauf)*
... Hier!

NANCY *(holt sich ihr Tablett)*
Hätten Sie vielleicht auch ein Pfefferminzkaugummi?
(die Engelin gibt es ihr)
– Wrigley's!
Sagen Sie, kennen Sie Whitney Houston?
Ich habe alle Platten von ihr!

ENGELIN Ich komme aus dem Mittelalter.
– Aber ich kenne Charles Aznavour!
(zum Reverend)
Monseigneur ... Ein kleiner Imbiß?

REVEREND *(von seinem Brevier aufblickend)*
Wenn ich um eine Scheibe Brot bitten dürfte?

SARAH *(zu den andern)*
Verdammter Heuchler!

ENGELIN Etwas zu trinken?

REVEREND Nur ein Glas Mineralwasser.
(die Engelin bringt ihm das Gewünschte)
. . . Gott segne Sie, meine Tochter.

ROBLES *(nimmt die Engelin ein wenig beiseite)*
Sagen Sie, Angelito . . . Eine praktische Frage . . . Bei Ihnen da
draußen, kann man da . . .?
(nach einem Blick auf Nancy)
Sie wissen schon . . .

ENGELIN *(muß lachen)*
In einem Paradies kann man *alles*!

ROBLES Und wie viele Frauen darf ein Mann . . .?
Ich meine, falls er nun darauf aus wäre, mehrere zu . . . lieben
. . . Ich bin Südamerikaner, Sie verstehen . . .
Würde man das dann als Sünde bezeichnen?

ENGELIN Aber Monsieur, wie könnte Liebe Sünde sein?

ROBLES Eben!

SARAH . . . Und bei Komplikationen?
Was passiert zum Beispiel bei einer unerwünschten Schwangerschaft?

NANCY Nehmt ihr die Pille?

SARAH Halt du dich da raus!

ENGEL Im Himmel bekommt man keine Kinder – wir sind
ohnehin schon zu viele.

GLADSTONE Ein Paradies mit Kindergeschrei wäre ja wohl
auch das letzte!
(zur Engelin)
Aber sagen Sie, meine liebe Miss – ich bin sicher, daß mein
Mann da draußen auf mich wartet. Mr. Jonathan Gladstone,
der Künstler, – Sie haben doch sicher von ihm gehört? . . .
Gäbe es nicht irgendeine Möglichkeit, ihm eine Nachricht
zukommen zu lassen?

ENGELIN *(deutet auf die beiden Telefone)*
Warum rufen Sie ihn nicht an?

GLADSTONE Sie meinen, wir können hier telefonieren?

ROBLES Mit wem wir wollen?

ENGELIN Jeder Engel ist mit Telefon ausgerüstet ... Hier ...
(sie zieht einen himmelblauen Mini-Empfänger aus der Tasche)
(zu Mrs. Gladstone)
Ich gebe Ihnen die Nummer.
(geht hinter den Desk)
Wie war der Name?

GLADSTONE *(gekränkt)*
Gladstone ... Jonathan.

ENGELIN *(hat den Namen eingetippt, wartet)*
... Vielleicht hat er sich ein Pseudonym zugelegt?

GLADSTONE Jetzt? Wo er endlich berühmt ist?
(man hört ein Telex-Geräusch)

ENGELIN *(reißt einen Streifen ab, gibt ihn Mrs. Gladstone)*
Hier.

GLADSTONE *(studiert das Telefon)*
Geht das mit Kreditkarte?

ENGELIN Tippen Sie einfach die Nummer ein: Sie brauchen
kein Geld.

GLADSTONE *(blickt sie scharf an)*
Das sind doch hier hoffentlich keine Kommunisten!
*(während Mrs. Gladstone es am Telefon versucht, geht Nancy zum
Desk)*

NANCY Kann ich auch telefonieren?

ENGELIN *(mitleidig)*
Hast du auch schon jemanden hier?

NANCY *(stolz)*
Zwei! Meinen Großvater und meinen Cockerspaniel.

ENGELIN *(muß lachen)*
Sag mir den Namen deines Großvaters.

NANCY Mr. Napoleone Carbucci der Erste.
– Er ist Sizilianer!
(die Engelin tippt den Namen ein)

GLADSTONE ... Da antwortet aber keiner.

ENGELIN Es ist möglich, daß er gerade eine Wolke durchfliegt
– da dauert's dann mit der Verbindung etwas länger.
(sie reicht Nancy den Streifen mit ihrer Nummer)

NANCY *(liest)*
XTY 360 RS 2 618 312 – müssen das ein Haufen Abonnenten sein!

ROBLES *(ist unterdessen zum Desk getreten)*
Mein Mütterlein.

ENGELIN   Name?

ROBLES   Señora Elena Josefina Maria Santander de Robles Samoa.

GLADSTONE   *(während die Engelin in den Computer tippt)*
... So groß kann eine Wolke doch gar nicht sein?

ENGELIN   Vielleicht will er nicht abnehmen?

GLADSTONE   *(holt Luft)*
Meine liebe Miss ...

ENGELIN   Das kommt gerade bei früheren Eheleuten vor.
(Mrs. Gladstone kehrt ihr indigniert den Rücken zu)

ROBLES   *(hat seine Nummer erhalten, küßt den Zettel)*
Madrecita querida, aqui voy!

NANCY   *(die unterdessen am Nebentelefon die Nummer ihres Großvaters gewählt hat, zu Mrs. Gladstone)*
Mein Großvater ist auch gerade in einer Wolke!

ENGELIN   *(zum Reverend)*
Monseigneur ...?
(er blickt vom Brevier auf)
Jemand, den Sie sprechen möchten?

REVEREND   Besten Dank.

SARAH   Wie wär's denn mit Jesus?
Mit dem haben Sie doch da drunten auch immer Zwiesprache gehalten?

REVEREND   Das war doch wohl eher eine Metapher!

SARAH   Hätten Sie das nicht erwähnen sollen?

ENGELIN   *(zu Sarah)*
Mademoiselle ...?

SARAH   *(zögernd)*
Meine Großmutter wäre vielleicht hier.

ENGELIN   Wenn Sie mir den Namen sagen?

SARAH   Danke, ich kann's erwarten.
(als die Engelin nicht gleich begreift)

Sie wissen doch, was eine jüdische Mutter ist, nicht wahr? –
Eine jüdische Großmutter ist die Mutter einer jüdischen Mutter!

ENGELIN *(zu Max, der sich am Servierwagen einen weiteren Whisky
eingießt)*
Monsieur ...?

MAX Mein Engel ...?
(er wirkt etwas beschwipst)

ENGELIN Möchten Sie jemanden anrufen?

MAX Vielen Dank, sehr freundlich.
(nach einer Pause)
Könnte es auch ein Fremder sein?

ENGELIN Solange er tot ist.

MAX *(kichert)*
Diese Antwort muß ich mir notieren ...
(sieht auf sein Glas)
Vielleicht vertrage ich einfach keinen Alkohol mehr?
(stellt sein Glas ab, holt sein Notizbuch heraus)

NANCY *(hat endlich eine Verbindung)*
Könnte ich bitte Mr. Napoleone Carbucci sprechen?
– Grandpa!
... Du hast mich an der Stimme erkannt?
... Nancy, jawohl!

GLADSTONE *(die neben ihr noch immer auf ihre Verbindung wartet)*
Etwas leiser!

NANCY *(leise)*
Er ist aber schwerhörig!
(laut)
... Du bist nicht mehr schwerhörig? – Ehrlich?
... Aber ich schrei doch gar nicht!
(leise)
Gut ...
... Mir geht's gut, danke.
... Meinem Bruder Napoleone geht's auch gut.
... Mom und Dad geht's auch gut.
(laut)
... Mom und Dad geht's auch gut!

– Und wie geht's dir?

(während das Gespräch andernorts weitergeht, sagt sie immer wieder einmal ein »Ja« in die Muschel)

MAX *(hat sich dem Desk genähert)*

...Sagen Sie, mein Engel: Ich könnte also tatsächlich jeden sprechen?

...Auch wenn er vielleicht schon ein paar Jahrhunderte hier lebt – hier tot ist?

Also gut, dann geben Sie mir die Nummer von Shakespeare.

ENGELIN *(nun doch etwas verblüfft)*

William Shakespeare?

MAX William Shakespeare, jawohl:
1564 bis 1616.

(die Engelin tippt in den Computer)

NANCY Eine Frage ... Grandpa, eine Frage ...

Aber natürlich höre ich dir zu ... Woher soll ich das wissen? ... Woher soll ich wissen, warum Grandma dein Foto nicht mehr auf dem Nachttisch hat? Ich meine: Sie lebt in Little Italy und wir am Central Park! Könntest du das von hier aus nicht viel besser ...? Du kannst es nicht mit anschaun? Was kannst du nicht mit anschaun? ... O.k., o.k. ... Ich hab verstanden: Roger! ... Was? ... Aber nein, sie hat keinen Boyfriend, der Roger heißt – das ist doch Fliegersprache! Welchen Code benützt ihr denn?

(während nun Mrs. Gladstone mit ihrem Gespräch beginnt, immer wieder einmal ein vereinzeltes »Ja« ...)

GLADSTONE *(mit sehr süßer Stimme)*

Sie müssen raten, Mr. Gladstone ...!

(glücklich)

Natürlich hast du mich sofort erkannt ...

Ganz sanft ... Ganz sanft bin ich eingeschlafen, ja ...

(lacht glücklich)

Mein Goldbär! Du großer Junge, du! ... Jawohl: Direkt in deine Arme werd ich fliegen ... Und dann läßt dich deine kleine Pamela nie, nie, nie wieder allein!

NANCY *(in Mrs. Gladstones Gespräch hinein)*

... Eine Frage ... Eine Frage, Grandpa ... Ist Armstrong bei
dir? ... Nein, nicht der Astronaut – das ist mein Cockerspaniel, wir haben ihn nach ihm benannt.
(beginnt plötzlich zu schluchzen)
Vor zehn Tagen ...
Im Central Park! ... Eine Pferdedroschke!

GLADSTONE *(hält die Hand auf die Muschel)*
Sag, mein Kind, kannst du nicht etwas leiser sprechen?
(ins Telefon, süß)
... Entschuldige, aber ich finde, sie könnten hier wirklich eine
getrennte Kinderabteilung haben ...
*(während Nancy immer wieder – und stets etwas mehr getröstet – mit
»Ja« antwortet)*
... Dreiundzwanzig? ... Siebenundzwanzig Jahre sind's ge-
wesen! ... Aber du warst in meiner Nähe, das habe ich gespürt
... Tag und Nacht bist du bei mir gewesen ...
(bescheiden)
Aber ich bitte dich, das tat ich doch mit Freuden!
... Nein, nein, du sprichst vom Kunstmuseum Basel: *Die*
haben das große Stilleben erworben!
Sotheby? Aber die Auktion bei Sotheby war doch gar nichts!
Weißt du, wieviel bei Lempertz deine »Frau mit Blume«
gebracht hat?
(senkt unwillkürlich die Stimme)
1 130 000.
Nein, nicht Mark: Dollar!

NANCY *(mit einem Freudenschrei)*
Das hast du gesehen? ... Du hast gesehen, wie ich über den
Central Park geflogen bin?! – Du warst direkt über mir?!

GLADSTONE *(hält ihre Muschel zu)*
Schluß jetzt – sag ihm, daß du ihn später noch mal anrufst: Das
hier ist wichtig!

NANCY Ich muß auflegen, Grandpa ... Du wartest auf mich,
Roger ... Nein, du mußt auch Roger sagen ... Over and out.
(legt auf)

GLADSTONE ... Wieso?
Aber warum hätte ich deine Liebesbriefe nicht veröffentli-

chen sollen? Da ist doch nichts, dessen du dich schämen
müßtest?
(macht auf »verrucht«)
Schließlich haben wir doch geheiratet, oder? . . .
(scharf)
. . . *Verfälscht?* . . . *Ich* habe deine Biographie verfälscht? . . . Deine
erste Ehe? . . . Wieso hätte ich deine erste Ehe erwähnen
sollen? . . . Wenn eine Frau . . . Laß mich aussprechen . . .
Wenn eine Frau einen Mann durch eine Schwangerschaft zur
Heirat zwingt, so kann man doch nicht von einer *Ehe* sprechen: Das ist dann doch eine *Erpressung* gewesen: . . . Aber
Honigbär . . . Honigbär: Wer hat das gesagt? . . . Die ist hier?
Deine erste Frau ist hier im Himmel? . . . Natürlich . . . Jetzt,
wo ich dich berühmt gemacht habe, bist du natürlich wieder
interessant! . . . Mrs. Jonathan Gladstone? Die läßt sich hier
Mrs. Jonathan Gladstone nennen?
(böse)
Ich soll das nicht mit irdischen Augen sehen, oho! . . . Das
machst du dir doch etwas *zu* einfach, findest du nicht?
(beginnt zu schluchzen)
. . . Aber ich kann's einfach nicht fassen! . . . Meine Jugend,
mein ganzes Leben habe ich dir geopfert! . . . Siebenundzwanzig Jahre lang habe ich keinen Mann mehr angesehen . . .!
(sie kann nicht weitersprechen, legt auf)

REVEREND *(geht zu ihr)*

Aber meine Tochter . . .
(führt sie zu einem Fauteuil)

GLADSTONE *(während sie ihren Brautschleier abnimmt, unter Schluchzen)*

. . . Was kann das für ein Paradies sein, wenn sie Krethi und
Plethi hereinlassen!
(der Reverend gibt ihr sein Taschentuch)

ROBLES *(hat nach einigen mitfühlenden Blicken für Mrs. Gladstone die
Nummer seiner Mutter gewählt)*

. . . Mamá?
(gerührt)
Sí, soy yo, Jesús Maria . . .! Tu cucarachita, sí!

(beschreibt mit melodramatischen Gesten seine Ermordung durch die beiden Killer)

Porque me mataron, mamá!

Dos contra uno!

Treinta cuchilladas, sí! Sangre por todos lados!

(von Mal zu Mal mehr ernüchtert)

... Pero porqué?

Pero porqué, mamá?

Sí ... Sí ... Sí, mamá ... Sí, mamá ... Sí, mamá ...

Hasta luego, mamá ... *(er hängt auf)*

(mit einer verlegenen Geste zu Max, der am Nebentelefon auf die Beendigung seines Gesprächs gewartet hat)

Mütter!

MAX *(wählt, wartet)*

... Mr. Shakespeare?

Maximilian Klein – ich bin ein amerikanischer Bühnen-schriftsteller ...

(selbstironisch)

Ein Kollege, jawohl ...

... Das ist ein Jeansdesigner ... Nein, wir sind nicht miteinander verwandt ...

(beginnt ungeduldig mit den Fingern auf die Plexiglashaube zu trommeln)

... Jetzt sprechen Sie von Ralph Lauren!

– Aber Sie, Sie sind wirklich Mr. William Shakespeare, geboren 1564 in Stratfort-on-Avon? ... Ihr Geburtsort war nicht Stratfort, aha ... Nun, die Forschung ist sich da ohnehin nicht ganz einig gewesen ... Dublin, jawohl ...

(schreckt auf)

– Dublin? ... Aber das ist doch in Irland! ... Und wie sind Sie nach London gekommen? ... Natürlich weiß ich, daß es damals schon Tourneeunternehmen ... Aber warum haben Sie sich dann als Engländer ausgegeben? ...

(muß lachen)

Nein ... Nein, noch einen irischen Dichter hätten sie wohl nicht verkraftet, da geb ich Ihnen recht! ... Zum Grund meines Anrufs, jawohl ... Ehrlich gesagt, ich hab einfach nicht

glauben können, daß Sie hier sind ... Ich hielt das für einen
Ulk ... eine Art Sommernachtstraum! ... Aber nein ... nein,
das haben Sie ganz falsch verstanden! Wie hätte ich Sie in der
Hölle vermuten sollen? Wenn einer ... wenn einer den Himmel verdient hat, dann Sie!

... Also gut: Was halten Sie zum Beispiel von den heutigen
Inszenierungen Ihrer Stücke? Ich meine, wenn die den Moh-
ren Othello von einer Blondine spielen lassen – das kann
Ihnen doch nicht recht sein? ...

Sie sehen sich Ihre Stücke überhaupt nicht mehr an, ich
verstehe ... Verzeihen Sie: nicht einmal die Inszenierungen
der Royal Shakespeare Company?

(lacht)

... Kann ich Ihnen nachfühlen: mehr Inhalt, weniger Kunst!

... Aber das *ist* doch von Ihnen!

... Eine intelligentere Frage, o.k. ... Einen Moment, sicher
fällt mir gleich eine intelligentere Frage ein ... Apropos Intelligenz: Wenn Sie sagen: »Er denkt zuviel, die Leute sind
gefährlich« – meinen Sie nicht, daß die Dummen vielleicht
noch gefährlicher sind? ...

Aber natürlich haben Sie das geschrieben:
Julius Cäsar, 1. Akt, 2. Aufzug! ...

... Gut, auch wenn das vielleicht noch blöder klingt: »Sein
oder Nichtsein, das ist hier die Frage« – also, ich habe nie ganz
verstanden, was Sie damit sagen wollten ... Ich meine: Was *ist*
hier die Frage? ... Lear? ... Aber wieso Lear, das spricht
Hamlet! ... Sagen Sie: Sind Sie sicher, daß Sie Ihre Stücke
selbst geschrieben haben? ... Hallo! Hallo ...?

(blickt verständnislos auf den Hörer, legt auf)

(zu den andern, etwas geniert)

Eigentlich hätte ich mir denken können, daß er keinen Spaß
versteht: Man muß sich ja nur seine Komödien anschaun!

(zur Engelin)

Geben Sie mir Oscar Wilde!

(da ihm plötzlich die erstaunten Blicke der andern bewußt werden)

Ach so: Ihr denkt jetzt, daß ich denke ...?

(lacht)

Aber ich spiele das doch nur mit!
Ich hab's einfach nicht fertiggebracht, euch euren Kinderglau-
ben zu nehmen ...
Es gibt keinen Gott!
Es gibt kein Jenseits!
(zu Mrs. Gladstone)
Niemand wartet auf uns, verstanden?!
(sie schluchzt auf)

Die Flugansagen setzen wieder ein.
Dunkel.

Dritter Akt

11.20 Uhr.
Auf der Bühne ist es fast dunkel.
Die Schüler sitzen in den Fauteuils, die jetzt vor einer Schiefertafel wie zum Unterricht aufgereiht sind.
Gott sitzt neben einem Diaprojektor, zeigt ihnen auf einer – auch für das Publikum einsehbaren – Leinwand prachtvolle Satellitenfotos von der Erde.
Die Engelin hält sich im Hintergrund (daß es sich diesmal um eine ehemalige Chinesin handeln muß, erkennt man an ihrem leicht trippelnden Gang und der Schwierigkeit, das R auszusprechen).

NANCY *(als ein neues Dia erscheint)*
Schööön...!
(Mrs. Gladstone, die noch immer das Taschentuch hält, schluchzt auf)
GOTT *(liebevoll)*
Aber Mrs. Gladstone, beruhigen Sie sich doch endlich!
GLADSTONE Er degradiert mich zur zweiten Wahl!
GOTT Sie waren doch noch ein Baby, als er seine erste Frau getroffen hat!
... Und hat er sich nicht Ihretwegen scheiden lassen?
(Mrs. Gladstone schluchzt auf)
(ein blaues Satellitenfoto erscheint auf der Leinwand)
NANCY, SARAH u. ROBLES Aaah...!
GOTT *(gerührt)*
Mein blauer Planet.
ROBLES *(rutscht im Halbdunkel auf Knien zu ihr hin, nimmt ihre Hand, drückt einen herzhaften Kuß darauf)*
... Mhm!
GOTT *(belustigt)*
Señor Robles, was machen Sie da?

ROBLES Que mundo!

... Que mundo, que mundo, que mundo!

Señora: Ich gratuliere Ihnen zu Ihrer Welt!

Vor allem Südamerika:

Es ist ganz einfach ...

(er führt die Fingerspitzen der rechten Hand zum Mund, spreizt dann mit einem anerkennenden Lippenschnalzen die Finger)

... perfekt!

GOTT Danke.

ROBLES Ich gratuliere Ihnen auch zu dem, was darauf ist: den Fischen, den Vögeln, den Iguanas, den Guanacos, den Pinguinen, den Eseln, den Kühen – den Frauen!

GOTT Vielen Dank.

ROBLES Nein, nein – wir Menschen haben zu danken!

GOTT Aber ich hab's doch zu meinem Vergnügen gemacht.

ROBLES Ja, aber ohne dieses Vergnügen wären wir nicht dagewesen! – Hätten keine Gelegenheit gehabt, Ihre übrigen Erfindungen zu bewundern!

GOTT Sagen wir also, daß das Vergnügen gegenseitig war.

ROBLES ... Gegenseitig?

GOTT *(tut sich schwer mit der Fremdsprache)*

De ... ambas partes ...?

ROBLES De ambas partes, sí, sí!

(lobt ihre Sprachkenntnisse)

Pero muy bien!

NANCY Haben Sie das wirklich alles gemacht? – Ganz allein?

GOTT *(befriedigt)*

In einer knappen Woche.

REVEREND Und dann sahen Sie, daß es gut war.

GOTT Ja.

MAX Finden Sie's immer noch so gut?

REVEREND Mein Sohn!

GOTT Ein paar Kleinigkeiten würde man natürlich immer anders machen.

(macht den Projektor aus)

Licht!

(ohne Zutun der Engelin wird es augenblicklich hell – während diese

nun mit dem Aufräumen der Leinwand beginnt, geht Gott zur Schie-
fertafel, malt einen großen Kreis)
... Das ist also die Erde.
(zeichnet mit ein paar Strichen die Kontinente)
... Nordamerika ... Südamerika ... Europa ... da beginnt
Asien ... Afrika.

NANCY Australien!

GOTT Das wäre auf der Rückseite.
(zeichnet einen Kreis um die Erde)
... Sagen wir: Bis hierhin geht die Atmosphäre. Bis hierhin
gibt es also Luft, Wind, Wolken ... Bis zu dieser Grenze ist
also der Weltraum für Sie benutzbar ...

NANCY Zu den anderen Planeten können wir nicht?

GOTT Die sind zur Zeit noch ziemlich uninteressant: zu heiß,
zu kalt, zu steinig ...
Ich habe sie zwar gemacht, aber noch nichts Rechtes damit
angefangen.

MAX Wie wär's mit Atombunkern für den dritten Weltkrieg?

REVEREND Mr. Klein!

SARAH Einem Planeten für Frauen?

MAX Eine fabelhafte Idee!
(sie ignoriert ihn)

NANCY Dann gibt es dort also keine Lebewesen?

GOTT Die habe ich einstweilen nur auf der Erde gemacht.

MAX *(lacht auf – als Gott ihn anblickt)*
Ich habe mir das Gesicht von Spielberg vorgestellt!

GOTT *(wendet sich wieder zur Tafel)*
... Bis hierher könnten Sie also theoretisch fliegen.
Doch was werden Sie in der Praxis tun?
– In der Praxis werden die meisten von Ihnen ihre Zeit in
dieser Region verbringen ...
*(sie zeichnet einen dritten, ganz nah bei der Erdoberfläche verlaufenden
Kreis)*
So nah wie möglich bei der Erde, damit Ihnen ja nichts ent-
geht!
Und hier liegt nun eben das Hauptproblem der Fliegerei.
Sie müssen sich das einmal vorstellen: All die Menschen, die

es seit Adam und Eva gegeben hat – und die alle wollen nun hauptsächlich auf dieser Höhe verkehren!

... Natürlich ist auch das wieder meine Schuld. Ehrlich gesagt, ich befinde mich da zur Zeit in einer Art Krise ...

(zu Max)

– So nennt ihr Kreativen das doch?

Ich spreche vom Menschen: Ich meine, das mit den zwei Beinen ist sicher eine gute Idee gewesen ... Eine sehr gute Idee sogar! ... Aber das Eigentliche ... das mit dem Verstand ... das ist mir leider total danebengeraten.

Manchmal höre ich mir ein paar Sonntagspredigten an ... Wärst du doch nur bei deinem ursprünglichen Konzept geblieben, sage ich mir dann ... Hättest du den Vogel sprechen und den Menschen singen lassen – dann würde man jetzt nicht merken, daß er nichts zu sagen hat!

... Mea culpa: Nach der Kreation des Papagei habe ich mir's plötzlich anders überlegt!

... Manchmal denke ich: Vielleicht habe ich das menschliche Leben einfach zu knapp kalkuliert? Ich meine: Anstatt die Menschen sterben zu lassen und dann immer wieder neue zu machen – warum behalte ich nicht die, die ich schon habe?

– Erhöh die Lebenserwartung! sag ich mir. Mach mehr Hundertjährige! Vielleicht sind dann irgendwann unter denen mal ein paar Gescheite?

... Dann wieder denke ich, ich sollte die Geburtenrate noch rascher steigern. Vielleicht bring's ja die Menge? Unter hundert Milliarden müßte es doch schon aus statistischen Gründen einen geben, auf den ich stolz sein kann?

... Und an schlechten Tagen sag ich mir: Gib's zu, deine Krone der Schöpfung ist dir mißraten – du mußt noch mal ganz von vorn anfangen!

Tabula rasa:

Mach eine Sintflut – aber diesmal ohne Noah!

Zünd ein paar Bomben!

Erfind eine Seuche!

Mach das Ozonloch ein bißchen breiter! ...

– Und dann . . . Wie sagen die Dirigenten? Once more with feeling? Noch einmal mit Gefühl?
(da die Schüler den Vergleich ganz offenbar nicht goutieren)
– Na gut, das ist nicht Ihr Problem.
Doch vielleicht können Sie sich ungefähr vorstellen, wie es in dieser Zone vom verkehrstechnischen Standpunkt aus zugehen muß, ja?
. . . Vor allem über den sogenannt interessanten Städten . . . Sämtliche Tote aus den ehemals sozialistischen Ländern hängen zunächst einmal hier herum . . .
(malt entsprechende Kreuzchen)
. . . Paris – Rom – London – New York.
Und ihr andern wollt in der Regel noch nicht einmal einen Ausflug über Moskau machen!
. . . Dazu noch der reguläre Flugbetrieb über diesen Knotenpunkten! Wenn wir da nicht ein wenig für Ordnung sorgen würden, könnten wir jeden Abend Dutzende gefallener Engel vom Erdboden klauben!
. . . Mit anderen Worten: Es war unumgänglich, für den Verkehr auf dieser Höhe Luftstraßen zu kreieren . . .
So . . .
(sie zeichnet mehrere Parallelkreise über die Erdkugel)
Natürlich sind es Tausende, und jede hat einen Namen . . .
Dies hier ist zum Beispiel der Boulevard der Sieben Fetten Jahre . . .
Wie Sie sehen, entspricht er etwa dem Verlauf des Erdäquators . . .
Die Weinstraße . . .
Die Milchgasse . . .
Das hier ist der Schneckensteg . . .
(sie zeigt auf einen Parallelkreis, der auf der Höhe von Paris liegt)
Er heißt so, weil er über ein paar Hauptausflugsziele führt – hier kann nur Schrittempo geflogen werden . . .
. . . Dann gibt es natürlich Straßen, die in dieser Richtung verlaufen . . .
(sie zeichnet mehrere Meridiane)
Das ist zum Beispiel die Columbus Avenue . . .

SARAH Nach dem Entdecker Amerikas?

GOTT Eben. Ich dachte schon, ihr findet es nie ... Sie schneidet London, entspricht somit dem Greenwich-Meridian ...
Gut, die Namen lernen Sie nach und nach.
Was Sie jetzt schon wissen müssen, ist folgendes: Wer auf dieser Höhe fliegen möchte, muß sich unbedingt an die offiziellen Korridore halten!
(sie schraffiert ein Viereck zwischen zwei Parallelkreisen und zwei Meridianen)
... Das dazwischen nennen wir »Lagunen« – hier darf auf keinen Fall geflogen werden, weil es sonst zum Chaos kommt, verstanden?
... Und auf den Straßen selbst wird nicht stillgestanden, sondern sich bewegt.
Wer beobachten will, geht auf den Aussichtsstreifen, der sich links und rechts der Flugbahn befindet ...
Oder er sucht – noch besser – einen der vielen öffentlichen Rastplätze auf ...
Von da kann er dann auch zu seinen Senkrechtflügen starten ...
(sie zeichnet mehrere kurze Pfeile, die senkrecht vom mittleren Kreis zur Erdoberfläche gehen)
Alles Weitere steht in dieser Broschüre ...
(die Engelin hat unterdessen mit dem Verteilen einer himmelblauen Broschüre begonnen)

REVEREND *(liest den Titel)*
HVO?

GOTT Himmlische Verkehrsordnung.
– Schlagen Sie auf, Reverend: Seite 6, gleich nach der Einleitung ...

REVEREND *(liest)*
Die sieben Gebote der HVO?

GOTT Jawohl.
(beginnt die Tafel abzuwischen)
Erstes Gebot ...

REVEREND Erstes Gebot:
Die HVO ist für alle HVT ...

GOTT Himmlische Verkehrsteilnehmer ...

REVEREND ... absolut verbindlich.

GOTT Würden Sie bitte auch das Kleingedruckte lesen?

REVEREND ... Ausnahmen siehe Seite 85.

GOTT Diese betreffen die Verkehrsteilnehmer mit absolutem
Vorflugsrecht.
Sie erkennen sie an den Sternen, die sie auf den Flügeln haben ...
(zeichnet nebeneinander fünf Sterne)
Fünf Sterne bedeutet ...?

ALLE SCHÜLER Gott!

GOTT *(zeichnet vier Sterne)*
... Vier Sterne?

ALLE SCHÜLER Jesus!

GOTT Mein Sohn, richtig.
(zeichnet drei Sterne)
... Drei Sterne?

ROBLES Ein Apostel!

GOTT Falsch.
(da der Reverend die Hand hebt)
Reverend?

REVEREND Die Mutter Gottes!

GOTT Das wäre ja auch wieder ich – wenn Jesus mein Sohn ist?
(als keiner antwortet)
... Drei Sterne bedeutet, daß da entweder die heilige Jungfrau
Maria oder ihr Ehemann an Ihnen vorbeikommt, der heilige
Josef also.
(Mrs. Gladstone flüstert Sarah etwas zu)
– Ja, Mrs. Gladstone?

GLADSTONE Ich sagte zu Miss Rodinski: die *Jungfrau* Maria!
Natürlich, wenn Gott selber eine Frau ist, bekommt das alles
einen Sinn!

GOTT Freut mich.
(zeichnet zwei Sterne)
... Zwei Sterne?

NANCY Die zwölf Apostel?

GOTT Jawohl.
Und die mit einem Stern ...

(zeichnet einen Stern)
das sind unsere sonstigen VIPs.
Hier finden Sie neben dem Stern stets auch eine Zahl, die die
Reihenfolge ihres Eintreffens im Paradies bezeichnet . . .
(während sie die jeweilige Zahl schreibt)
. . . Ein Stern plus eins wird also bedeuten, daß Sie da gerade
von Adam überholt werden.
. . . Ein Stern plus zwei?

ALLE SCHÜLER Eva!

GOTT . . . plus drei?

REVEREND KAIN.

GOTT . . . plus vier?

GLADSTONE Abel.

GOTT Und so weiter . . .
Fünf ist Noah.
Sechs Abraham.
Sieben Isaak.
Acht Jakob . . .

NANCY Ist das nicht der, der seinem Bruder Esau für einen
Teller Tomatensuppe das Erstgeburtsrecht abgaunert und seinen blinden Vater reinlegt?

GOTT Linsensuppe *(zum Reverend, unsicher)*, oder?

NANCY . . . Und von dem soll ich mich überholen lassen?
Warum?

GOTT *(liebevoll)*
Weil er ein paar tausend Jahre vor dir hier war!

REVEREND Die Ersten werden also doch nicht die Letzten sein?

GOTT Mein lieber Reverend, im Straßenverkehr würde nicht
einmal ein Engel eine solche Regel respektieren. – Fahren Sie
fort: zweites Gebot.

REVEREND Du sollst nicht vom rechten Weg abweichen.

GOTT Das ist ja wohl klar.

REVEREND Drittes Gebot:
Du sollst nicht über Lagunen fliegen.

GOTT Das fällt Ihnen erfahrungsgemäß am schwersten. – Zu
meiner Schande muß ich gestehen, daß nicht einmal mein
eigener Sohn sich an diese Vorschrift hält.

NANCY   Auf der Erde ist er über Wasser gelaufen!

SARAH   Nancy!

NANCY   Aber sie sieht doch sowieso alles!

GOTT   Manchmal ziehe ich es vor, nicht hinzuschaun.

NANCY   *(zu Sarah)*
Ich wollte ihn nicht verpetzen!

GOTT   Judas hätte mir's früher oder später ohnehin erzählt.
... Viertes Gebot, Mr. Klein?
(da Max sich wieder Notizen macht)
... Sie brauchen nicht mitzuschreiben, es steht alles in der
Broschüre.

MAX   Nicht Ihr Kommentar!

GOTT   ... Miss Rodinski, das vierte Gebot.

SARAH   *(liest)*
... Du sollst die vorgeschriebene Höchstgeschwindigkeit
nicht überschreiten und auch keinen anderen HVT zur Rase-
rei verführen.

GOTT   Das gilt natürlich nur für den Aussichtsverkehr:
Weiter oben können Sie rasen, soviel Sie wollen.
... Mrs. Gladstone, das fünfte Gebot.

GLADSTONE   *(liest)*
Du sollst nicht die Flügel eines anderen HVT begehren und
deine eigenen nicht verleihen.

NANCY   Und wenn der andere keine hat?

GOTT   Jeder Engel hat Flügel.
... Sr. Robles, das sechste Gebot.

ROBLES   *(liest)*
Sechstes Gebot:
Nach einem HVU ...

GOTT   Himmlischen Verkehrsunfall ...

ROBLES   ... sollst du kein falsches Zeugnis reden.

GOTT   Und das letzte?

ROBLES   Du sollst nicht bei schlechtem Wetter fliegen.

GOTT   Jawohl. Und jetzt kommen wir zu unserer ersten praktischen Übung ...
Hung Cha Ling ...?

ENGELIN   *(trippelt vor)*

Demonstlation?

GOTT   Bitte.

(während die Engelin einen Stapel aufblasbarer Gummirucksäcke vom Desk holt, jedem Schüler eine gibt)

... In Zukunft werden Sie also bei der Fortbewegung Flügel auf dem Rücken tragen – das heißt, daß der Umfang ihres Körpers etwa zweieinhalbmal so groß ist wie jetzt.

Solange Sie das nicht gewöhnt sind, rempeln Sie erfahrungsgemäß überall an – beschädigen unter Umständen sogar die neuen Flügel!

Ich mußte mir also etwas einfallen lassen ...

(nimmt einen der Rucksäcke, hält ihn hoch – er sollte vorzugsweise gelb sein)

... und erinnerte mich der Schwimmwesten, die ich für den humanen Flugverkehr erfinden ließ. ... Daraus ist nun im Himmel dieser Rucksack geworden, der im aufgeblasenen Zustand den neuen Umfang simuliert und Sie so mit dem neuen Körpergefühl schon etwas vertraut macht ...

(zur Engelin, die nun selbst mit einer Weste bereitsteht)

... Fertig?

ENGELIN   Feltig!

(während Gott spricht, wird sie nach Art der Flughostessen den Umgang mit dem Rucksack demonstrieren)

GOTT   ... Sie legen also den Rucksack an ... So ... Nehmen die beiden Bänder, befestigen sie auf Brusthöhe ... So ... Auf der rechten Seite finden Sie einen kleinen Schlauch ...

(die Engelin hält den Schlauch hoch)

mit einem Mundstück ... Und mit diesem beginnen Sie nun, den Rucksack aufzublasen ...

(die Engelin zeigt es)

(Gott wendet sich den Schülern zu)

Also bitte ...

(bis auf Max sind alle aufgestanden, legen nun – mit Gottes und der Engelin Hilfe – die Rucksäcke an, beginnen mit dem Aufblasen)

GOTT   *(ist zum Reverend getreten, der im Übereifer fast zu bersten scheint)*

Nicht übertreiben, Reverend, lassen Sie sich Zeit ...

(geht zu Nancy)

Sehr gut, mein Kind ...

GLADSTONE *(zur Engelin)*

Miss?

... Miss!

Würden Sie mir behilflich sein!

(sie hält ihr das Mundstück hin, die Engelin bläst für sie in den Schlauch)

GOTT *(ist nun zu Max getreten, hält ihm den Rucksack hin)*

Mr. Klein ...!

MAX *(schiebt freundlich ihre Hand weg)*

Kümmern Sie sich um Ihre Schafherde, ja?

GOTT Aber das ist eine wichtige Übung!

MAX Und ich mache Ihren Hokuspokus nicht mit.

... Ich bin ein Atheist, Madam – ein Ungläubiger, ein Heide, ein Ketzer!

GOTT Nun, wie Sie wollen ...

(holt die Dias und den Projektor)

... Aber Sie werden es bereuen, das sage ich Ihnen schon jetzt.

MAX Komme ich zur Strafe nicht in den Himmel?

GOTT Jeder kommt in den Himmel. –

Sie werden sich einfach ein bißchen schwerer tun als die andern, und das hätte ich Ihnen gern erspart ...

(geht mit dem Projektor unterm Arm zur Tür)

MAX *(muß lachen)*

Sie wollten mir etwas ersparen?

Sagen Sie, meine Gütigste ... Tun wir einfach mal so, als wären Sie's wirklich ... Warum haben Sie mir da nicht lieber meine drei Ehefrauen erspart?

(während sie hinausgeht, er sie mit seinen Fragen bis auf den Korridor verfolgt)

... Oder das halbe Jahr in Vietnam?

Die miesen Kritiken?

Den Zahnarzt?

(auf dem Korridor)

Ja, warum haben Sie mir nicht wenigstens den Zahnarzt ersparen können?

(kehrt in den Raum zurück, knallt die Tür zu)
(tritt zum Reverend)
Gut so, mein Sohn ... ganz ausgezeichnet ...
(geht weiter zu Mrs. Gladstone)
Mrs. Gladstone, Sie machen mir doch nicht schlapp? Stellen
Sie sich die Schadenfreude der andern Mrs. Gladstone vor!
(diese nimmt der Engelin das Mundstück weg, bläst wieder selbst)
*(er geht weiter zu Sarah, befühlt anerkennend ihren bereits leicht
gebauschten Gummisack)*
Also, von uns Männern macht Ihnen das keiner nach!
(geht zu Robles)
Jawohl, Señor, weiter so ... Ihr totes Mütterchen ist stolz auf
Sie!

GOTT *(off)* *(über Lautsprecher)*
Mr. Klein ...

MAX *(blickt ohne Verwunderung nach oben)*
Sie kriegen's wohl mit der Angst?

GOTT *(off)* *(seufzend)*
Sie stören mir den Unterricht.

MAX *(stellt sich vor die andern hin)*
Feiglinge!
Heuchler!
Schaut euch an:
Es gibt wohl keinen Strohhalm, an den ihr euch nicht klam-
mern würdet?
Wenn's um euer Ewiges Leben geht, macht ihr wohl alles?
Rutscht auf den Knien herum! Pustet in Fahrradschläuche!
Betet zu Gespenstern!

GOTT *(off)* Mr. Klein ...

MAX *(nach oben)*
Jetzt spreche ich!
(zu den andern)
Schluß jetzt! Laßt diesen Unsinn und hört mir zu!
(als Robles zaghaft weiterpustet)
Das gilt auch für Sie!
(er nimmt ihm die Weste weg, schleudert sie fort)
Das hier ist ein Traum!

Eine Illusion, verstanden?
(aus dem Lautsprecher kommt nun Musik, zunächst leise, dann anschwellend: Mozarts Krönungsmesse)
Wenn wir wirklich tot wären, wär's nämlich jetzt aus!
Und zwar für uns alle! Für immer!
(geht zum Reverend, packt ihn am Kragen)
Jawohl, Hochwürden! Ihr könnt uns einsperren, unsere Bücher verbrennen, unsere Stücke verbieten – und trotzdem sind wir's, die am Ende recht behalten!
(läßt ihn verächtlich los, wendet sich wieder an alle)
Es gibt kein Ewiges Leben!
Euer Paradies ist ein Hirngespinst!
Den Adressaten eurer Gebetchen hat's nie gegeben!
Nichts wird von uns übrigbleiben!
Nichts! Verstanden?
(die Musik – das GLORIA *– ist nun so laut, daß sie ihn beinah völlig übertönt)*
(die Schüler nehmen eingeschüchtert ihre Arbeit wieder auf)
(Max ballt mit einer hilflos-wütenden Geste die Faust in die Richtung, aus der die Stimme kam)
Das ist Zensur!
(die Musik ist nun ohrenbetäubend laut)
(abruptes Dunkel)

Vierter Akt

14.35 Uhr.
Die Sitzordnung ist aufgelöst, der Einrichtung wurden zwei
Gymnastikgeräte hinzugefügt: ein Trampolin und ein etwa
1,50 m hoher Gymnastikbock.
Auf diesem liegt Mrs. Gladstone, übt mit Papierflügeln (jede
Farbe außer Hellblau kommt hier in Frage) das »Fliegen im
Stillstand« – d. h., daß sie auf dem Bauch liegt, die Beine in der
Horizontale hält, den Blick zum Fußboden, und mit ausgebrei-
teten Armen die an Rücken und Handgelenken befestigten
Flügel minimal bewegt.
Neben ihr steht die Engelin, die mit einem Stöckchen immer
wieder ihre Haltung korrigiert.
Nancy, die als nächste auf den Bock soll, hat bereits ebensolche –
wenn auch kleinere – Papierflügel umgebunden, »flattert« von
einer Gruppe zur andern.
Der Reverend übt – unter Aufsicht des Engels, der einen größe-
ren Stock hält – auf dem Trampolin (viel zu zaghaft) das Hüpfen.
Max hat einen Sessel mit Fußteil in den Vordergrund der Bühne
gerückt, macht sich Notizen.
Außer ihm sind nun alle Schüler in himmelblaue Jogginganzüge
gekleidet – eine Verwandlung, die vor allem Sarah zustatten
kommt, die nun auch ihr Haar offen trägt ...
Im Augenblick ist sie damit beschäftigt, ihren Mitschülern die
»Himmlische Verkehrsordnung« abzufragen.
Dies ist auch der Grund, weshalb Sr. Robles sich auf der entgegengesetzten Seite der Bühne niedergelassen hat.

SARAH   ... Señor Robles?
   (als dieser heimlich in seiner Broschüre nachlesen will)
   Nicht schummeln, Señor Robles: Was versteht man unter
»Kreuzen«?

... Reverend?

REVEREND *(im Hüpfen)*
Kreuzen ist das Aneinandervorbeifliegen zweier Engel in Gegenrichtung.

SARAH Und die Regel lautet?
(unterbricht seine Übung)

REVEREND Ist das Kreuzen zweier Engel durch Hindernisse erschwert oder verunmöglicht, so muß stets derjenige Engel anhalten, welcher das Hindernis in der eigenen Flughälfte hat.

SARAH Sehr gut.

ENGEL Ja, aber dabei das Springen nicht vergessen!
(geht zu Mrs. Gladstone hinüber, berührt ihren Arm mit dem Stock)
... Wir üben hier das Fliegen *im Stillstand*, Madam: Wenn Sie die Flügel so bewegen, sind Sie auf fünfzig!
(kehrt zum Trampolin zurück)

ENGELIN *(korrigiert mit dem Stöckchen Mrs. Gladstones Beinhaltung)*
Beine!

GLADSTONE *(wendet den Kopf)*
Seien Sie doch nicht so grob!

ENGELIN *(korrigiert ungerührt ihre Kopfhaltung)*
Kopf!
(Mrs. Gladstone blickt folgsam zu Boden)

ENGEL Reverend, können Sie nicht wenigstens etwas höher springen? Auf diese Art lernen Sie nämlich nichts!
(er schlägt mit seinem Stock den Takt an, in dem das Springen stattfinden soll – der Reverend versucht ungeschickt, seinen Wünschen nachzukommen)

SARAH Was ist auf den himmlischen Schnellstraßen verboten?

ALLE SCHÜLER (OHNE MAX) Rückwärts fliegen und wenden.

SARAH Der Abstand zum vorausfliegenden Engel beträgt? Señor Robles?

ROBLES Flügellänge mal drei.

SARAH Und zum Nebenengel?

ROBLES Flügelbreite mal drei.

SARAH *(da Nancy ihm versteckte Zeichen gibt)*
... Nancy?

NANCY   Mal zwei.

SARAH   Nenne mir die wichtigste Regel beim Befliegen eines Regenbogens.

NANCY   *(gelangweilt)*
Wer einen Regenbogen befliegt, darf von der einmal erwählten Farbe nicht abweichen, bis er dessen Ende erreicht.

SARAH   Mrs. Gladstone, was macht ein Engel bei Gewitter?

GLADSTONE   Er fliegt über die Wolkendecke und wartet.

ENGELIN   *(da sie bei der Antwort aufgeblickt hat)*
Kopf!

SARAH   Mr. Klein, wie berechnet sich der Bremsweg eines Engels?
(als Max ihr lediglich einen ironischen Blick zuwirft)
Señor Robles: Der Bremsweg eines Engels?

ROBLES   Der Bremsweg eines Engels ...
(Nancy, die hinter ihm steht, flüstert ihm etwas zu)
... Fluggeschwindigkeit des Verkehrsteilnehmers mal Rotationsgeschwindigkeit der Erde, geteilt durch zwölf!

SARAH   Du hilfst ihm nicht, Nancy – er muß es ja dann doch selber wissen.
... Mrs. Gladstone, wann gilt absolutes Überholverbot?

GLADSTONE   Den Männern stellen Sie immer die leichteren Fragen.

SARAH   Ich?!

GLADSTONE   In geschlossenen Wolken.
Das absolute Überholverbot gilt in geschlossenen Wolken.

SARAH   Sie wissen's doch!

GLADSTONE   Ich habe nicht behauptet, daß ich die Antwort nicht kenne!

SARAH   *(rasch und streng)*
Zulässige Höchstgeschwindigkeit?

GLADSTONE   Wolkentempo plus sieben.

SARAH   In Gegenrichtung zur Wolke?

GLADSTONE   Minus sieben.

SARAH   Ausnahme?

GLADSTONE   *(hebt triumphierend den Kopf)*
Kumuluswolken!

ENGELIN   (korrigiert mit dem Stöckchen)
Kopf!

GLADSTONE   Aua!

ENGELIN   Beine!

ENGEL   (treibt den viel zu zaghaft springenden Reverend an)
In ein paar Stunden sind Sie draußen, Reverend – da gibt es
dann keinen Boden mehr!
Also gut, machen wir eine Pause.
(der Reverend steigt vom Trampolin, wischt sich die Stirn – der Engel
drückt ihm mitleidlos ein Paar jener knallbunten Plastikflügel in die
Hand, mit denen dann in der dritten Szene dieses Aktes alle Schüler
üben werden)
Versuchen Sie's damit.
(Nancy hat unterdessen des Trampolin erobert, springt jauchzend sehr
hoch)
... Señor Robles?
(Nancy räumt maulend das Trampolin für Robles – während dieser zu
üben beginnt, zeigt der Engel dem hilflosen Reverend, wie man sich
Flügel anzieht)
Eins – zwei – drei – vier ...
(er hat die Flügel angelegt und vorne verschlossen)
Fünf – sechs – sieben – acht ...
(er hat die Flügel wieder ausgezogen, gibt sie dem Reverend zurück, hilft
ihm beim Anziehen und Verschließen)
Eins – zwei – drei ... vier!
Fünf – sechs – sieben ... acht!
... Und gleich noch mal:
Eins – zwei – drei – vier ...
Fünf – sechs – sieben – acht ...
... Und gleich noch mal!

REVEREND   (zählt nun selbst zu seiner Übung)
Eins – zwei – drei – vier ...
Fünf – sechs – sieben – acht ...

ENGEL   Noch mal!
(der Reverend übt, jetzt nur noch für sich selbst zählend, weiter – die
Choreographie der dritten Szene dieses Akts wird so im Unterbewußt-
sein des Zuschauers vorbereitet)

SARAH Sr. Robles, wie verhalte ich mich beim Anblick eines fallenden Engels?

ENGEL *(gibt jenem mit dem Stock den Takt an)*
... Rhythmus!

SARAH *(da Robles sich taub stellt)*
... Mrs. Gladstone?

GLADSTONE *(stellt unwillkürlich die Armbewegungen ein)*
Ich fliege unter ihn und breite meine Flügel aus.

ENGEL *(wirft einen Blick in ihre Richtung)*
Ja, aber dabei das Flattern nicht vergessen, sonst stürzt ihr beide.

(sie gehorcht)

SARAH *(zu Nancy)*
Und wenn seine Beschleunigung für diese Maßnahme bereits zu groß ist?

NANCY Flieg ich ihm nach, behalte die Aufschlagstelle im Auge und verständige die Schutzengel.

SARAH Unter welcher Nummer?

NANCY Dreizehn, dreizehn.

SARAH Jawohl...

(sie sucht in der HVO nach weiteren Fragen)

NANCY *(ist unterdessen zum Engel getreten, liest sein Namenschild)*
Wär's nicht besser, man würde die Namen auf die Flügel schreiben?

ENGEL Ein paar Angeber machen das.

NANCY *(liest noch mal)*
Der Engel Jonathan Smith, igitt!
Warum haben Sie sich kein Himmelspseudonym zugelegt?

ENGEL Das ist für die gedacht, die ihren richtigen Namen nicht mögen: Gott meint, daß es in einem Paradies weder häßliche Menschen noch häßliche Namen geben darf.

NANCY Ich kenn aber noch einen Toni Smith – er hat einen Hot-dog-Stand am Rockefeller Center.

ENGEL *(zu Robles)*
Das Atmen nicht vergessen.
... Das ist nicht der Echte. Wenn er kommt, wird er seinen Namen ändern müssen.

NANCY   Und wenn ich mich jetzt zum Beispiel Whitney Houston nenne?

ENGEL   Du kannst nicht beide Namen eines andern nehmen:
Eines Tages kommt dann ja der Richtige.

NANCY   *(denkt nach)*
Madonna – den Nachnamen laß ich weg!

ENGEL   Belegt.

NANCY   Und wenn die Richtige kommt?

SARAH   ... Nancy, da hab ich eine Frage für dich:
Ein neben dir fliegender HVT rempelt dich an und beschädigt
deinen rechten Flügel ... Wie verhältst du dich?

NANCY   Ich schnapp ihn mir, zieh ihn auf den Aussichtsstreifen
und verpaß ihm einen Denkzettel.

SARAH   Falsch.
– Mr. Klein?
(da Max nicht reagiert)
– Reverend?

REVEREND   *(der seine Übung unterdessen beendet hat)*
Ich bitte ihn auf den Aussichtsstreifen und halte ihm auch
noch meinen linken Flügel hin.

NANCY   Damit er den auch noch kaputtmacht?

SARAH   *(zweifelnd)*
Das steht hier unter »Maßnahmen zur Verkehrsberuhigung«.

MAX   Vielleicht hätte ich Ihnen einfach meinen linken Kotflü-
gel hinhalten müssen?

ENGEL   *(blickt auf die irdische Uhr)*
Mrs. Gladstone, Ihre Zeit ist abgelaufen.

GLADSTONE   Miss?
(scharf)
Miss!
Würden Sie mir herunterhelfen!
*(während sie nun mit Hilfe der Engelin herunterklettert, sich die
Übungsflügel abnehmen läßt, der Engel für Robles den Takt schlägt
usw., geht Sarah zu Max)*

SARAH   Wollen wir nicht damit aufhören?

MAX   *(blickt von seinen Notizen auf)*
Haben wir was miteinander angefangen?

230

SARAH   *(hält ihm die Hand hin)*
Aber das bringt doch jetzt nichts mehr ...!
(Max reicht ihr zögernd die Hand, zieht sie rasch zurück)
... Darf ich mich setzen?
MAX   Bitte ...
(er trennt den Fußteil seines Sessels ab, schiebt ihn ihr hin)
SARAH   *(auf sein Notizbuch deutend)*
Sie arbeiten doch nicht wirklich an diesem Theaterstück?
MAX   Wenn ich erst mal wach bin, hab ich wahrscheinlich das
Interessanteste vergessen. Das ist doch immer so.
(als sie nichts sagt)
... Sie mögen wohl kein Theater?
SARAH   Nein.
(da sie versöhnlich bleiben will)
Aber ich lese Gedichte.
(als er nichts sagt)
... Sie mögen wohl keine Lyrik?
MAX   Nein.
(da er versöhnlich bleiben will)
Ich finde, man muß sich immer so viele Gedanken um so
wenig Worte machen – und nachher stellt man dann fest,
daß der sogenannte Dichter sich nicht halb soviel gedacht
hat.
(als sie nicht lacht)
– Welche Dichter mögen Sie denn?
SARAH   Silvia Plath, Emily Dickinson, Elisabeth Bishop ...
MAX   Mit uns Männern versuchen Sie's erst gar nicht.
SARAH   Ich mag Allen Ginsberg. Kennen Sie sein Gedicht von
der Sonnenblume und der Lokomotive?
MAX   *(zitiert)*
»... Du, Sonnenblume, warst nie eine Lokomotive – du warst
eine Sonnenblume.
Und du, Lokomotive ...«
SARAH UND MAX   »... bist eine Lokomotive.
– Vergiß das nicht!«
(sie lachen)
SARAH   *(nach einer Pause)*

Keine Sonnenblumen mehr.
Keine Lokomotiven ...

MAX *(ironisch)*
Sie können sie ja von oben bewundern.

SARAH *(ernsthaft)*
Das wird nicht ganz dasselbe sein.

MAX *(sieht sie an)*
Aber das Jenseits bekommt Ihnen – richtig aufgeblüht sind Sie
hier!

SARAH *(gegen ihren Willen geschmeichelt)*
Ach was!

MAX Doch, doch ... Himmelblau ist Ihre Farbe!

SARAH Finden Sie?

MAX Und ob!
– Glauben Sie, daß in jeder Feministin ein Engel steckt?
... He, das ist gut!
(notiert sich den Satz)

SARAH Diese Jogginganzüge sind wirklich bequem, wollen Sie
Ihren nicht wenigstens mal anprobieren?

MAX *(sieht sie an)*
Warum lassen Sie mich nicht in Frieden?

SARAH Ohne mich wären Sie ja vielleicht noch am Leben?

MAX Sie hängen wohl nicht so am Leben?

SARAH Ich fand's zumindest überschätzt.

MAX Falsch:
Ich *finde* es überschätzt, müssen Sie sagen.

SARAH *(legt tröstend die Hand auf seinen Arm)*
... Wir sind tot, Mr. Klein.

MAX *(schüttelt den Kopf)*
Im Koma – schlimmstenfalls!

SARAH Betrachten Sie's doch so: Wenn nichts mehr kommt,
haben Sie mit den Übungen ein bißchen Zeit verloren ...
Falls es aber doch ein Jenseits gibt, wäre Ihnen das Fliegen-
können vielleicht hilfreich.

MAX Es gibt keins.

SARAH *(steht seufzend auf)*
Ich hab's versucht.

Aber beantworten Sie mir doch eine Frage. Diese Frau ...
(sie senkt unwillkürlich die Stimme)
Angenommen, es gäbe sie nicht:
Nehmen Sie zum Beispiel nur eine Sonnenblume – wie sollte
die denn entstanden sein? Von allein?

MAX   Eben.

SARAH   Etwas so Herrliches wie eine Sonnenblume?

MAX   Alles Zufall.

SARAH   Das glauben Sie doch selber nicht.

MAX   Sie sehen das zu kausal.
(als sie ihn nicht versteht)
Ursache und Wirkung – übrigens eine typisch weibliche Art
der Fragestellung.

SARAH   Hab ich mir's doch gedacht: Wir Frauen sind ganz
einfach zu beschränkt, um an der Existenz Gottes zu zweifeln!
Das wollten Sie doch sagen?
(als er eine versöhnliche Geste macht, wendet sie sich wütend ab)

ENGEL   Nancy, du bist dran.
(deutet auf den Übungsbock)

NANCY   Aber das kann ich doch alles!
... o. k., o. k.
(sie klettert mißmutig auf den Bock)
Hallo.
(als die Engelin nicht antwortet)
Sie sind aber freundlich!
(die Engelin korrigiert ihre Haltung)
... Wie heißen Sie eigentlich – was sind Sie im früheren
Leben gewesen?

ENGELIN   Warum kümmerst du dich nicht um deinen eigenen
Dreck?

NANCY   *(beginnt Flügel zu bewegen)*
So ist's doch richtig, oder?
... Sagen Sie, sind Sie schon einmal einem bemannten Raum-
flug begegnet?
... Wissen Sie, daß ich eigentlich Astronautin werden wollte?
... Soll ich Ihnen erzählen, was passiert ist?

ENGELIN   Nein!

NANCY *(wendet sich freudestrahlend nach ihr um)*
  He! Ein New Yorker Taxifahrer!
  Ein Cabby, hab ich recht?
(die Flugansagen haben seit ein paar Minuten wieder eingesetzt – während es auf der Bühne dunkel wird, werden sie lauter)

Fünfter Akt

1. Szene

15.05 Uhr.
Die Turngeräte sind fortgeräumt, die Schüler sitzen mit Gott im großen Kreis.
Die Krönungsmesse ist diesmal als entspannende Hintergrundmusik eingesetzt.
Der Engel geht mit einem Tablett von einem zum andern, serviert Erfrischungen.
Alle scheinen zu warten.

GOTT   *(nimmt ihr Glas in Empfang)*
Danke.
(als der Engel mit einer andeutenden Geste die Hacken zusammenschlägt)
Der Schweizergardist, hab ich recht?

ENGEL   Hieronymus Voegeli.

GOTT   Und unsere gute Mascha – läßt sie uns heute sitzen?

ENGEL   *(mit Schweizer Akzent)*
Wänd Sie, daß ich ä Mäldig hinausposaune?
(holt sein Telefon aus der Tasche, zieht die Antenne aus)
(die Engelin kommt in diesem Augenblick aus dem Tunnel, man sieht ihr an, daß sie sich beeilen mußte)

ENGELIN   *(will neben Gott in die Knie gehen)*
Meine Liebe, meine Gute ...

GOTT   Ihre Flügel ...

ENGELIN   *(bemerkt schuldbewußt, daß sie ihre Flügel noch trägt)*
Oh ...!

GOTT   *(während die Engelin ihre Flügel an die Garderobe hängt, am Desk einen Stenogrammblock holt)*
Hat Tschechow wieder mal an Ihrem Text herumkorrigiert?

ENGELIN   *(spricht mit russischem Akzent)*

Korrigiert?
Er streicht mich ganz!
Uns alle will er streichen!
(mit nervösem Lachen)
Er habe seine Stücke nicht für die Ewigkeit geschrieben:
Unser Gejammer gehe ihm auf die Nerven!
(während sie mehr und mehr von einem Weinkrampf erfaßt wird)
Er macht eine Neufassung!
In Amerika soll das Stück spielen!
Aus den drei Schwestern werden drei Brüder, die in einer
texanischen Kleinstadt bei einer Sparkasse arbeiten!
Und sie sehnen sich auch nicht mehr nach Moskau, sondern
nach New York!
(geht neben Gott in die Knie)
Mütterchen Gott: Er muß doch auch ans Publikum den-
ken!
Wer geht denn ins Theater, um Männer zu sehen – doch
weder die noch wir!
»Nach New York, nach New York!«
in sowjetischer Autor verherrlicht die Hauptstadt des kapita-
listischen Imperialismus!
(legt mit einem Aufschluchzen den Kopf in Gottes Schoß)
GOTT   Aber das hat sich doch alles geändert! Sie sollten ab und
zu eine Zeitung lesen!
(nimmt Mascha liebevoll beim Kinn, sieht sie an)
Mascha, Liebe – wachen Sie auf!
Sie sind doch hier in Sicherheit!
(vorwurfsvoll)
... Ein Paradies, in dem man Schauspielern ihre Rollen
streicht ...!
(die Engelin blickt verwirrt um sich)
Fangen wir an?
*(die Engelin steht auf, stellt sich mit dem Stenogrammblock zur Rechten
Gottes – sie wirkt getröstet)*
*(der Engel hat sich ebenfalls einen Block geholt, stellt sich in identischer
Pose zu ihrer Linken auf)*
(zu den Schülern)

Schreiten wir also zum »Jüngsten Gericht«. Eines in umgekehrter Richtung:

Sie stellen mir all die Fragen, die Sie Ihrem »Herrgott« schon immer stellen wollten.

Die Antworten erhalten Sie dann beim Abflug schriftlich.

MAX *(der sein Notizbuch herausholt)*
Sie meinen, daß Sie sich in Widersprüche verwickeln könnten?

GOTT Erstens – denn zuweilen kommt ja tatsächlich einmal eine neue Frage.

Zweitens ersparen wir uns so die endlosen Diskussionen, die ja bei Glaubensdingen unvermeidlich sind.

(als Sarah die Hand hebt)
– Miss Rodinski?

SARAH Alles? – Dürfen wir wirklich *alles* fragen?

ROBLES Wir werden nicht vom Blitz erschlagen oder so?

GLADSTONE *(blickt ihn mißbilligend an)*
Sind wir nun tot oder nicht?

GOTT *(als keiner den Anfang machen will)*
... Mr. Klein, Sie sind doch sonst nicht so zurückhaltend?

MAX *(amüsiert)*
... Also gut, ich will ja kein Spielverderber sein.

(zu den anderen)
Wenn sie unbedingt in Teufels Küche möchte?

– Madam:

Heute vormittag haben Sie uns liebenswürdigerweise erklärt, daß Sie nicht besonders... inspiriert waren, als Sie uns seinerzeit erschufen.

Ich frage Sie nun:

Wofür haben Sie uns denn überhaupt gemacht? Den Zweck der Übung – wie würden Sie den bezeichnen?

GOTT *(bemüht ernsthaft)*
Herr Voegeli: die Frage nach dem Sinn!

ENGEL *(schreibend)*
Standard Numero eins, jawoll!

GOTT Möchten Sie nicht das Jackett ablegen, Mr. Klein? – Es ist Ihnen doch nicht kalt?

(als Max nicht reagiert)
Reverend?

REVEREND   Also, ich wüßte nicht ...

GOTT   Aber Reverend, irgendeine Frage hat doch auch ein Gottesmann?

REVEREND   *(allen Mut zusammennehmend)*
Schön, dann will ich jetzt einmal wider den Stachel löcken ...

GOTT   Löcken Sie!

REVEREND   In Ihrem Buch, da gab es stets ein paar Stellen, die mir sozusagen ein Pfahl im Fleische waren ...
(als Gott ihn ungeduldig ansieht)
... Da heißt es zum Beispiel im 33. Vers des 1. Buch Moses: »Behalte, was du hast.«
Und im 20. Vers der Apostelgeschichte steht geschrieben: »Geben ist seliger denn Nehmen« ...?

GOTT   ... Weiter?

REVEREND   Dann heißt es: »So dir jemand einen Streich gibt auf den rechten Backen, dann biete den andern auch dar« – Matthäus 5, Vers 39 ...
Und dann wieder steht im 2. Buch Moses, Vers 21: »Auge um Auge, Zahn um Zahn« ...?
(überzeugt sich durch einen Blick, daß er sie nicht verärgert hat)
... Dann heißt es im 2. Thessaloniker:
»Wer nicht arbeiten will, der soll auch nicht essen.« Und in Matthäus 6 werden den Gläubigen die Vögelein auf dem Felde als Vorbild anempfohlen, und im 127. Psalm heißt es sogar, daß der Herr es den Seinen im Schlafe gibt!
... Im 1. Korinther heißt es »Mulier taceat in ecclesia ...«

NANCY   ... Ha?

SARAH   »Das Weib soll in der Kirche schweigen.«

REVEREND   ... Und dann stellt es sich heraus, daß ausgerechnet Sie, Hoheit ...

SARAH   *(freundlich)*
... Gott.

REVEREND   ... daß ausgerechnet Sie eine Frau sind!

GOTT   *(zu den mitschreibenden Engeln)*
Habt ihr das alles?

(sie nicken)

REVEREND *(nun richtiggehend verärgert)*
... Und warum heißt es im 90. Psalm:
»Unser Leben währet siebzig Jahre, und wenn's hoch kommt,
achtzig«, wenn dann einer wie ich, dessen Dasein ein einziges
Dienen gewesen ist, schon mit dreiundsechzig in die Grube
fährt – mitten in einer Predigt, bei der er Ihre Ewige Güte
preist?

GOTT *(freundlich zum nächsten übergehend)*
... Mrs. Gladstone?

GLADSTONE   Ich hätte eine Frage zum Himmlischen Eherecht.

GOTT   Bitte.

GLADSTONE   Also:
Ein Mann kommt in den Himmel.
Sagen wir, ein ganz besonderer Mann ...
Ein großer Künstler zum Beispiel – ein Genie!
Und dieser Mann ist auf der Erde zweimal verheiratet gewe-
sen ...
Das erste Mal war's ein Dummerjungenstreich ...
Eine leichtfertige Person, von seiner Arbeit hat sie nicht soviel
begriffen ...
(senkt die Stimme)
Er hat sich ihrer sozusagen erbarmen müssen – Sie verstehen?
(Gott nickt)
... Und dann hat er eines Tages die Richtige getroffen:
ein bildschönes Mädchen, das ihm seine Jugend schenkt, seine
künstlerische Phantasie beflügelt, das ihn versteht, für ihn
kämpft ...
(Gott bremst sie mit einer Handbewegung)
Also:
Sagen wir, daß nun beide Frauen trotzdem den Namen jenes
Mannes tragen.
Sagen wir, nur um ein Beispiel zu nennen, sie heißen nun
beide »Mrs. Jonathan Gladstone« ...
Dürfte die erste – jene Schlampe! –, dürfte sie diesen Namen
auch noch tragen, wenn hier die richtige Ehefrau erscheint ...?

239

ENGELIN Aber Mütterchen, das ist doch ganz einfach: Die erste
wäre Mrs. Jonathan Gladstone die Erste und die zweite ...
(ein Blick Gottes bringt sie zum Schweigen)

GOTT Mrs. Gladstone, das Jüngste Gericht ist eigentlich für
Probleme von etwas allgemeinerem Interesse gedacht.

GLADSTONE Ach so – Sie meinen, daß ich Ihnen zum Beispiel
Fragen nach Ihrer Schöpfung stellen sollte?

GOTT Haben Sie denn keine?

GLADSTONE *(nach langem Nachdenken)*
Mögen Sie gefärbte Haare?

GOTT Mrs. Gladstone ...

GLADSTONE Nun, ich dachte immer, wenn *ich* die echten
wachsen ließe ...

GOTT *(da Nancy den Finger hebt)*
Nancy?

NANCY *(sehr aufgeregt)*
Ich möchte fragen ...
Also, ich möchte fragen, ob es nachts unbedingt dunkel wer-
den muß?
... Und dann möchte ich noch fragen: Als Edison die Glüh-
lampe erfunden hat, waren Sie da sauer?
– Keine weiteren Fragen.

GOTT *(da Sarah sich meldet)*
Miss Rodinski?

SARAH Eine Frage zur Kunstgeschichte.
... Wenn Gott den Menschen gemacht hat und Gott eine Frau
ist:
Könnte man da nicht behaupten, daß alle großen Kunstwerke ...
nicht nur in der bildenden Kunst ...
ich denke zum Beispiel auch an die Oper:
Aida ...
Madame Butterfly ...
oder an die Brandenburgischen Konzerte ...
den gesamten Mozart ...
die sogenannten Beethoven-Symphonien ...
Könnte man nicht sagen, daß das alles im Grunde weibliche
Schöpfungen sind?

(mit einem genüßlichen Blick auf Max)

Daß also das Patriarchat noch nie ein maßgebliches Kunst-
werk hervorgebracht hat?

GOTT *(da Robles sich gemeldet hat)*

Señor Robles? – Eine praktische Frage?

ROBLES *(streng)*

Darum handelt es sich in der Tat:

Wenn man sowieso am Leben bleibt – warum muß man dann
eigentlich sterben?

(Max, der sich Notizen macht, lacht auf)

... Und dann hätte ich noch eine Frage zu Ihrer Mathematik.
Zwei Fragen, falls es erlaubt sein sollte ...?

GOTT Bitte.

ROBLES Problem Nummer eins:

Woher kommt das Schaltjahr?

Ich bin ja leider Gottes an einem 29. Februar geboren, und
meine liebe Mutter ...

(gerührt)

eine einfache Frau! ... hat mir da natürlich keine Antwort
geben können.

– Haben Sie sich verzählt?

GOTT Problem Nummer zwei?

ROBLES Das wäre etwas heikler ...

(als Gott eine ermunternde Geste macht)

Sie kennen die südamerikanischen Männer, nehme ich an ...?
Gut ... Eines habe ich nie begriffen: Jeder sagt, daß er mehrere
Frauen hat ...

(zählt an den Fingern)

Also die Ehefrau ...

die ständige Geliebte ...

die nicht so Ständige ...

– Sie verstehen ...? Und jeder sagt, daß ihm diese Frauen
absolut treu sind. ... Nun besteht aber die Bevölkerung zur
einen Hälfte aus Männern und zur andern aus Frauen ...

– Sie verstehen ...? So daß vom rein mathematischen Standpunkt jeder Mann eigentlich nur *eine* treue Frau haben
könnte ...

– Sie verstehen...?
Meine Frage:
Bedeutet das nun, daß alle südamerikanischen Männer Lüg-
ner und Angeber sind?
Oder bedeutet es, daß alle südamerikanischen Frauen ihren
Männern Hörner aufsetzen – und zwar gleich mit mehreren
und ohne daß diese die geringste Ahnung voneinander ha-
ben?

GOTT   *(zum Engel)*
Herr Voegeli, da hat es doch diesen berühmten Report gegeben...?

ENGEL   *(in bemühtem Hochdeutsch)*
Ein Machwerk, wenn Sie mich fragen.
Außerdem handelt es sich um eine Studie aus *Nord*amerika,
und de Nordamerikaner machet sich sowieso nümmer soviel
uus de Wyber.
Ich weiß nicht, wie das bei ihm ist...
(wirft einen abschätzigen Blick auf Robles)
...aber wenn Sie mich fragen, dann gibt es *richtige* Männer nur
noch in einem Land...
(kichert)
Die Schweizer Bergbauern... Ich meine, ich sehe doch, was
da los ist!... Manchmal sogar schon am hellichten Tag!

NANCY   *(unterbricht ihn ungeduldig)*
Ich hätte auch noch eine praktische Frage...
(Gott erteilt ihr das Wort)
Die Tiere – kriegen die auch Flügel hier oben? Und falls ja,
wie sehen die aus?
Ich meine zum Beispiel die Schlange, die damals Ihre Eva
verführt hat – was haben Sie der für ein Modell gemacht?
Und dann möchte ich noch fragen, ob man hier mit seinem
Cockerspaniel herumfliegen könnte?
Und dann möchte ich fragen, warum Sie in letzter Zeit keine
neuen Dinosaurier mehr gemacht haben: Gerade die hätten
mich nämlich interessiert!

GOTT   *(zur Engelin)*
Die Zoologie ist Ihre Spezialität.

NANCY *(die es nun nicht mehr auf dem Stuhl hält)*
Dazu hätte ich noch eine Frage, die das Känguruh betrifft.
Haben Sie das wirklich ernst gemeint?
– So ernst wie die Kuh?
Und woher nehmen Sie immer die vielen Ideen für neue
Virusarten?
GLADSTONE *(noch etwas gekränkt)*
Und Ihre berühmte Bombe!
Ich meine: War das denn wirklich nötig?
Sie hatten doch schon die Sintflut!
REVEREND
Meine Tochter!
NANCY
Und als Sie Ihr Zebra erschaffen haben, haben Sie da gleich-
zeitig an Ihren Zebrastreifen gedacht?
Und dann möchte ich noch fragen: Warum haben Sie in
letzter Zeit keine neuen Menschenrassen mehr erfunden?
Hatten Sie Angst vor Ihren Rassisten?
Und dann möchte ich fragen ...
(wird plötzlich kleinlaut)
Keine weiteren Fragen.
(setzt sich)
GOTT *(liebevoll)*
Bist du sicher?
NANCY ... Mein Bruder Napoleone hat einmal gesagt: Woher
weiß Gott, daß er Gott ist?
REVEREND *(zu Gott)*
Also, das geht nun wirklich zu weit!
MAX Im Gegenteil – eine hochinteressante Frage!
ENGELIN *(eingeschüchtert)*
Wo find ich das?
GOTT Philosophie.
SARAH Ja! Angenommen, es taucht hier einer auf und erklärt
Ihnen, *er* sei eigentlich Gott ...
NANCY Ein Mann!
SARAH ... Sie hätten alles falsch gemacht: Ihre Sonnenblumen
müßten grün sein, Ihr Mond viereckig und so weiter ...

GOTT *(zum Engel)*
Science-Fiction.

NANCY *(steht wieder auf)*
Ja, und was halten Sie von Science-Fiction?
Kennen Sie Arthur C. Clarke?
Mein Bruder Napoleone hat alles von ihm gelesen!

GOTT Dann werden wir mit dieser Frage auf deinen Bruder Napoleone warten, einverstanden?

NANCY Wann kommt er?
Könnten Sie ihn nicht schon etwas früher sterben lassen? – Bitte!

GOTT Und was würde aus Napoleones TV-Dinner?

NANCY ... Ich weiß, was Sie machen könnten: Meine Eltern kriegen noch mal Zwillinge, und mein Bruder springt aus dem vierzigsten Stock!

REVEREND Kind, du versündigst dich! Weißt du denn nicht, daß unser Schöpfer den Selbstmord strengstens verboten hat?

NANCY Stimmt das?

GOTT Allerdings.

NANCY Aber warum denn?

MAX Ja, warum eigentlich?

NANCY Ich meine, wenn's hier so schön ist, wie Sie sagen?

MAX ... Weiter?

NANCY ... Warum sollten die Leute dann nicht schon eher kommen?

MAX Weiter!

NANCY *(zu Max)*
Keine weiteren Fragen.

MAX Und ob du welche hast!
(zu Gott)
Dieses aufgeweckte Mädchen möchte nämlich von Ihnen wissen, ob Sie den Freitod aus Platzmangel oder aus Image-gründen verboten haben!

NANCY ... Ha?

GOTT Ich fürchte, wir verstehen Sie beide nicht, Mr. Klein.

MAX Ich wette, daß *Sie* mich sehr gut verstanden haben!
– Noch mal: Ich tu jetzt einfach mal so, als wären Sie wirklich

die, die Sie sagen: Haben Sie den Selbstmord verboten, weil die Leute an Ihr Jenseits glauben oder weil sie's für ein Märchen halten?

Denn falls sie Ihnen das mit dem Paradies abnehmen würden, käm's genau, wie dieses Kind sagt: ein freiwilliges Massensterben. – Ihr ohnehin fragwürdiges Verkehrssystem da draußen bräche über Nacht zusammen!

... Falls die Mehrheit aber nicht an Ihre Versprechungen glaubt, müßten Sie den Selbstmord ebenfalls verbieten: Wär's nicht peinlich, wenn Sie den Freitod freistellten, und keiner brächte sich um?

GOTT *(zum Engel)*
Habe ich den Selbstmord aus Platzmangel oder aus Imagegründen ... so nannten Sie's doch? ... verboten.

ENGEL *(glücklich)*
Das ist wirklich einmal eine neue Frage!

GOTT So neu auch wieder nicht.

NANCY Das wollte ich doch gar nicht fragen!

MAX Aber ich!

NANCY Eine Frage zur Auferstehung hätte ich noch ...
(Gott erteilt ihr das Wort)
Angenommen, es ist einer nicht so wild auf Ihre Fliegerei ... Vielleicht, weil's ihm früher immer schlecht geworden ist oder weil er sich fürchtet ... Angenommen also, er läge viel lieber tot in einem Grab und ließe sich von Ihren Würmern fressen ...
Geht in dem Fall das Ewige Leben nicht gegen die Menschenrechte?

MAX Weiter!

NANCY Oder angenommen, einer will nicht ins Paradies, weil da schon einer drin ist, den er auf keinen Fall noch mal sehen möchte ... Seine Ex-Frau zum Beispiel ...
(Max lacht)
... oder ein Mörder.
Müßte der sich nicht weigern dürfen?

MAX Weiter!
(die Musik ist lauter geworden)

NANCY   Keine weiteren Fragen.

(will sich schon setzen)

– Doch, eine Frage zu Ihrer Musik hätte ich noch: Das da zum Beispiel ... ich meine, stehen Sie da wirklich so drauf? Was halten Sie von Heavy Metal?

MAX   Du kannst bessere Fragen stellen, los!

REVEREND   *(zu Gott)*

Sehen Sie denn nicht, wes Geistes Kind der ist? – Ein Wolf im Schafspelz, ein Mephisto!

NANCY   *(zu Max)*

Eine Frage zu Eva hätte ich vielleicht ...

(als er ihr ein aufmunterndes Zeichen gibt)

... Die Benachteiligung der Frau und so weiter, ist das wirklich Ihre Strafe für einen einzigen Apfel gewesen? Waren's nicht vielleicht doch mehrere?

MAX   Welche *Benachteiligung?*

Zur Strafe für diesen Apfel hättet ihr im Schweiße eures Angesichts eure Alimente verdienen sollen – und zwar selber! Weiter!

NANCY   Eine Frage zu den Atheisten hätte ich noch ... Mein Dad sagt immer, daß man betriebsblind wird, wenn man lauter Jasager um sich hat – haben Sie Mr. Klein deswegen erfunden?

(sie deutet dabei auf Max)

MAX   *(lacht auf)*

Sag Max zu mir, weiter!

NANCY   Und dann wollte ich noch fragen, ob Ihnen die viele Beterei auf der Erde nicht auf die Nerven geht?

Ich meine, ehrlich: all die Typen, die Ihnen ständig in den Ohren liegen ...

REVEREND   *(zu Gott)*

Jetzt muß aber Schluß sein!

SARAH   Soll Gott sich vielleicht vor den Fragen eines kleinen Mädchens fürchten? Nur ihr Pfaffen verbietet doch den Kindern das Denken!

REVEREND   Wir bemühen uns, es in die richtigen Bahnen zu lenken.

SARAH   In eure!

NANCY   *(zu Gott)*

... Wenn wir bei meiner Großmutter übernachten, in Little Italy, da müssen wir dann jeden Abend beten.

Einmal ... du lieber Himmel, war die sauer! ... Da hat mein Bruder Napoleone zu ihr gesagt, daß das nach seiner Meinung völlig überflüssig ist;

denn Gott tut ja ohnehin sein Bestes – ohne Ansehen von Rasse, Hautfarbe und Religion ...

MAX   Ich liebe deinen Bruder Napoleone – weiter!

NANCY   *(während die andern Schüler besorgt auf Gottes Reaktion warten)*

... Und falls das nicht so sein sollte, dann ist das Beten sogar unsittlich.

Für einen Christen, hat er gesagt.

Denn es gibt ja immer jemand, der Gottes Hilfe noch dringender braucht als man selber, oder?

Was ist, wenn er sich nun in seiner Barmherzigkeit von dem Gebet erweichen läßt und einen vorher an die Reihe nimmt?

Vielleicht nur, weil man eben als Weißer mehr Gebete auswendig kann als irgendein Analphabet, der gerade in seiner dritten oder vierten Welt verhungert?

GOTT   *(freundlich)*

Weiter ...?

NANCY   *(läßt sich erschöpft auf ihren Sitz fallen)*

Keine weiteren Fragen.

(ein großes, erleichtertes Aufstöhnen von allen Seiten)

Während es dunkel wird, wird die Musik lauter – während des Umbaus läuft sie weiter und geht dann in die zweite Szene über.

Zwischenspiel (während des Umbaus)

Von Spots beleuchtet, kommt der Engel von rechts, die Engelin von links an die Bühnenrampe. Beide tragen himmelblaue Flügel, bei ihm ist ein Stern plus eins, bei ihr ein Stern plus zwei darauf – es muß sich also um Adam und Eva handeln.

Sie sehen sich nicht, jeder hat sein Telefon mit ausgefahrener

Antenne in der Hand, flirtet ganz offensichtlich mit einem andern, wobei Eva von Zeit zu Zeit genüßlich in einen Apfel beißt.

Während sie so telefonieren, kommen sie sich unwillkürlich immer näher, bis sie sich schließlich an den Flügeln berühren.

Sie wenden sich einander zu, erkennen sich, fahren wie ertappt ihre Antennen ein, gehen rasch in die Richtung, aus der sie gekommen sind.

(die Musik geht unterdessen weiter)

2. Szene

17 Uhr.

Die Sessel sind beiseite gerückt, die Schaukeln herabgelassen. Mit dem Gesicht zum Publikum und möglichst synchronen Bewegungen schaukeln die Schüler zur Krönungsmesse.

Nur Max macht wieder eine Ausnahme. Er sitzt zwar auf seiner Schaukel, hält sie jedoch im Stillstand, macht sich Notizen für sein Stück. Allerdings hat er sein Sakko nun doch ausgezogen – in seinen Jeans und dem hellblauen Hemd wirkt auch er nun ein wenig uniformiert.

Der Engel geht – nun wieder ohne Flügel – hinter die Schaukeln, verhilft dem einen oder andern durch einen sanften Stoß zu etwas mehr Höhe. *(vor allem Mrs. Gladstone und der Reverend sind hier auf Hilfe angewiesen)*

Die Engelin kommt – nun wieder ohne Flügel –, legt vor jede Schaukel einen jener grellbunten Übungsflügel, die man bereits in der ersten Szene dieses Akts beim Reverend gesehen hat.

Nun verwandelt sich die Musik unvermittelt in einen mitreißenden *Gospelsong*.

Die Engelin klatscht in die Hände, die Schüler verlassen – bis auf Max – in möglichst synchronen Bewegungen ihre Schaukeln.

Nun folgt eine etwa *sechs Minuten dauernde Choreographie*, die den Charakter eines Aerobic-Unterrichts hat.

Dieser wird von den Engeln durch kurze Kommandos, Hände-
klatschen und Zählen begleitet:
Eins – zwei – drei – vier ...
fünf – sechs – sieben – acht ...
Sarah, Nancy und Robles haben keine Mühe, dem Unterricht zu
folgen – ihre Bewegungen wirken von Anfang an gekonnt.
Durch kleine Unzulänglichkeiten des Reverend und/oder Mrs.
Gladstones ergibt sich hin und wieder etwas Komik – die effi-
ziente Hilfe der Engel ermöglicht jedoch immer wieder ihre
Eingliederung in den Rhythmus der Gruppe.
Zunächst dirigiert die Engelin den Unterricht, beginnt mit
Übungen für die Arme, wie man sie eventuell beim Fliegen
gebrauchen könnte:

Rechter Arm,
linker Arm,
beide Arme,
nach oben,
zur Seite,
nach vorn,
usw.

Es folgen Übungen für die Beine:

Seitenlage rechts, linkes Bein heben,
Seitenlage links, rechtes Bein heben,
Bauchlage, Beine anwinkeln, strecken,
Bauchlage, Beine heben, öffnen, schließen ...
(*keine Rückenlage*)

Dazwischen versucht die Engelin immer wieder, auch Max zum
Mitmachen zu animieren.
Dann übernimmt mit einem Händeklatschen der Engel das
Kommando:
»Flü-gel!«
Die Schüler gehen synchron zur Rampe,
legen die Übungsflügel an,
ziehen sie aus,
legen sie an:
»Eins – zwei – drei – vier ...
fünf – sechs – sieben – acht ...«

Nur Mrs. Gladstone kann nicht folgen – der Engel hilft ihr.
Er nimmt das sechste Flügelpaar, will es Max geben – Max
weigert sich lächelnd.
Indem sie an den richtigen Strippen ziehen, üben die Schüler
nun das Flügelschlagen:
rechts, rechts, rechts,
links, links, links ...
rechts, links, rechts, links ...
beide Flügel ...
(der Reverend vertut sich immer wieder)
Sie drehen sich um, wiederholen die gleiche Übung mit dem
Rücken zum Publikum.
Nun übernimmt mit einem Klatschen wieder die Engelin:
Die Arm- und Beinbewegungen werden nun mit angeschnall-
ten Flügeln wiederholt.
(diesmal schaffen es auch der Reverend und Mrs. Gladstone)
Der Engel ist wieder an der Reihe:
Auf sein Kommando »Flie-gen!« stellen sich alle fünf Schüler –
mit dem Rücken zum Publikum – auf ihre Schaukeln.
Die beiden Engel stoßen sie an: Alle bewegen sich nun mit
Schwung und Risikofreude, am meisten wagt natürlich Nancy.
NANCY   *(die auf der Schaukel neben Max ist)*
    Mr. Klein ...?
    Max!
    Max – schau doch ...!
    (als er aufsieht)
    Ich fliege ...!
*(Sarah, die die Schaukel am andern Ende der Reihe hat, wird dadurch
aufmerksam, hält an, nimmt Max' Übungsflügel, streift sie dem sich
Wehrenden energisch über, geht hinter seine Schaukel, stößt ihn an)*
*(sobald Max ein wenig in der Luft ist, kehrt sie zu ihrer eigenen
Schaukel zurück, fügt sich mühelos in den Rhythmus der Gruppe)*
*(ungeschickt, als einziger sitzend, mit dem Gesicht zum Publikum und
außerhalb des Rhythmus, beginnt Max aus eigener Kraft ein wenig
mitzuschaukeln)*
Dunkel.
Die Musik geht weiter.

Zwischenspiel (während des Umbaus)
Der Engel kommt von links an die Bühnenrampe, auf einem
seiner Flügel steht ISAAC, auf dem andern NEWTON ...
Es scheint sich um den Mann zu handeln, mit dem Eva bei ihrem
Telefonat geflirtet hatte, denn sie folgt ihm – ein Körbchen Äpfel
tragend – in glücklicher Demut.
Von Zeit zu Zeit bleibt Newton stehen, streckt – ohne Eva
anzublicken – die Hand nach einem Apfel aus.
Er prüft ihn mit Kennermiene, wirft ihn – falls er ihn akzep-
tiert – nach oben, schaut zu, wie er fällt.
Wann immer möglich, hebt Eva ihn auf.
Der dritte oder vierte Apfel, den er hinaufwirft, kommt nicht
zurück: Er blickt erstaunt nach oben, geht dann – gefolgt von
Eva – kopfschüttelnd nach rechts ab.
(die Musik hört auf)

Sechster Akt

19 Uhr.
Die Musik hat aufgehört, das Licht jenseits der Panoramascheibe läßt an einen herrlichen Sonnenuntergang denken. Die Schaukeln sind entfernt, die Sessel stehen wie zu Beginn des Stücks. Engel und Engelin kommen – nun wieder ohne Flügel – durch die Glastür. Der Engel trägt ein Pult, das er neben den Tunneleingang stellt.
Die Engelin bringt sechs – unterschiedlich dicke – Pergamentrollen, die mit himmelblauen Bändchen gehalten werden, sowie ein himmelblaues Samtkissen, auf dem die Namenschilder der neuen Engel stecken.
Diese stehen an der entgegengesetzten Seite der Bühne nebeneinander aufgereiht: Zu den himmelblauen Jogginganzügen (nur Max trägt weiterhin seine Jeans) sind nun die himmelblauen Flügel gekommen, die allerdings einstweilen noch mit einem Learner-L gekennzeichnet sind. Bis auf Nancy, die sich auf den Abflug freut, wirken sie bedrückt.
Gott kommt aus dem Tunnel, legt die Flügel ab, inspiziert kurz die auf dem Pult bereitliegenden Pergamentrollen und Namenschilder, wendet sich an die Schüler ...

GOTT   Also gut: Gentlemen first!
   (die Engelin flüstert ihr etwas zu, sie stecken gemeinsam die Namenschilder in eine andere Reihenfolge)
MAX   *(der neben Robles steht, halblaut)*
   Ein schlechtes Zeichen.
ROBLES   *(halblaut)*
   Was wollen Sie damit sagen?
MAX   *(halblaut)*
   Es bedeutet, daß es gefährlich wird.
   Nach Vietnam durften wir ja auch zuerst, oder?
ROBLES   *(halblaut)*

Ich bin Südamerikaner.

MAX *(halblaut)*
Und wer geht bei euch an der gefährlichen Straßenseite?
Wer steht nachts auf und schaut nach, ob drunten ein Einbrecher ist?
– Wissen Sie, warum im Restaurant immer der Mann den Wein probieren muß?
... Falls er vergiftet ist, soll wenigstens keine Frau dran glauben!

GOTT *(nimmt ein Namenschild vom Kissen)*
Der Engel ... Menetekel.
(als keiner sich meldet)
Wer von Ihnen hat sich den Namen Menetekel gegeben?

REVEREND *(tritt vor)*
»Gott hat dein Königreich gezählt und vollendet – man hat dich in einer Waage gewogen und zu leicht gefunden« – 5. Buch Daniel, Vers 25.
... Doch wenn Sie erlauben, werde ich gern einer der Damen den Vortritt lassen.

NANCY Mir!

REVEREND *(macht eine einladende Geste)*
... Meine Tochter.

GOTT Reverend Hopkins!
(der Reverend geht zögernd zu ihr hin, sie steckt ihm das Namenschild an, gibt ihm eine der Papierrollen)
... Und dies sind die Antworten auf Ihre Fragen.
(sie streckt ihm die Hand hin)
Ich wünsche Ihnen einen guten Flug.

REVEREND Madam ...!
(er drückt einen Kuß auf ihre Hand, will vor ihr in die Knie gehen)

GOTT Aber nicht doch, Reverend – Sie beschädigen Ihre Flügel.
(als er ihre Hand umklammert hält)
Glauben Sie mir: Es ist völlig ungefährlich.
– Die allerreinste Glückseligkeit wartet da draußen auf Sie.
(sie gibt der Engelin ein Zeichen, diese nimmt den Reverend behutsam beim Arm, um ihn zum Tunneleingang zu führen)

MAX *(springt vor)*
Halt! Stehenbleiben!
(zu Gott)
Soll er sich vielleicht nach einer solchen Floskel ins Unge-
wisse stürzen?
Die allerreinste Glückseligkeit!
Würden Sie uns diesen Begriff liebenswürdigerweise ein we-
nig erläutern?

GOTT Das wäre sinnlos, Mr. Klein, da Sie ja im Augenblick
doch noch in irdischen Maßstäben denken.

MAX *(lacht)*
Das sagt ihr doch immer, wenn ihr nicht weiterwißt:
daß wir das mit unserem menschlichen Verstand gar nicht
begreifen können.
Gottes Wege seien nun einmal wunderbar: Die Ewige Glückseligkeit sei *unbeschreiblich.*

GOTT Aber das stimmt.

MAX Ach ja?
Sie können doch alles, warum müssen Sie gerade da versa-
gen?
Wie wollt ihr uns die Angst vorm Sterben nehmen, wenn ihr
uns die Vorzüge eures Ewigen Lebens nicht einmal *beschreiben*
könnt?
Also, heraus mit der Sprache:
Wie paradiesisch wäre Ihr Paradies? Machen Sie uns doch ein
Angebot. Wir sagen Ihnen dann schon, ob wir hinwollen.

REVEREND Mein Sohn!

MAX Mein Sohn, mein Sohn ...
Wissen Sie, was ich an euch Frommen noch mehr vermisse als
ein bißchen Zivilcourage? – Phantasie!
(nun auch zu den anderen Schülern)
Wenn's nämlich eine Vorstellung gibt, die noch schlimmer ist
als die vom ewigen Verschwinden, dann die, daß man ewig
dableiben soll.
Falls es euer Paradies wirklich gäbe, wär's dermaßen langweilig, daß ihr sie auf Knien bitten würdet, es wieder abzuschaffen!

REVEREND *(zu Gott)*
Dieser Mann ist von Sinnen!

MAX *(ist zu Nancy getreten)*
Kleines, du freust dich jetzt aufs Herumschwirren da draußen,
ist ja klar. Aber nun stell dir mal vor, daß du das in fünfhundert
Jahren immer noch ...

GOTT *(unterbricht ihn)*
Das Kind lassen Sie mir bitte aus dem Spiel.

MAX *(wirft ihr einen amüsierten Blick zu, geht zu Mrs. Gladstone)*
Mrs. Gladstone, die Engelin hat's uns verraten:
Keine Toilettenfrauen im Paradies, gerecht ist gerecht.

Muß daraus nicht gefolgert werden, daß ein Engel auch keine
Verdauung hat, keinen Appetit also – von Hunger ganz zu
schweigen?

Gut, vielleicht macht's Ihr Astralleib trotzdem möglich ...
Aber sagen Sie selbst: Könnte es im Königreich der Barmherzigkeit Roastbeef geben, Irish-Stew, Stuffed Chicken?

Woher sollten die himmlischen Lambchops kommen, die Sie
von der Erde her gewöhnt sind? – Von Opferlämmern?

Und selbst wenn die vegetarische Küche dieser Leute sensa-
tionell sein sollte und Sie nun essen können, soviel Sie
mögen – hätten Sie in dreitausend Jahren von diesem Schlaraffenland nicht trotzdem den Magen voll?

(er geht weiter zu Robles)
Compañero, die frohe Botschaft haben wir vernommen:
schöne Weiber, soviel wir wollen:
keine Eifersucht, keine Szenen – das Paradies!

Aber wie lang bleibt eine Schöne schön, wenn's keine Häßlichen mehr gibt?

Wie aufregend ist eine Frau, die man niemand wegschnappt?

Ein Abenteuer ohne Gefahr?

Ein Ehebruch ohne Gehörnten?

Und wieviel Spaß wird uns das Vögeln noch machen, wenn da
unsere toten Mütter herumflattern?

(als der Reverend zum Protest ansetzt)
... Und Sie!

Oder Sie, Miss Rodinski!

Habt ihr das mit der Ewigen Gerechtigkeit schon mal zu Ende gedacht?

Was wollt ihr edlen Menschen denn tun, wenn's uns Böse nicht mehr gibt?

Wofür wollt ihr kämpfen, wenn man euch eure Unterdrückten konfisziert?

Ein Selbstloser ohne Misere?

Ein Heiliger ohne Sündenbabel?

Sagt mir doch, ihr beide:

Was macht ihr da draußen?

Wie profiliert ihr euch?

(zu allen)

Und habt ihr euch das paradiesische Unterhaltungsprogramm schon mal vorgestellt, das euch zu diesem Dolce far niente erwartet?

Keine Rivalität, kein Lokalpatriotismus: Die Sportveranstaltungen fallen also schon mal weg.

Keine Verbrechen, also auch keine Gangsterfilme.

Keine Todesangst, damit ist auch der Thriller gestorben.

Keine Eifersucht, kein Grund zur Versöhnung, somit der Ausfall sämtlicher Liebesdramen.

– Keine Armen, keine Reichen, was nicht nur *Onkel Toms Hütte* erledigt, sondern auch *Dallas* und *Denver*.

Sience-fiction gäb's ohnehin keine, denn die Außerirdischen wärt ja nun ihr, und ihr wüßtet am besten, wie wenig mit euch los ist.

(deutet auf Gott)

– Ja: Fragt sie doch:

Was könnte sie euch bieten?

Nachtflüge zum Großen Bären?

Ein Baseballmatch zwischen befreundeten Engelchen?

Eine Neuinszenierung von Claudels *Seidenem Schuh*?

Die Matthäuspassion unter dem seligen Toscanini?

REVEREND *(mit heiligem Zorn)*

Schluß! Sie elender Wurm: Sie wissen ja nicht, was Sie da sagen! Madam, dieser Mann spricht nur für sich selbst: *Ich erkläre Ihnen hiermit ausdrücklich mein Vertrauen!*

(zu Max)
Da, du Kleingläubiger – sieh mir zu!
(er schreitet demonstrativ in den Tunnel)
GOTT   … Mr. Klein?
(sie lädt den verblüfft hinter dem Reverend dreinblickenden Max mit einer freundlich-amüsierten Geste ein, seinen Platz unter den Warten-den wieder einzunehmen, er tritt in die Reihe zurück)
(sie nimmt das nächste Namenschild)
Der Engel – Cucaracha?
(als es still bleibt)
Señor Robles!
(dieser tritt ängstlich hervor)
(während sie das Namenschild befestigt)
Das heißt doch Küchenschabe, hab ich recht?
Warum in aller Welt haben Sie sich Küchenschabe ge-nannt?
ROBLES   Der Kosename meiner Mutter.
Cucarachita mia – so hat sie mich genannt, weil ich beim Kochen immer an ihrem Rockzipfel gehangen bin.
GOTT   Dann wird sie sich bestimmt darüber freuen.
(gibt ihm die Pergamentrolle)
Einen guten Flug, Señor.
ROBLES   *(geht anstatt zum Tunnel zu seinen Mitschülern zurück, drückt die überraschte Mrs. Gladstone an seine Brust)*
… Señora Gladstone!
(tut dasselbe mit Sarah)
Señorita Rodinski!
ENGELIN   *(ist ihm gefolgt, nimmt ihn sanft beim Arm)*
Kommen Sie …
(sie führt ihn zum Tunneleingang)
ROBLES   *(umarmt sie)*
Angelito mio!
ENGELIN   Señor Robles!
(schiebt ihn zum Tunneleingang)
ROBLES   *(wendet sich mit einer melodramatischen Geste noch einmal seinen Mitschülern zu)*
… Meine Freunde!

257

Wir werden uns wiedersehen, ich weiß es genau! *(mit einem ängstlichen Blick zu Gott)* Oder?
(die Engelin schiebt ihn nun energisch in den Tunnel)

ENGELIN   *(in den Tunnel blickend)*
Weiter...
Weiter...
(sie gibt ihm aufmunternde Handzeichen, wendet sich dann wieder den andern zu)

GOTT   *(nimmt das nächste Namenschild)*
Der Engel Maximilian Klein!

MAX   *(zu Sarah, jedoch ohne sich aus der Reihe zu lösen)*
Der Engel Maximilian Klein! – Klingt gar nicht so schlecht, oder?

GOTT   Mr. Klein, würden Sie bitte herkommen?
(da er dazu keine Anstalten macht, kommt die Engelin, nimmt ihn beim Arm)

MAX   Oh, wen haben wir denn da wieder Neues? – Die heilige Magdalena?
(er läßt sich, wenn auch widerwillig, zu Gott führen, sie befestigt das Namenschild)

GOTT   *(gibt ihm seine Pergamentrolle)*
Und hier sind die Antworten auf Ihre Fragen. Ich wünsche Ihnen einen guten Flug, Mr. Klein.

MAX   *(blickt in den Tunnel)*
Ich habe keineswegs die Absicht, mich da hinauszustürzen...
Außerdem steht da noch dieser Südamerikaner an der Abschußrampe!

ENGELIN   *(schaut nach)*
Aber Señor Robles, schämen Sie sich! Sie sind doch ein Mann, oder?
...Ja, so ist's recht!
...Jetzt noch ein winziges Schrittchen!
(wendet sich erleichtert zu den anderen)

MAX   *(zur Engelin)*
He...? Ihre Stimme hab ich doch schon mal irgendwo gehört, oder?

ENGELIN   Ich bin Paula, Sir.

MAX *(glücklich)*
Die aus dem ersten Akt?
ENGELIN *(zum Engel)*
Die aus dem ersten Akt!
ENGEL *(lacht)*
Das ist kein Theaterstück, Mr. Klein.
MAX Und Sie sind Peter, hab ich recht?
(sie schütteln sich die Hand)
GOTT *(mit leichter Ungeduld)*
Mr. Klein . . .!
MAX Bedaure – die Antwort ist negativ.
Ich will nicht in das Land, wo Milch und Honig fließen!
GOTT So glauben Sie mir doch: Das Leben nach dem Tod
gefällt sogar Ihnen!
MAX Nach dem Tod gibt es kein Leben.
GOTT *(weist auf den Tunnel)*
Wollen Sie das nicht auf experimentellem Weg feststellen?
NANCY *(nun vor Ungeduld hüpfend)*
Bitte . . .!
MAX Wer sich in Gefahr begibt, kommt darin um – das steht
schon in der Bibel!
GOTT Sie sind ganz einfach ein Opfer Ihrer Vorurteile.
MAX Weil ich im Gegensatz zu Ihren anderen Kreaturen noch
immer meinen Verstand gebrauche?
GOTT Sogar Oscar Wilde ist in letzter Minute konvertiert!
MAX Aus Höflichkeit, nicht aus Überzeugung!
GOTT *(seufzt)*
Also, Nancy, dann komm her.
*(Max hat mittlerweile das Pergament entrollt, beginnt – immer wieder
auflachend – die Antworten auf seine Fragen zu lesen)*
NANCY *(während Gott ihr Namenschild befestigt)*
Woher wußten Sie, daß das ich bin?
GOTT Wer sonst hätte sich APOLLO 11 getauft?
NANCY Die erste bemannte Mondrakete!
GOTT *(seufzt)*
Sie ist hier vorbeigekommen.
NANCY *(gibt ihr einen flüchtigen Kuß auf die Wange)*

Bye . . .!
(stürzt in den Tunnel)
GOTT   *(die dickste der Rollen hochhebend)*
Und deine Antworten?
*(Nancy kommt noch mal herein, nimmt ihre Rolle, rast damit hinaus –
man hört ihr glückliches, wie im Weltraum verklingendes Lachen)*
MAX   *(zu Sarah)*
Auf meine Frage, warum sie den Menschen erschaffen hat,
wissen Sie, was sie da antwortet? – »Ich wollte lediglich krea-
tiv sein!« Deswegen haben wir also das alles durchgemacht:
Windpocken, Masern, Watergate . . . Weil sie kreativ sein
wollte!
GOTT   Aber Mr. Klein, das waren doch nur ein paar Jahrzehnte,
– vor Ihnen liegt die Ewigkeit!
(nimmt ein neues Namenschild)
Der Engel Mrs. Jonathan Gladstone II.
GLADSTONE   *(gekränkt)*
Das werde dann ja wohl ich sein.
*(als Gott ihr Namenschild befestigt hat, steckt sie es an eine andere
Stelle)*
. . . Sehen Sie?
Jetzt kann man nur noch »Mrs. Jonathan Gladstone« lesen.
Denn das sage ich Ihnen jetzt schon, meine Liebe: *Ich* werde
dort nicht die zweite Geige spielen!
ENGEL   *(zu Gott)*
Ich glaube, ich habe da draußen Mr. Gladstone gesehen.
GLADSTONE   Allein?
(sie reißt Gott die Antworten aus der Hand, stürzt in den Tunnel)
GOTT   *(nimmt das letzte Namenschild – Sarah steht bereits neben ihr)*
Der Engel Sarah Rebecca Esther Rodinski . . .
(während sie ihr den Namen ansteckt)
Sind Sie sicher, daß das für ein Paradies der richtige Name ist?
SARAH   *(blickt sie scharf an)*
Gibt's dort Antisemitismus?
GOTT   Im Paradies!
(reicht ihr die Rolle)
Dann guten Flug, Miss Rodinski!

SARAH *(streckt Max ihre Hand hin)*
Kommen Sie mit?

MAX Fliegen Sie wohl, Miss Rodinski. Und bringen Sie mir
nicht gleich wieder einen Mann zu Fall!

SARAH Wer weiß, vielleicht verknallen *Sie* sich in mich: Ich seh
dann ja aus wie die!
(verweist auf die Engelin)

MAX *Sie* würde man schon an Ihrer Flugtechnik erkennen!
*(Sarah wendet sich verärgert ab, geht in den Tunnel – Max ist nun mit
Gott und den beiden Engeln allein)*

GOTT ... Mr. Klein: Wenn man bedenkt, daß Sie sich keine
zwanzig Schritte vom Paradies befinden.

MAX Madam, selbst wenn das wahr wäre und Sie mit tausend
Engelszungen zu mir sprächen:
Ich verzichte!
Ich möchte weder auf einer Wolke hocken noch auf einer
Harfe klimpern ... Ich möchte weder Ihren Adam noch Ihre
Eva kennenlernen ... Und ich möchte nicht aussehen wie der
da!
(deutet auf den Engel)
... Soll ich Ihnen sagen, was *ich* möchte?
Zum Beispiel in New York in einem Kino sitzen, mit einer
Schachtel Popcorn auf dem Schoß.
Und dann möchte ich hinausgehen und mich *fürchten*.
Fürchten, jawohl.
Angst möchte ich endlich wieder einmal haben: daß ich an der
nächsten Straßenecke überfallen werde ... Daß ich morgen
einen Tumor oder eine Ihrer übrigen Kreationen kriege ...
Daß die Einschaltquoten des »Verliebten Sergeant« fallen und
ich die Alimente nicht mehr zahlen kann ... Daß meine viel
zu junge Freundin sich einen Jüngeren nimmt ...
Daß mir dieses Stück mißlingt,
daß ich keinen Produzenten finde,
keine Leute kommen ...
Du lieber Himmel: Mein Leben lang hab ich mich vor der
Angst gefürchtet, dabei ist die doch das Schönste!
– Madam, wer immer Sie sind:

261

Würden Sie mich jetzt bitte wecken lassen?

Ich möchte zurück!

Wenn's ein Paradies gibt, dann ist das nämlich Ihre sogenannte Erde!

GOTT   *(sehr liebevoll)*

Mr. Klein – Sie sind tot.

(während er sie in stummer Irritation ansieht, kommt aus dem Tunnel Nancys glückliche Stimme)

NANCY   Max...?

Max, wo bleibst du denn?

(kommt herein)

Woaoh...

Es ist eine Wucht!

MAX   *(streicht ihr übers Haar)*

Das träumst du doch nur.

NANCY   *(gibt sich selbst ein paar Ohrfeigen, um ihm zu beweisen, daß sie wach ist)*

Schau!

(nimmt seine Hand)

Komm jetzt!

MAX   Und wer garantiert mir, daß ich nicht abstürze?

GOTT   Ich.

MAX   Ha!

NANCY   *(zieht ihn ungeduldig bei der Hand)*

Du mußt ihr einfach glauben!

(während sie, Max mit den Händen zum Mitkommen lockend, rückwärts in den Tunnel geht)

Komm...

(off)

Max!

So komm doch schon...

(Max tritt – den Blick auf den Tunneleingang gerichtet – ein paar Schritte in den Raum zurück, hält sich – nach einem letzten, trotzigen Blick auf Gott – wie vor einem Sprung ins Wasser die Nase zu, rennt in den Tunnel)

(man hört seinen langen, wie im Weltraum verhallenden Schrei)

GOTT   Mit diesen Atheisten ist es doch immer das gleiche!

(zur Engelin)
Fliegen Sie ihm nach.
(die Engelin reißt ein Paar Flügel von der Garderobe, stürzt – ohne sie erst anzuziehen – in den Tunnel)
(Gott geht hinter den Check-in-desk, setzt sich – die Flugansagen beginnen leise)
ENGEL   *(als sie ihm einen Bündel Flugscheine entgegenhält)*
... Eine Maschine aus Tokio.
GOTT   Voll?
ENGEL   Siebenundzwanzig.
GOTT   *(das »überirdische« Licht anschaltend)*
Also gut, dann fangen wir an!
ENGEL   *(öffnet die Glastür)*
... Der erste?
(es entsteht ein Stimmengewirr in japanischer Sprache)
... Wer möchte der erste sein?
(Stille – eine junge Frau tritt schließlich ein:
Sarah, mit einer Perücke, als japanische Touristin verkleidet: Jeans, Brille, Kamera ...
der Engel nimmt ihre Bordkarte, weist ihr den Weg zum Desk ...
sie geht ein paar Schritte auf Gott zu, bleibt wie angewurzelt stehen)
JAPANERIN (Sarah)   ... Also doch!
Aber ich hab's gewußt!
(triumphierend)
Ich hab's immer gewußt!
(geht zur Tür zurück, ruft ihren Mitreisenden die Neuigkeit auf japanisch zu)
– Er ist eine Frau! *(...)*
(während draußen ein aufgeregtes japanisches Stimmengewirr entsteht, in dem immer wieder das Wort für »Frau« vorkommt, nimmt sie ihre Kamera, beginnt Gott zu fotografieren)
Die Flugansagen werden von dem Gospelsong überlagert.
Dunkel.

– Ende –

(Beim Verbeugen kommen die Schauspieler mit Flügeln aus dem Tunnel, nehmen sich an den Händen, wobei Gott in der Mitte ist ... Max, der mit Verspätung kommt, flattert hilflos um die Gruppe herum, schiebt sich schließlich erleichtert zwischen Nancy und die Japanerin: Als diese nun die Perücke abnimmt, erkennt er Sarah.)

Das Ewige Leben:

Anhang

Brief aus Buenos Aires
(Übersetzung aus dem argentinischen Spanisch)

Roberta Gomez Dawson
Viamonte 877
Buenos Aires/Argentinien

an

Margarita Esther Vilar
Hotel Le Cornoaille
Audierne/Frankreich

Liebe Margarita,
natürlich ist es mir recht, wenn Du für dieses neue Buch ein Motto
von mir verwendest. Bediene Dich, wo immer Du magst: »Nach
Zeilen gerechnet« sei mein lyrisches Werk größer als das von
Neruda, schrieb kürzlich ein Giftzwerg in LA NACIÓN. *Vor allem*
in dem Bändchen GEBETE FÜR GOTTLOSE *könntest Du etwas für*
Dich finden. Ein kurzes Gedicht geht zum Beispiel so: Herr, / es
macht mir nichts aus, / an Dich / zu glauben. / Doch schenke mir
nicht / Deine / Unsterblichkeit.

Kannst Du damit etwas anfangen?

Du hast also endlich die Bretagne entdeckt! Aber wenn Du dort
schon auf meinen Spuren lebst, muß ich Dir auch sagen, daß Du im
falschen Hotel bist. Das Gedicht »Audierne« entstand in einem,
das sehr viel größer war als das auf Deiner Karte. Sein Name fällt

mir nicht mehr ein – wenn ich damals dreißig war, ist das ja vor beinahe sechzig Jahren gewesen. Auch von dem Mann, mit dem ich dort war, weiß ich nur noch, daß er groß war und daß er irgend etwas bei unserer Botschaft machte! Ist das nicht schön?

Mein neuer Snobismus. Während die übrigen Alten ihre Vergeßlichkeit zu kaschieren suchen, kokettiere ich mit meiner. Man vergißt ja nur, was man nicht mehr brauchen kann! Weißt Du noch, wie stolz Du als Kind warst, wenn Du wieder ein Wort oder einen Namen dazugelernt hattest? Warum nicht mit der gleichen Begeisterung den umgekehrten Vorgang feiern? Schon wieder ein Wort, das ich nicht mehr kennen muß, phantastisch!

Wenn mein Schiff schon demnächst sinken muß, soll es wenigstens so leer wie möglich sein. Noch im Bett liegend, kontrolliere ich morgens, was von meinem Gedächtnis übrig ist: Adresse, Geburtsdatum, Telefon- und Postfachnummer. Die Geburts- und Todestage von Eltern und Geschwistern. Die Todestage der Helden: der General San Martín, Evita, Luisito Borges, Chuchito Santelmo . . . Ich darf Dir versichern, daß ich an guten Tagen schon bei den Daten der Familie ins Stolpern komme. Dabei dachte ich immer, wenigstens die Zahlen würden mir bis zum Ende heilig sein. Außer dem Geburtstag meines Zwillingsbruders Roberto weiß ich keinen. Wenn er nicht auf dem Denkmal stünde, hätte ich auch den von Nina Gluckstein vergessen.

Du erinnerst Dich sicher an meine Schulfreundin Carmela, die Malerin? Die mit dem Kunstpelzjäckchen, das Du so bewundert hast – mit dem Sohn, der bei der Regierung ist? Sie ist ein halbes Jahr jünger als ich, und kürzlich, als sie in einem Taxi saß, hatte sie sowohl ihren Namen als auch ihre Adresse vergessen. Jeder Name, den sie dem Fahrer nannte, kam ihr bekannt vor, sagt sie, aber wiederum auch nicht so bekannt, daß es ihrer sein konnte. Der Mann wurde immer ungeduldiger, und so bat sie ihn schließlich, sie zur Casa Rosada zu fahren – ihr Sohn sei um diese Stunde immer beim Staatspräsidenten, das wisse sie genau! Da hat er sie eben zur Irrenanstalt gebracht, aus der ihr völlig entgeisterter Minister-Sohn sie am Abend herausholte.

Seither geht sie aber jeden Tag ein paar Stunden hin und porträtiert die Verrückten. Und obwohl ihre Hände noch mehr zittern als meine, finde ich, daß es das Beste ist, was sie je gemalt hat.

Doch was wollte ich damit sagen? Keine Ahnung, siehst Du? Vielleicht dieses, ja: Wenn man seine Wertskala ändert (und das hast Du ja zum Glück auch als alte Frau noch in der Hand), kann sogar die Senilität zu einer wunderbaren Sache werden. Ich jedenfalls habe mir vorgenommen, das alles bis zum letzten Moment auszukosten. Danach kommt ja nichts mehr, nicht einmal ein Wehwehchen! Wie kann ein Mensch über Fünfzig auch nur eine Stunde an eine Depression verschwenden, kannst Du mir das sagen? Das nenne ich Blasphemie.

Jetzt habe ich es. »Margarita/Flugzeug« steht auf dem Block, den ich neuerdings mit einem Kettchen an meinem Gürtel trage, damit ich nicht vergesse, wo er ist (obwohl es natürlich trotzdem vorkommt). Weißt Du noch, wie Du vor ein paar Jahren einmal hier angekommen bist? Deine Boeing war nach dem Start in São Paulo in einen Sturm geraten, und Du erzähltest, es sei Dir so »sterbenselend« gewesen, daß Du Dir sagtest, es sei Dir völlig egal, ob Du abstürzt, wenn nur diese entsetzliche Übelkeit verschwände. Du warst ganz begeistert von dieser neuen Perspektive, sprachst von Ezeiza bis zu meiner Wohnung von nichts anderem.

Daran wollte ich Dich erinnern: wie schon etwas so Banales wie eine Übelkeit unsere Angst vor dem Tod zum Verschwinden bringt. Ich kenne zwar Dein Manuskript nicht, weiß aber, wie Du normalerweise über dieses Thema denkst und daß Du Dir vom Sterben immer nur die schlimmstmögliche Vorstellung machst. Denn Du bist sicher einer der lebenshungrigsten Menschen, die ich kenne, und darum ist es nur folgerichtig, daß auch Deine Angst vor dem Ende dramatischer ist! Beim Sterben denkst Du an Leute, die am Leben hängen wie Du selbst: an junge Frontsoldaten, an Mütter, die mit ihren Kindern im Bombenhagel sitzen, an die Opfer in den Folterkellern, an einen, dem man aus heiterem Himmel die Diagnose einer unheilbaren Krankheit stellt.

Doch die meisten Menschen sterben nicht so. Sie fühlen sich krank und elend und sagen sich, genau wie damals Du, es solle nur endlich aufhören, egal um welchen Preis. Sie sind im wahrsten Sinn des Wortes sterbensmüde, sehnen sich nur noch nach Schlaf. Um sich vor dem Tod zu fürchten, braucht man ja Kraft, und die haben die meisten Sterbenden nicht mehr. Und dann gibt es auch noch die sogenannt glücklichen Todesarten – vom Herzinfarkt über den Hirnschlag bis zum Tod im Schlaf.

Verstehst Du, was ich meine? Ich finde, Du gehst ein bißchen zu brutal mit Dir um, Kleines. Du willst Dir nichts vormachen, ich weiß, aber trotzdem: Es gibt Dutzende von Wegen, die vom Land der Lebenden in das der Toten führen. Keine hübschen Wege, das nicht, aber immerhin Wege. Bei Dir klingt es immer, als müsse man sich in einen Abgrund stürzen – und so ist es eben normalerweise nicht!

Übrigens denkt man von einem bestimmten Zeitpunkt an sowieso nicht mehr viel an den Tod. Bei mir hat das vielleicht vor fünf, sechs Jahren angefangen. Der Gedanke an mein Ende ist nun schon so lange da, daß ich ihn gar nicht mehr bemerke. Mein Tod ist dermaßen nah, daß ich ihn nicht mehr sehen kann: Gerade für etwas Großes braucht man ja eine gewisse Distanz. Dafür bemerke ich endlich wieder die Dinge um mich herum, die Menschen, die unglaubliche Schönheit dieser scheußlichen Stadt. Oder wenn mir jemand Blumen schickt – d i e sehe ich.

Und auch die Zeit hat aufgehört zu rasen. Ob Du es glaubst oder nicht – neuerdings sind meine Tage wieder so lang wie damals, als ich ein kleines Mädchen war. Meine Pläne gelten nicht mehr dem nächsten Sommer, sondern dem kommenden Wochenende, und dennoch plane ich mit Vergnügen. »Wenn wir die Grenzen der Freude richtig ermittelt haben, dann birgt die unbegrenzte Zeit die gleiche Freude in sich wie die begrenzte.« Warum fragst Du nicht Deinen vergötterten Epikur?

Und da steht noch »Margarita Buenos Aires« auf meinem Block. Das soll heißen, daß ich Dich in diesem Brief daran erinnern wollte, wo Du zu Hause bist. Auch dieses Buch wird in Deiner Heimat nicht erscheinen können – unsere Verleger sind vielleicht nicht mehr so fromm wie früher, doch dafür sind sie jetzt abergläubisch. Wie fast alles wird aber auch dies seine Vorteile haben – ich weiß, wovon ich rede.

Dem Denkmal geht es gut, danke. Die Stadtverwaltung hat sich durchgesetzt, der Wachposten ist geblieben. Seit ein paar Tagen ist es ein junger Mann namens Sosa, den ich für den Inbegriff menschlichen Zartgefühls halte: Wenn ich morgens auf den Platz komme, sitzt er auf meiner Bank und liest in einem Buch von mir. Und die Autogrammjäger vertreibt er mit einem Eifer, daß ich ihn gestern sogar rügen mußte.

So, und jetzt einen Scotch. Die gute Luisa versteckt die Flasche an den abenteuerlichsten Orten, und immer stöbere ich sie auf. Du siehst, was ich meine? Was einem wirklich wichtig ist, beherrscht man bis zuletzt.

Wußtest Du, daß der Krückstock, den Du mir aus London geschickt hast, im Licht entgegenkommender Autos rhythmisch aufblinkt? Allein die Erfindungen, die ich demnächst versäumen werde! Du fragst, ob ich mir eine Ewigkeit vorstellen könne, die nicht zum Verzweifeln wäre? Nun, vielleicht die, von der Buñuel in seinen Memoiren schwärmt: alle zehn Jahre einmal kurz aus dem Grab aufstehen und eine Zeitung lesen. Wäre das nicht ein Projekt, für das sogar Du Dich erwärmen könntest? Und falls Du demnächst wieder nach Mexiko mußt, so lege ihm bitte EL PAIS und LA VANGUARDIA aufs Grab. Ich bin fast sicher, daß sonst niemand daran denkt.

Komm aber lieber hierher.

Und sei von ganzem Herzen umarmt,

Deine Roberta

Weitere Arbeiten von ESTHER VILAR:

PROSA
Der dressierte Mann (Streitschrift), Bertelsmann 1971
Die Lust an der Unfreiheit (Essay), Caann 1971
Das polygame Geschlecht (Essay), Caann 1974
Das Ende der Dressur (Essay), Droemer 1977
Die Fünf-Stunden-Gesellschaft (Wirtschaftsmodell), Langen Müller/Herbig 1978
ALT/Manifest gegen die Herrschaft der Jungen (Streitschrift), Langen Müller/Herbig 1980
Bitte keinen Mozart (Wirtschaftsbuch für Kinder), Langen Müller/Herbig 1981
Die Antrittsrede der amerikanischen Päpstin (Religious-Fiction), Langen Müller/Herbig 1982
Die Mathematik der Nina Gluckstein (Novelle), Scherz 1985
Der betörende Glanz der Dummheit (Essay), ECON 1987
Rositas Haut (Roman), ECON 1990
Die 25-Stunden-Woche/Arbeit und Freizeit in einem Europa der Zukunft (Wirtschaftsmodell), ECON 1990

BÜHNENSTÜCKE
Marthas Sommer
Helmer im Puppenheim
Isabelita
Liebeslied für einen ruhelosen Mann
Die amerikanische Päpstin
Die Mathematik der Liebe
Die Strategie der Schmetterlinge
Rothschilds Nachbar
Der fliegende Holländer
Stundenplan einer Rache
Die Erziehung der Engel
(sämtlich im Bühnenverlag Per H. Lauke, München)